钢筋混凝土梁桥养护决策理论研究

曾　勇　谭红梅　周建庭　著

科 学 出 版 社
北　京

内容简介

本书是重庆交通大学山区桥梁及隧道工程国家重点实验室、山区桥梁结构与材料教育部工程研究中心等资助的研究成果。本书较详细地介绍了混凝土梁桥养护决策理论，是作者团队近10年关于混凝土梁桥养护决策理论的阶段成果。本书共7章，内容包括：绪论、钢筋混凝土桥梁劣化机理、结构可靠度理论、桥梁养护全寿命周期成本分析法、基于可靠度的桥梁维修理论、钢筋混凝土梁桥维修优化及示例等内容。

本书主要用作大学四年级土木工程专业本科生的专业拓展课程教材、桥梁与隧道工程专业研究生的专业课程教材，也可供各桥梁科研、设计、施工、管理养护的专业技术人员参考。

图书在版编目(CIP)数据

钢筋混凝土梁桥养护决策理论研究/曾勇，谭红梅,周建庭著. —北京：科学出版社，2021.5

ISBN 978-7-03-067887-4

Ⅰ. ①钢… Ⅱ. ①曾… ②谭… ③周… Ⅲ. ①钢筋混凝土桥-梁桥-养护-研究 Ⅳ. ①U448.33

中国版本图书馆 CIP 数据核字（2020）第 270731 号

责任编辑：刘莉莉 / 责任校对：彭 映

责任印制：罗 科 / 封面设计：墨创文化

科学出版社 出版

北京东黄城根北街16号

邮政编码：100717

http://www.sciencep.com

四川煤田地质制图印刷厂印刷

科学出版社发行 各地新华书店经销

*

2021年5月第 一 版 开本：B5（720×1000）

2021年5月第一次印刷 印张：13 3/4

字数：270 000

定价：119.00 元

（如有印装质量问题，我社负责调换）

前　　言

伴随着社会的进步，桥梁的安全与养护问题逐渐成为人们关注的焦点。实际的桥梁结构受到外界和自身的各种不确定因素的影响，这使对于实际桥梁结构的研究变得更加复杂。桥梁的性能在不确定性环境和荷载共同作用下逐渐劣化，使得桥梁的安全性能降低，给后期的维修带来了较高的成本。实施有效的维修策略不仅能确保桥梁的可靠性能，降低养护费用，还能确保桥梁在各种运营环境下有足够的安全性。

钢筋混凝土桥梁在我国土木桥梁中是运用最广的一种桥型，因其取材方便，结构受力简单，所以备受青睐。随着新建桥梁的逐渐减少，已建桥龄的慢慢增长，未来，我国桥梁工程师和桥梁养护人员将会面临许多桥梁维修养护等问题。为了使有限的资金利用最大化，为了科学、合理地选择桥梁维修方案和管理策略，对钢筋混凝土桥梁进行维修优化研究很有必要。

本书共 7 章。第 1 章介绍了可靠度分析与寿命成本分析在桥梁实际工程中的应用，介绍了桥梁维修优化的概念与研究动态。第 2 章介绍了钢筋混凝土桥梁劣化机理。第 3 章从构件可靠度分析、时变可靠度、贝叶斯更新、可靠度的计算方法等方面介绍了结构可靠度理论。第 4 章从寿命周期成本分析方法、桥梁养护寿命周期成本构成、桥梁运营维修策略、寿命期成本优化等方面论述了桥梁养护全寿命周期成本分析方法。第 5 章从混凝土结构的不同失效准则、单构件年失效率和预期年失效率、结构系统的年失效率和预期年失效率等方面研究了基于可靠度的桥梁维修理论。第 6 章研究了基于马尔可夫链与风险的维修优化，以及基于桥梁可靠度与状况指标的维修优化，建立了基于最优年均费用的维修优化方法，提出了基于双目标遗传算法的维修优化，分析了基于检测的桥梁构件的维修策略。第 7 章是钢筋混凝土梁桥维修优化示例。

本书由曾勇、谭红梅、周建庭撰写。本书撰写的过程中，得到了相关专家与领导的支持和帮助，重庆交通大学的许多老师对本书工作给予了支持、指导、关心与帮助，得到了重庆交通大学土木工程学院、山区桥梁及隧道工程国家重点实验室、山区桥梁结构与材料教育部工程研究中心及重庆市桥梁协会等的支持与帮助，研究生陈稳、李沙、陈君、江伟等协助完成本书的编排、图形绘制等工作，部分内容来源于他们的硕士研究生论文，在此向他们表示感谢。限于篇幅或者由于本人疏漏，有些参考资料未能一一注明，请见谅或予以指正。

由于作者认识与经验的局限性，书中难免存在不妥和疏漏之处，敬请读者批评指正。

目　录

第1章 绪 论

1.1 桥梁养护现状

构建四通八达的交通网，少不了桥梁，桥梁是交通线上必不可少的跨越障碍物的结构。桥梁结构往往造价很高，一般能占到公路总造价的 15%左右，而对于山区桥梁，这个数字还远远不够。桥梁也是国家实力的一种体现，对于国家、社会和个人来说都意义重大。桥梁结构能够连接两岸各地，促进各地区的文化、经济交流，同时也能够加强国家的国防力量。

每个国家基础工程建设的历程都是相似的，国家基础建设的历程可分为三个阶段，首先是大规模建设期，其次是新建与维修养护期，最后是维修养护期。如果按照上述分类，我国目前的基础建设就处于大规模建设期的最后阶段，而且即将迈入新建与维修养护期。新中国成立以来，我国大力发展基础建设，取得了不错的成绩。单从桥梁建设而言，我国公路桥梁总数量就不少于 75.71 万座，总计长不少于 7.89 万米。

在已建桥梁中，有很大一部分桥梁已经服役了几十年，而且正在逐渐步入病害多发期。更有甚者，有些桥梁仅仅使用了十几年、二十几年便不得不面临维修，甚至大修。据不完全统计，我国公路网中，危桥数量已经不少于 7.96 万座，超过了已建桥梁总数的 1/10。而我国发生的在役桥梁垮塌事故也是触目惊心，据相关统计，2007～2011 年之间，全国至少有 17 座桥梁发生垮塌事故。近些年这些事故更是不少，如 2015 年 6 月 19 日粤赣高速广东河源城南出口的匝道桥突然垮塌，造成 1 死 4 伤的悲剧；2015 年 12 月 26 日黑龙江省齐齐哈尔市富裕县塔哈河大桥坍塌，导致桥上大货车坠落到桥下的冰面上起火，如图 1.1 和图 1.2 所示。

这些桥梁坍塌事故往往是桥梁损伤退化积累到一定程度造成的，随着桥龄的增长，桥梁退化是不可避免的。除了自然因素外，还有其他方面的原因。主要有：我国经济增长过快，直接导致了交通量、车辆荷载的增加，再加上人为的超载以及原来设计的桥梁荷载标准偏低，桥梁承载能力不够，加快了桥梁的退化；还有一点是，桥梁后期的维修养护不够科学，养护资金缺乏，养护技术不够先进，以至于在役桥梁在出现病害或损伤后得不到科学及时的维修养护，造成桥梁病害越来越严重，桥梁功能逐渐下降。

图 1.1 广东河源匝道桥垮塌

图 1.2 黑龙江塔哈河大桥坍塌

要防止类似的惨痛经历，必须防患于未然。桥梁事故所引起的惨痛教训让工程界认识到，桥梁的安全问题已经成为全社会关注的重点问题，它不单单是建设期间的质量安全问题，更与其服役期间的养护维修管理息息相关。公路桥梁建设的首要目标是安全，其次是畅通，高效益以及低成本。要实现这一目标，就要求在桥梁建设的过程中精益求精，严把质量和安全关；在桥梁竣工服役期间，要加强桥梁的日常管理与维护，预防病害的发生，一旦发现桥梁病害或缺陷，及时加固根治，以防病害加重，保证桥梁安全有效的运营，维持桥梁自身高效的服务水平和通行能力。

桥梁维修管理规划和决策不科学，缺乏合理的规划，对桥梁结构耐久性的问题不够重视。最常见的问题是对混凝土细小裂缝，混凝土碳化和氯离子引起的钢筋锈蚀等不够重视，导致结构破坏最常见的原因就是混凝土碳化和钢筋锈蚀的积累。混凝土结构的耐久达不到预期功能，必须在后期的养护中得到重视。加强桥梁养护管理，重视结构耐久性问题，发现病害及时维修，才是科学的策略。

我国交通事业在过去发展迅猛，已建桥梁基数大，在未来亟待维修养护的桥梁数量也会不断增多。目前我国政府对于交通事业的投资，主要还是集中在新建项目上。对于已建项目的维修养护，所分得的资源相当有限，这会给桥梁维修养护工作带来巨大的压力。如何合理地利用养护资金，使有限的资源在桥梁维修管理中发挥出最大的效益；如何制定科学合理的桥梁维修养护方案，保证桥梁安全；如何降低桥梁退化速率，延长结构寿命，是桥梁养护任务的核心。

桥梁维修优化需要考虑的因素较多，如桥梁可靠度与桥梁状况指标、桥梁失效以及维修成本。鉴于在养护维修优化中各成本是互相制约的，因此在确定维修养护方案的时候要统筹考虑。随着数学、运筹学与数学建模、经济学等相关学科的快速发展，计算机技术和优化技术等的日渐完善，利用计算机技术解决各种优化问题越来越方便、快捷、可操作。桥梁维修优化涉及多个学科，因此导致其优化方法多种多样。不同的维修优化方法，其各自的侧重点不一样，优缺点也不尽相同，也都有各自的适用范围。

目前在役的桥梁普遍存在病害严重、耐久性低、使用寿命短、使用性能差等诸多问题。旧桥的维修养护、加固改造等问题已经给桥梁管理部门和桥梁养护部门带来了巨大的压力，包括沉重的工作任务以及经济负担。同时在这些旧桥的维修加固改造过程中，也难免会增加桥梁安全事故发生的风险。有可能造成财产损失，甚至危及人员安全，对社会造成不良的影响和恐慌。为了缓解旧桥维修加固改造的压力，发展和研究桥梁维修优化是很有必要的。

桥梁维修优化，是将理论研究运用到实际工程中去的问题。除了桥梁工程方面的知识外，还需要运用经济学的原理和一些计算机技术，需要统筹兼顾。研究的目的是寻求桥梁维修优化的可用方法，主要是对维修方法和时机加以优化，为合理地制定桥梁维修方案奠定基础。

1.2　可靠度分析在桥梁实际工程中的应用

混凝土桥梁是我国非常普遍的一种桥型。钢筋混凝土桥梁从属于钢筋混凝土结构的范畴，钢筋混凝土结构因其受力性能好、取材方便、耐久性好、可模性好等优点已成为土木工程桥梁中应用最广的一种结构形式。国内外已经有很多桥梁工程师和桥梁养护者对桥梁养护维修优化和桥梁全寿命养护维修优化的问题做了很多研究工作，取得了许多研究成果。目前钢筋混凝土结构是实际工程中应用最多的一种结构形式，钢筋混凝土桥梁结构便是隶属于钢筋混凝土结构。随着桥梁服役时间的不断增加，其可靠性水平会越来越低，有关其是否安全可靠，是否满足使用功能等一系列问题已经引起了世界各国的广泛关注。在可靠度、全寿命成本、桥梁维修优化等相关理论和方法的问题上许多国内外专家学者通过大量的探索和研究，取得了显著的成果。

桥梁可靠度即结构在规定的时间内，在规定的条件下完成预定功能的概率。可靠度理论最早应用在电子工业。随着可靠度理论的不断发展，经典的结构可靠度理论被越来越多的工程师接受。但是，结构可靠度理论却没有在实际工程中广泛应用，这主要还是因为基于概率理论的结构设计方法比传统的确定性的设计方法要麻烦得多。为了解决这些问题，许多学者进行了大量的研究。Lind 等(1964)在确定结构的安全度和造价时采用了一种迭代的过程，通过寻求荷载和抗力系数的最优值来解决结构的设计问题。Cornell(1968)将结构可靠度指标 β 作为结构安全度的一种定量度量，提出了中心点法并建立比较系统实用的一次二阶矩设计方法，至此结构可靠度理论成功地实现了实用的目的。

1969 年召开了第一届国际结构安全与可靠性会议(International Conference on Structural Safety and Reliability，ICOSSAR)，成为最具影响的国际会议之一。在二十世纪七八十年代，结构可靠度理论被各国的规范、标准相继采用。1982 年创办了国际刊物 *Structural Safety*，各国陆续以结构可靠度为理论基础对各类结构设计规范进行了修订。

20 世纪 80 年代以后，可靠度理论在复杂结构系统中的分析和计算蓬勃发展，并成为结构工程中的热点。Hohenbichler 和 Rackwitz(1983)在结构系统的可靠度分析中首次给出了一阶矩概念，在研究问题时采用区间概率分析理论研究得出了结构系统失效概率的计算方法。由于结构在不同的破坏水平下其极限状态亦不同，Galambos(1990)提出了采用系统系数的系统可靠度分析和结构设计方法。Cornell(1968)等采用重要抽样技术，利用蒙特卡罗(Monte Carlo)法计算结构系统的可靠度。Engelund 和 Rackwitz(1993)提出了计算结构系统可靠度中条件积分的应用问题。Ditlevsen 等(1990)在分析结构系统可靠度的一般界限时采用了上、下界技术。赵国藩(2004)在结构系统可靠度的计算中给出了一种新的点值估算方法。Vanmarcke(1983)在对结构系统可靠度进行分析时利用了随机有限元法和随机边界元法。

1.3 寿命成本分析在桥梁实际工程中的应用

桥梁一共需要经历三个阶段的生命周期过程：施工阶段、服役阶段和老化维修阶段，而桥梁的寿命成本则是指在桥梁的生命周期内为了建造和维护桥梁功能所需要花费的所有费用的总和。

寿命周期成本(life-cycle cost，LCC)最早是由美国军方在 1965 年提出，目的是用于军事器材的采办，之后才在民用企业得到广泛应用。到了 20 世纪 80 年代，寿命周期成本方法在各个领域都有了一定的研究和应用，并且在道路交通行业也开始应用，随后人们逐渐开始对建设项目的全寿命成本优化进行研究，美国率先对道路、桥梁等基础设施提出了“全寿命周期成本分析”(total life-cycle cost analysis)。进入 90 年代，一些国家正式将全寿命周期成本分析写入国家交通基础设施相关规范和手册中，全世界大概有 20 多个国家或地区运用了全寿命周期成本分析方法。

运用全寿命周期成本分析方法不仅要考虑初建成本和设计成本，还要考虑在服役期的检测、养护、维修以及改建等费用，将“未来的成本”折现成“今天的钱”，也就是桥梁在其服役阶段所需的净现值。也就是说不管是在桥梁坏了后再修还是事先就进行防御都要对其采取的措施进行经济预算和对比。为了避免因短时间的不良行为给往后的经营带来巨大的经济损失和麻烦，桥梁的建设单位必须对桥梁的全寿命周期安全负责。ISO 标准将全寿命周期成本分析定义为工程项目费用的评估方法，目的在于对实现寿命目标的不同措施进行优选和对比。美国联邦公路局(Federal Highway Administration，FHWA)对全寿命周期成本分析的核心效用进行阐述，即在寿命周期之内稳定、安全使用基础上，使得综合性支出成本最小化，达到技术安全可靠，经济科学合理。

近年来，对于桥梁的全寿命周期成本分析已经有了非常多的研究，Frangopol(1999)指出桥梁寿命周期成本包括设计成本、施工成本、检测成本、预防性维护成本、完全性维护成本、改造和失效成本等，并且提出了效益桥梁管理方法，这种方法结合了可靠度和寿命周期成本方法。Kong 和 Frangopol(2003)在求基于寿命周期的概率维护成本时采用了改良事件树的分析方法，并在分析服役的桥梁的维护成本时提出了要同时考虑维护方案对于成本的影响以及维护成本与结构性能提高之间的关系。国家公路合作研究计划(National Cooperative Highway Research Program，NCHRP)详细地阐述了全寿命周期成本构成(包含机构成本、用户成本和第三方成本)，并对每种成本构成进行细部划分。Singh 和 Tiong(2005)在对全寿命周期成本构成(包括机构成本、用户成本、事故成本和其他额外成本)的分析中提出了用户成本的计算模型。日本学者 Asko(2002)针对生态和环境、混凝土材料、结构耐久性设计对工程全寿命设计进行了研究，并研究了桥梁全寿命周期相应的成本优化问题。Mori 和 Ellingwood(1993)通过研究混凝土结构的检测维修等行为对其本身性能的影响，提出了在进行结构检测维护的方案的选择时要同时考虑可靠度不能低于限制以及寿命周期成本最小。Cady(1983)提出在研究寿命周期成本分析时要考虑折现率的影响并给出了折现率的合成模型。Wen(2001)主要对处于灾难危害下的结构进行了全寿命周期成本的优化。Hassanain 和 Loov(2003)对钢筋混凝土桥梁构件和体系的全寿命周期成本优化进行了详细的阐述。Liu 等(1997)在对桥梁进行维修策略优化时综合考虑了寿命周期维护成本和维护桥面板性能措施的加权。Lee 和 Chang(2003)以桥梁全寿命周期成本最小为优化目标确定了最优的维护方法和时间。

近年来国内对桥梁全寿命周期成本方面的研究已经成为热点。马军海和陈艾荣(2006)提出了能够使混凝土连续梁在整个寿命周期内达到建设成本最低和最优运营性的方法，该方法研究了连续梁桥的承载能力和耐久性的全寿命性能退化曲线以及养护、维修、加固、更换的影响。吴海军和陈艾荣(2004)阐述了寿命周期成本分析的概念和其在桥梁工程中应用的发展过程以及其基本原理，探讨了桥梁寿命周期成本的组成和计算公式。徐岳和武同乐(2004)把新建的桥梁和已服役的桥梁的生命周期成本进行横向的对比，并得出了针对加固桥梁生命周期成本分析的评估方法。徐国平等(2007)以我国桥梁设计的实际情况为基础，阐述了桥梁全寿命设计基本概念并提出了不同内容和流程的桥梁全寿命设计阶段。萧赓等(2010)研究了公路桥梁结构中不同的干线公路荷载对全寿命周期成本的影响，并且对其进行了分析比较。赵国旺(2015)根据已存在的耐久性的研究成果，对已有的简支梁桥进行了基于时变可靠度理论和使用寿命的研究分析。陈琳等(2016)基于耐久性设计和全寿命设计概念，提出了全寿命等耐久性方法，指出了其核心研究内容，并对设计方法的基本思路、理论框架、设计过程进行了研究。

1.4 桥梁维修优化

在现在错综复杂的交通组成当中，桥梁是其中的重要组成部分。桥梁的迅猛发展促进着社会的进步和发展，而且在经济建设中起到了推进的作用。梁桥的安全可靠性影响着公路桥梁的通行能力和可运营性，并且在桥梁运营阶段的经济收益中影响较大。我国的桥梁在过去的修建当中往往存在许多的问题，比如施工不合理、偷工减料等，此外，在运营阶段往往会出现超载等现象，这些问题的存在使得桥梁在使用一段时间过后就相继出现了问题，严重影响了交通通行的安全性。这时，就要考虑该桥梁是需要维修还是任其发展，如果维修的话，那维修到什么程度，或者说损害严重时决定是要拆除还是继续维修等决策问题。桥梁维修的优化不仅可以延长桥梁寿命，而且可以最大限度地减少运营成本。

田浩等(2011)将结构构件的可靠度作为性能指标，并通过将拉丁超立方抽样和蒙特卡罗结合起来，借助于计算机程序 CBDAS 计算出了在全寿命期内不同时刻的可靠度，利用曲线拟合的方法得出相应的寿命函数，此外，他们还研究了不同的加固措施对寿命函数的影响，并建立了数学模型和加固措施优化分析方法。

秦权(2002)介绍了一种桥梁的检测与维修方案的优化方法，通过最优检测与维修方案在保证桥梁的可靠度指标在全寿命期大于容许限值的基础上，使全寿命期的总费用最小。其目标函数为

$$\begin{cases}\min C_{\mathrm{T}} \\ \text{s.t. } \beta \geqslant \beta_{\min}\end{cases} \tag{1.1}$$

式中，C_{T} —— 全寿命期费用；

β —— 结构的可靠度。

曹明兰等(2013)在考虑了桥梁的可靠度和状况、桥梁维修的经济性、维修成本及维修性能提高后提出了一种新的桥梁维修策略多目标优化方法，并且通过实例推导出了桥梁在日常维护下首次重大维修时间的计算公式，并给出了计算步骤。实际首次大修时间 t_{PRC} 如下：

$$t_{\mathrm{PRC}} = \min\left(t_{\mathrm{PR}}, t_{\mathrm{PRC}}\right) \tag{1.2}$$

式中，t_{PRC} —— 基于桥梁状况的首次大修时间；

t_{PR} —— 基于桥梁可靠度的首次大修时间。

孙晓燕等(2004)把桥梁服役后期的损失值期望和收益值期望作为维修优化的目标函数，控制结构时变可靠度满足使用要求，对在役桥梁维修加固决策问题做了大量的探索，建立了维修加固模型：

$$\begin{cases}\max E \\ \text{s.t.}\, E \geqslant 0 \\ \beta_t \geqslant \beta_{\mathrm{m}} \\ C_{\mathrm{RES}} \leqslant C_{\mathrm{RESm}}\end{cases} \tag{1.3}$$

式中，β_t —— 桥梁 t 时刻的可靠度指标；

β_{m} —— 桥梁可靠度指标临界允许值；

C_{RES} —— 方案的维修加固费用；

C_{RESm} —— 允许的维修和加固费用。

Kong 和 Frangopol(2004)以钢筋混凝土桥梁为例，提出了无预防性维修时包含三个随机变量的结构可靠度指标的两段线性劣化模型，如图 1.3 所示。可靠度计算公式分段表达为

$$\begin{cases}\beta(t) = \beta_0, & 0 \leqslant t \leqslant t_{\mathrm{I}} \\ \beta(t) = \beta_0 - \alpha(t - t_{\mathrm{I}}), & t > t_{\mathrm{I}}\end{cases} \tag{1.4}$$

式中，β_0 —— 初始可靠度指标；

t_{I} —— 劣化开始时间；

α—— 无维修时的可靠度劣化率。

非线性裂化模型如图 1.3 所示，可靠度统一表达为

$$\beta(t)=\beta_0-[\alpha_1+\alpha'(t-t_1)](t-t_1)^{\lambda}F(t_1) \tag{1.5}$$

式中，$F(t_1)$—— 生效函数；

α_1—— 曲线起始点 t_1 处的劣化率；

α'—— 劣化率增加系数；

λ—— 劣化指数。

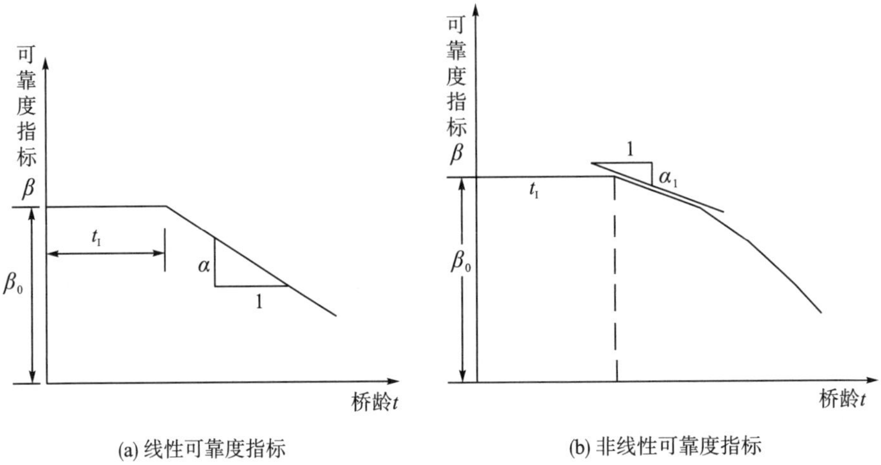

图 1.3 可靠度指标线性、非线性劣化模型

Frangopal 等(2001)利用计算机程序，提出以可靠性为基础的劣化结构全寿命周期研究的分析方法，根据在给定时间范围内产生的各种影响，建立劣化结构失效模型的可靠性指数和成本描述。可靠性指数的叠加是各种不同作用效应的结合，各失效模型的可靠性描述结合起来形成系统的可靠性描述。目前已经开发出一种称为劣化结构的生命周期分析(life-cycle analysis of deteriorating structures，LCADS)的程序，其保证了单个或整个劣化系统的寿命周期分析中不同计算水平的客观需要。

对于在役桥梁结构来说，当其服役一段时间后，在荷载的作用下，桥梁结构往往会有不同程度的损伤积累，有可能危及其在后续过程中的使用。这时桥梁结构将面临一系列问题：如桥梁结构在维修与拆除重建中到底该如何选择，如果要维修，应该采取什么样的维修措施，维修后桥梁结构会达到怎样的理想效果，这就需要合理的维修决策方案。

王光远(1990)提出了基于结构服役的动态可靠度分析的概念，并建立了基于

动态可靠度的维修优化理论，以及基于结构服役期间的动态可靠度指标的维修理论框架。从经济角度定义了维修准则，可以表示为

$$U > C_r + L \tag{1.6}$$

式中，U—— 桥梁维修后所带来的经济收益；

L—— 桥梁失效的损失期望值；

C_r—— 桥梁维修加固成本。

上式可详细表示为

$$JT_1\psi_1'(t_1,T_1) > C_r(\psi_1,\psi_1') + (1-\psi_1')D \tag{1.7}$$

式中，J—— 结构在正常生产条件下的年生产效益；

$\psi_1'(t_1,T_1)$—— 结构维修后的可靠度指标；

ψ_1—— 结构维修前的可靠度指标；

D—— 结构失效带来的损失值；

t_1—— 结构已服役的时间；

T_1—— 结构预计的后续使用期。

对于已建桥梁结构，结构性能指标降低是一个逐步积累的过程，外部荷载、外界环境因素以及结构自身材料的原因都有可能导致其性能指标的降低。为了改善结构性能指标，在对桥梁结构进行维修决策时，通常可以从以下两方面考虑：

(1)通过维修加固，提高桥梁结构的性能指标；

(2)通过科学的养护措施，降低桥梁结构性能指标的劣化速率。

如果是从风险的角度考虑，则可以从降低桥梁失效概率以及失效损失等方面出发。

参考文献

边晶海，朱浮声，康玉梅，2008．基于可靠性的服役桥梁维修加固决策研究综述[J]．中外公路，2(1)：133-138

曹明兰，张素磊，陈淮，等，2013．桥梁维修决策多目标优化方法研究[J]．中外公路，33(5)：93-97

陈琳，屈文俊，朱鹏，2016．混凝土结构全寿命等耐久性设计的理论框架[J]．建筑科学与工程学报，33(3)：93-103

郭院成，霍达，1997．在役结构的最优化维修决策[J]．基建优化，18(2)：13-17

李忠双，2015．黑龙江省富裕县境内塔哈河大桥桥面坍塌[N]．人民网黑龙江频道，2015-12-26

刘扬，张建仁，2001．钢筋混凝土桥梁服役期间的可靠度评价[J]．中国公路学报，2(14)：61-65

刘玉彬，王光远，1996．以动态模糊随机可靠度为参数的在役结构维修策略[J]．哈尔滨建筑大学学报，2(29)：1-7

马军海，陈艾荣，2006．基于全寿命的混凝土连续梁桥使用寿命研究[C]．第十七届全国桥梁学术会议论文集：709-716

马军海，陈艾荣，2007．桥梁全寿命设计总体框架研究[J]．同济大学学报(自然科学版)，(8)：1003-1007

秦权，2002．基于时变可靠度的桥梁检测与维修方案优化[J]．公路，(9)：17-25

屈文俊，车惠民，1996．既有铁路混凝土桥梁的维修及经济使用寿命预测[J]．桥梁建设，(4)：6-9

孙晓燕，黄承逵，赵国藩，2004．基于动态可靠度和经济优化相结合的服役桥梁维修加固风险决策[J]．工程力学，21(5)：5-10

田浩，陈艾荣，陈亮，2011．基于概率的退化钢筋混凝土桥梁加固措施优化[J]．同济大学学报(自然科学版)，39(12)：1732-1738

王光远，1990．结构强度储备的评估及结构维修过程的跟踪决策[J]．哈尔滨建筑大学学报，3(2)：1-9

王光远，1992．工程软设计理论[M]．北京：科学出版社

王增忠，2006．基于混凝土耐久性的建筑工程项目全寿命经济分析[D]．上海：同济大学

卫红蕊，2003．在役桥梁改造的技术经济分析及寿命预测[D]．西安：长安大学

吴海军，陈艾荣，2004．寿命周期成本分析方法在桥梁工程中的应用[J]．公路，(12)：34-38

夏海兵，姚安林，尹继明，2007．基于加固寿命周期成本最小的桥梁维修决策[J]．公路交通技术，2(1)：111-113

萧赓，景春光，宋新安，2010．基于调查统计分析的干线公路荷载对桥梁全寿命成本的影响研究[J]．公路交通科技，27(11)：56-60

谢桂华，李继祥，王军，2008．受腐蚀混凝土结构的可靠性分析及维修决策方法[J]．四川建筑科学研究，34(2)：89-92

徐国平，刘明虎，耿爽，2007．桥梁工程全寿命设计方法[J]．公路，(10)：1-4

徐岳，武同乐，2004．桥梁加固工程生命周期成本横向对比分析[J]．长安大学学报(自然科学版)，24(3)：30-34

张军，陈国平，2007．现役桥梁结构性能评估及全寿命维护加固决策[J]．公路与汽运，3(2)：92-94

张克波，朱建华，2006．基于价值工程与变权综合评价的服役桥梁维修加固方案决策[J]．中外公路，26(1)：121-124

赵国旺，2015．基于可靠度理论的桥梁寿命预测研究[J]．公路交通科技(应用技术版)，(9)：20-22

赵国藩，2004．工程结构生命全过程可靠度[M]．北京：中国铁道出版社

曾焕阳，2015．粤赣高速一匝道桥梁坍塌[N]．广州日报，2015-6-20

曾小刚，肖盛燮，2003．模糊综合评判法在旧桥加固方案优选中的应用[J]．重庆交通学院学报，22(4)：1-3

Asko S，2002. Integrated Life Cycle Design of Structures[M]. London and New York：Spon Press

Biondini F, Frangopol D M, 2018. Life-cycle performance of civil structure and infrastructure systems: survey[J]. Journal of Structural Engineering, 144(1): 06017008

Cady P D，1983. Inflation and highway economics analysis[J]. Journal of Transportation Engineering，109(5)：631-639

Cornell C A，1968. A probability-based structural code[J]. ACT Structural Journal，66(12)：974-985

Ditlevsen O，Melchers R E，Gluver H，1990. General multi-dimensional probability integration by directional simulation[J]. Comput. & Structures，36 (2)：355-368

Engelund S，Rackwitz R，1993. A benchmark study on importance sampling techniques in structural reliability[J]. Structural Safety，12：255-276

Estes A C，Frangopol D M，2001. Minimum expected cost-oriented optimal maintenance planning for deteriorating structures：application to concrete bridge deck[J]. Reliability Engineering & System Safety，（73）：281-191

Frangopol D M，1999. Life-cycle cost analysis for bridge[J]. Journal of Structural Engineering，66(6)：210-236

Frangopol D M, Kong J S, Gharaibeh E S, 2001. Reliability-based life-cycle management of highway bridges[J]. Journal of Computing in Civil Engineering，15(1)：27-34

Frangopol D M，Lin K Y，1997. Life-cycle cost design of deteriorating structures[J]. Journal of Structural Engineering，36(10)：1390-1401

Galambos T V，1990. Systems reliability and structural design[J]. Structural Safety，7：101-108

Hassanain M A，Loov R E，2003. Cost optimization of concrete bridge infrastructure[J]. Canadian Journal of Civil Engineering，30

Hohenbichler M，Rackwitz R，1983. First-order concepts in system reliability[J]. Structural Safety，1：177-188

Imai K，1999. Reliability analysis of geometrically nonlinear structures with application to suspension bridge[D]. Boulder, Colorado: University of Colorado

Kim S, Frangopol D M, 2020. Computational platform for probabilistic optimum monitoring planning for effective and efficient service life management[J]. Journal of Civil Structural Health Monitoring, 10(1): 1-15

Kong J S，Frangopol D M，2004. Cost-reliability interaction in life-cycle cost optimization of deteriorating structures[J]. Journal of Structural Engineering，130(11)：1704-1712

Kong J S，Frangopol D M，2003. Life-cycle reliability-based maintenance cost optimization of deteriorating structures with emphasis on bridges[J]. Journal of Structural Engineering，129(6)：818-828

Lee Y J，Chang L M，2003. Rehabilitation decision analysis and life-cycle costing of the infrastructure system[C]. Construction Research Congress. ASCE

Lind N C，Turkstra C J，Wright D T，1964. Safety，economy and rationality in structural design[C]. Proceedings IABSE 7th Congress，Rio de Janeiro，Preliminary Publication：185-192

Liu C，Hammad A，Itoh Y，1997. Multiobjective optimization of bridge deck rehabilitation using a genetic algorithm[J]. Computer-aided Civil and Infrastructure Engineering，12

Mori Y，Ellingwood B R，1993. Maintaining reliability of concrete structures I：role of inspection repair[J]. Journal of Structural Engineering，120(3)：846-863

Mori Y，Ellingwood B R，1994. Maintaining reliability of concrete structures Ⅱ：optimum inspection / repair[J]. Journal of Structural Engineering，120(3)：846-862

Singh D，Tiong R L K，2005. Development of life cycle costing framework for highway bridges in Myanmar[J]. International Journal of Project Management，（23）：37-44

Vanmarcke E，1983. Random Fields：Analysis and Synthesis[M]. Cambridge：MIT Press

Wen Y K，2001. Minimum life-cycle cost design under multiple hazards[J]. Reliability Engineering and System Safety：223-231

Yang D Y, Frangopol D M, 2020. Life-cycle management of deteriorating bridge networks with network-level risk bounds and system reliability analysis[J]. Structural Safety, 83(2): 101911

第 2 章　钢筋混凝土桥梁劣化机理

了解并掌握钢筋混凝土桥梁结构劣化的原因，深刻认识并准确地了解结构即时工作性能，对有效地建立桥梁结构劣化模型并预测结构的使用寿命有很重要的参考意义，对后期结构的维护也有很大的指导价值。桥梁结构的病害多种多样，桥梁在服役多年以后往往会出现不同程度的裂缝、钢筋锈蚀、混凝土脱落等病害。

对于钢筋混凝土桥梁而言，劣化的原因可以归纳为两大类，即物理和化学作用。常见的物理作用有磨损和冲击，而钢筋锈蚀是最常见的化学作用。钢筋锈蚀被排在影响混凝土使用寿命众多因素中的第一位，钢筋锈蚀破坏所带来的混凝土结构破坏和重大经济损失，已经引起土木工程领域的高度关注。统计数据表明，基础设施由于锈蚀带来的经济损失一般为国民经济总产值的 2%～4%。到 20 世纪 90 年代末，由于钢筋锈蚀给经济带来的直接损失就多达 1500 亿美元。钢筋锈蚀造成的损失甚至高于自然灾害，如洪水、大风、火灾等的损失总和。就桥梁结构而言，在美国的 60 万座桥中，有约三分之二的桥梁因结构承载能力不足，导致每年的维修经费就高达 2000 亿美元。一座桥 40 年内的维修总费用大约相当于四座新桥的建设费用。

在我国南方，空气中的二氧化碳进入混凝土内部使混凝土碳化是导致钢筋锈蚀的主要原因。在北方，为了保证冬季的正常行车条件，一般会使用大量的融雪剂，而氯盐是融雪剂的主要成分，氯离子具有很强的腐蚀性。混凝土的碳化以及氯离子是引起钢筋锈蚀的主要原因。

2.1　碳化影响钢筋锈蚀

2.1.1　锈蚀机理

碳化是空气中的二氧化碳与潮湿混凝土中的水化物反应，并中和混凝土中的碱性因子。混凝土中的主要碱性因子是 NaOH 和 KOH，存在于孔隙的水溶液中，一般，$Ca(OH)_2$ 以固态的形式存在，混凝土中 $Ca(OH)_2$ 易和 CO_2 发生化学反应。通过混凝土毛细孔扩散而来的 CO_2，与游离的水结合形成 H_2CO_3，然后 H_2CO_3 再

与 $Ca(OH)_2$ 发生化学反应。碳化过程的物理模型见图 2.1。碳化反应可表示如下：

$$Ca(OH)_2 + H_2CO_3 \longrightarrow CaCO_3 + 2H_2O$$

$$Ca(OH)_2 \longrightarrow Ca^{2+}(溶液) + 2OH^-(溶液)$$

$$Ca^{2+}(溶液) + 2OH^-(溶液) + CO_2 \longrightarrow CaCO_3 + H_2O$$

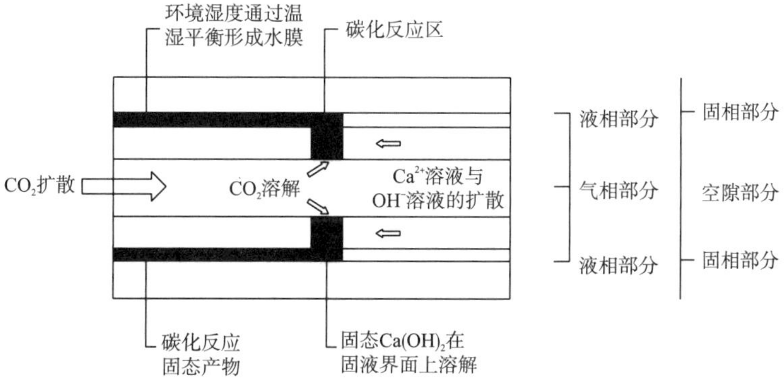

图 2.1　混凝土碳化的物理模型

对混凝土来说，碳化作用是利弊共存的，但对于钢筋混凝土而言，是弊大于利。有利的一面是，碳化时的固体产物 $CaCO_3$ 能够填充混凝土中的孔隙，使混凝土更加密实，增强混凝土的抗压强度，也能从一定程度上阻止其他有害物质的入侵。然而不利的是，由于混凝土碳化产生的 $CaCO_3$ 体积小，密度大，从而引起混凝土表面的收缩变形，容易出现微裂纹。碳化可以降低混凝土孔隙中溶液的 pH。碳化之前，混凝土孔隙水溶液中的 pH 一般在 12.5～13.5 之间。钢筋周围的混凝土孔隙溶液中的 pH 下降到 11.5 左右时，钢筋表面的钝化膜就开始弱化，不再稳定。而碳化引起混凝土孔隙水溶液的 pH 降低，严重的情况下 pH 能达到 8.2 左右，此时钝化膜早已经失去对钢筋的保护作用，进而锈蚀钢筋。

2.1.2　影响因素

混凝土的碳化实际上是 CO_2 由表及里逐渐向混凝土内部扩散的过程。因此，碳化速度的快慢与 CO_2 的扩散速度有很大关系。碳化与时间的关系可以表示为

$$X = K \cdot t^{1/n} \tag{2.1}$$

式中，X—— 混凝土中 CO_2 的渗入深度；

t—— 混凝土暴露在空气中的时间；

K—— 碳化系数，由混凝土和外界环境控制；

n—— 参数，一般取值为 2。

1. 材料的内在因素的影响

材料的内在因素主要为水泥的品种、水泥的用量、水灰比和外加剂等。

1) 水泥的品种和用量

当水泥的品种和用量不一样时，拌和物中的碱性因子的比例也有较大差异，主要是 CaO 的含量不同。当水泥熟料胶结料中的 CaO 含量越高，则表示能与更多的 CO_2 发生化学反应，混凝土的碳化速度也越慢。

混凝土吸收 CO_2 的量与水泥用量有很大的关系，水泥用量越小，混凝土的水化程度越小，碳化速度就越快。

2) 水灰比

水灰比会影响混凝土的孔隙率，当保持水泥用量不变时，孔隙率与水灰比是成正比的。因此，水灰比增大时，孔隙率也会增大，最直接的影响就是孔隙中游离态的水含量也会增加，这将会导致混凝土的进一步碳化。同时，水灰比越大，CO_2 渗入混凝土中的速度越快，混凝土碳化速率也越快。

3) 外加剂

混凝土中掺入粉煤灰或矿渣等外加剂时，会降低混凝土中水泥的含量，混凝土的 pH 会降低，$Ca(OH)_2$ 的含量也会变少，最后加快了混凝土的碳化速度。事实上，掺粉煤灰或矿渣，也会增强水泥浆体的密实度，减慢 CO_2 的扩散。图 2.2 为养护时间及外掺粉煤灰、矿渣和碳化深度的关系曲线。从图中可以看出，碳化深度随着外加剂比例的增加而增加。但随着养护时间的增加，碳化深度曲线逐渐趋向于缓和，说明外加剂造成的低碱性可以由 CO_2 的低扩散性得到补偿。

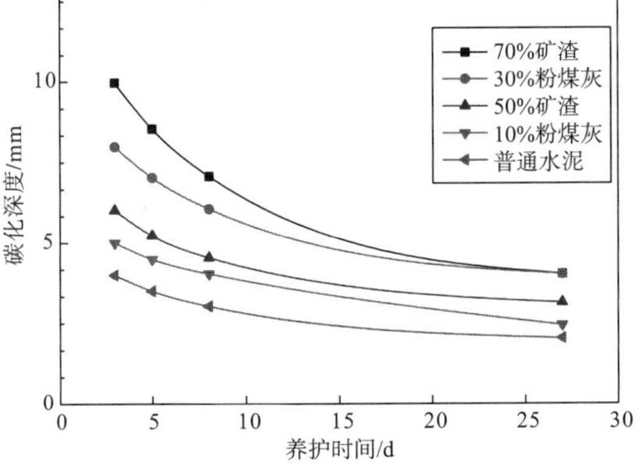

图 2.2 掺粉煤灰或矿渣的混凝土养护对碳化深度的影响

2. 外部环境因素的影响

外部环境因素对混凝土的碳化影响较大，其中一般有空气的相对湿度、CO_2的含量、环境的温度等。

1) 空气的相对湿度

碳化速度和碳化系数 K 随着气候湿度的变化而改变。一方面，相对湿度能影响孔隙水的饱和度，影响 CO_2 的扩散速度；另一方面，混凝土的碳化反应需要在溶液或者固液分界面上发生。碳化速度与相对湿度的关系如图 2.3 所示，从中可以看出，相对湿度在 70%左右时最容易发生碳化。

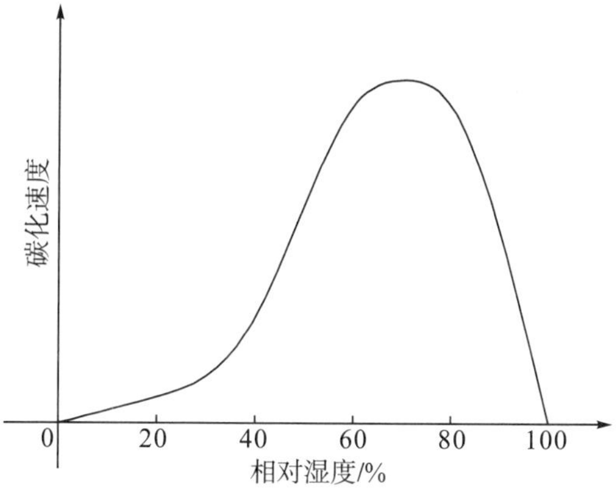

图 2.3 碳化速度与相对湿度的关系

2) CO_2 的含量

碳化反应是一种化学反应，而 CO_2 作为这个化学反应的反应物，其浓度直接影响化学反应的进行。CO_2 的浓度越低，碳化反应越慢。一般情况下，碳化的速率与 CO_2 浓度的平方根成正比。

3) 环境的温度

环境温度在很大程度上影响着 CO_2 的扩散和碳化，温度降低，碳化反应减缓。研究发现，当 CO_2 浓度为 10%，空气的相对湿度为 80%时，40℃时的碳化速度是 20℃时的 2 倍。通过回归分析可以得出温度的影响系数公式如下：

$$k_T = e^{(8.748-2536/T)} \tag{2.2}$$

式中，T—— 环境温度；

k_T —— 温度的影响系数。

3. 施工质量

一般而言，较差的施工质量在一定程度上更可能导致钢筋的锈蚀。施工中的振捣不均匀不密实，养护不充分，会造成混凝土裂纹缺陷和蜂窝麻面，进而能加快碳化速率。混凝土材料配比中，可以掺加减水剂，减小水灰比，或掺加引气剂，使开口的气孔转化为闭口的气孔，减缓 CO_2 扩散，并通过充分振捣、密实和养护等一系列方法，来提升混凝土的密实度，从根本上增强混凝土抵抗碳化的性能。

2.1.3 使用寿命

当混凝土碳化深度大于保护层厚度时，钢筋便会产生许多小腐蚀电池，开始生锈。钢筋锈蚀的主要影响因素为保护层的厚度、混凝土的施工质量和周围的环境。通过混凝土碳化的速度和保护层的厚度可以估算钢筋开始锈蚀的时间，根据已有的混凝土碳化检测数据，也可以推算混凝土结构开始碳化锈蚀的时间。

我国水泥部门对使用了 15 年的掺粉煤灰水工混凝土的碳化深度调查结果如表 2.1 所示。

表 2.1 碳化深度调查表

水灰比	水泥用量/(kg/m³)	使用 15 年的碳化深度/mm
0.43	356	11.2
0.5	290	18.2

用失效概率及可靠度来定义混凝土碳化的使用寿命。

失效概率定义为最大目标概率，可靠度指数用下述极限方程表示：

$$Z = R - L \tag{2.3}$$

式中，L—— 环境荷载，这里指的是混凝土碳化深度；

R—— 结构的抗力，这里指保护层的厚度。L 与 R 呈正态分布，则 Z 同样服从正态分布。

Z 的平均值：$\mu_Z = \mu_R - \mu_L$

标准差：$\sigma_Z = \sqrt{\sigma_R^2 + \sigma_L^2}$

随着混凝土构件服役时间的增加，可靠度指数降低，标准差增加，表示失效概率随时间延长而增加，构件的失效概率可表示为

$$P_f = \phi(-\mu_Z / \sigma_Z) = \phi(-\beta)$$

可靠度指数与失效概率如表 2.2 所示。

表 2.2　可靠度指数与失效概率

可靠度指数 β	失效概率 P_f /%	可靠度指数 β	失效概率 P_f / %
1	1.59×10^{-1}	3	1.35×10^{-3}
1.5	6.68×10^{-2}	3.5	2.33×10^{-4}
2	2.28×10^{-2}	3.8	7.23×10^{-5}
2.5	6.21×10^{-3}		

2.2　氯盐影响钢筋锈蚀

由氯盐引起的钢筋锈蚀，是影响混凝土结构使用寿命的主要因素。氯盐通过氯离子锈蚀钢筋，进而破坏混凝土结构的承载能力，同时其对混凝土结构本身也有一定的破坏作用。

2.2.1　锈蚀机理

氯离子对钢筋的锈蚀作用主要有以下几个方面：

(1) 破坏钢筋表面钝化膜。

(2) 在钢筋的表面生成腐蚀电池，造成局部或均匀的腐蚀。

(3) 与阳极的反应产物生成可溶性物质，加速腐蚀的进程。

(4) 形成离子回路，削弱阴阳极间的电阻，增加锈蚀速度。

钢筋锈蚀的电化学反应过程见图 2.4。

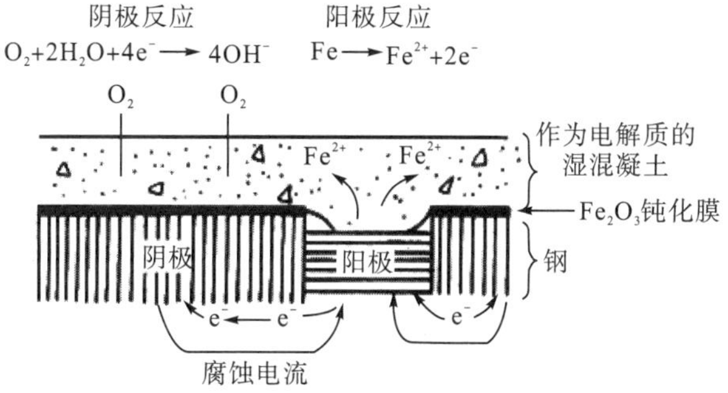

图 2.4　钢筋锈蚀的电化学反应过程

钢筋的锈蚀分别在电池的阴阳两极独立地进行，但二者又是相互依存的。在阳极，铁溶解于溶液，析出铁离子，把电子遗留在钢筋上。即

$$Fe \longrightarrow Fe^{2+} + 2e^-$$

阳极和阴极之间通过电子导体和离子导体移动形成电流，电子通过钢筋从阳极跑到阴极，溶液中的 OH^- 通过溶液从阴极移动到阳极。在阴极，水和氧气吸收来自阳极的电子，生成 OH^-，即

$$O_2 + 2H_2O + 4e^- \longrightarrow 4OH^-$$

在阳极，铁与氯离子反应生成铁氯络合物，即

$$Fe + 2Cl^- \longrightarrow (Fe^{2+} + 2Cl^-) + 2e^-$$

当铁氯络合物在钢筋中扩散到有氧部位时，与 OH^- 反应，生成 $Fe(OH)_2$，即

$$Fe^{2+} + 2Cl^- + 2H_2O \longrightarrow Fe(OH)_2 + 2H^+ + 2Cl^-$$

$Fe(OH)_2$ 与氧气和水发生氧化反应，生成氧化铁，即

$$4Fe(OH)_2 + O_2 + 2H_2O \longrightarrow 4Fe(OH)_3$$

$$2Fe(OH)_3 \longrightarrow Fe_2O_3 \cdot 3H_2O$$

最终，钢筋的锈蚀产物 $Fe_2O_3 \cdot 3H_2O$ 体积增大到原钢筋体积的 3～6 倍，同时会导致混凝土开裂和剥落。反过来，它又为氯离子、水以及 CO_2 提供了通道，这是一个不良的恶性循环过程，能加速钢筋的锈蚀。

2.2.2 锈蚀过程

Thoft-Christensen 提出了在氯离子侵袭钢筋后，混凝土锈蚀发展的 4 段 6 步模型，如图 2.5 所示。图中的可靠度指标跟时间的关系也体现了可靠度指标劣化的六个步骤，这些步骤的定义如下：1 表示氯离子侵入混凝土，2 表示氯离子浓度达到一定程度，钢筋开始锈蚀，3 表示钢筋锈蚀的扩展，4 表示混凝土开始出现纵向裂缝，5 表示混凝土裂缝的发展，6 表示混凝土开始剥落。

一般，钢筋锈蚀与混凝土结构耐久性的关系大致如图 2.6 所示：$t_0 - t_1$ 阶段，碳化深度逐渐延伸逼近钢筋的表面或 Cl^- 逐渐在钢筋表面积累至浓度达到临界值，钢筋钝化膜开始被破坏，开始活化；$t_1 - t_2$ 阶段，钢筋开始局部范围的锈蚀，钢筋开始膨胀，体积增大，混凝土保护层破坏，甚至开裂；$t_2 - t_3$ 阶段，钢筋大范围锈蚀，混凝土保护层严重持续开裂，混凝土与钢筋间的黏结力逐渐削弱直至丧失，最终导致结构承载能力丧失。

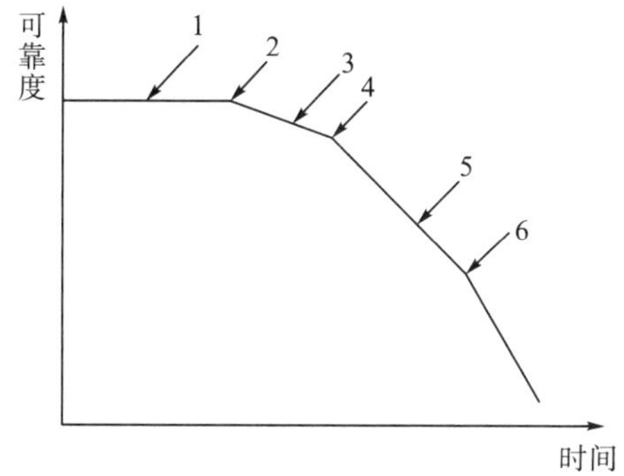

图 2.5　钢筋混凝土结构锈蚀的 6 步示意图

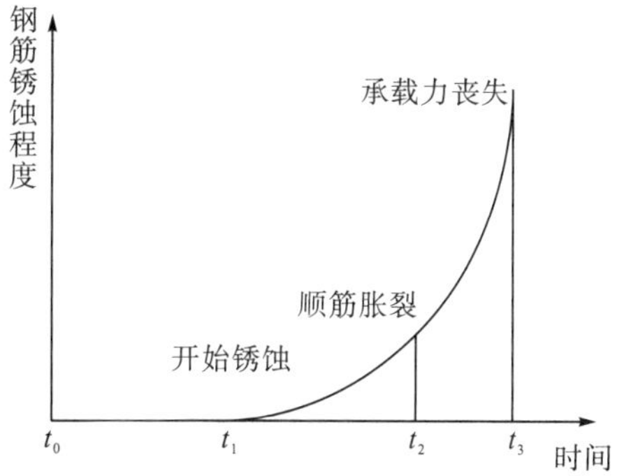

图 2.6　钢筋锈蚀与结构寿命的关系

2.2.3　影响因素

一般来说，当有大量的氯离子到达钢筋表面时，氯离子便会破坏钢筋表面的钝化膜，进而引起钢筋的锈蚀。影响钢筋锈蚀的主要因素有：水和氧的含量、电化学反应阳极与阴极的面积比例、孔隙水中氯离子的含量、混凝土的电阻、温度、相对湿度等。

1. 氧气供给

钢筋锈蚀的反应实际上是氧化反应，所以，供氧是控制钢筋锈蚀的一个重要因素。O_2 的扩散和 CO_2、Cl^-的扩散不一样，CO_2 几乎只能在气体中扩散，Cl^-只能在溶液中扩散，而 O_2 既可以在气体中扩散，也可以在溶解氧分子的液体中扩散。图 2.7 表示氧在不同水灰比(*w*/*c*)和不同厚度的水饱和混凝土中的扩散分布，可以看出，水饱和程度极大地影响了氧的扩散速度。

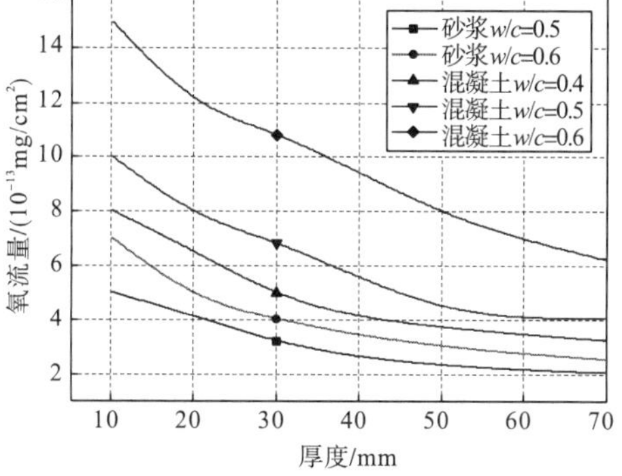

图 2.7　水灰比与厚度对氧扩散的影响

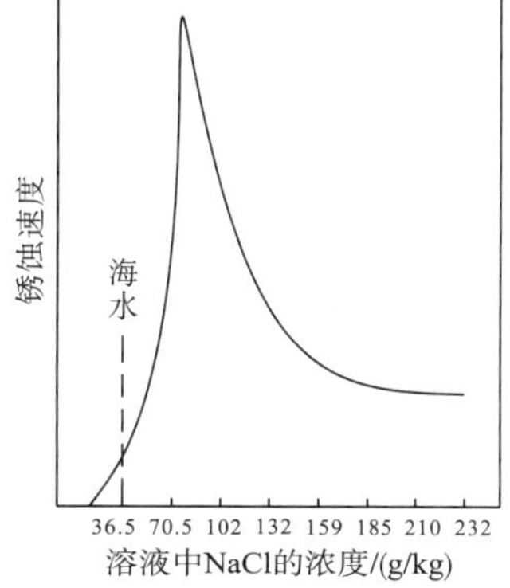

图 2.8　氯化钠浓度对锈蚀速度的影响

图 2.8 简要说明盐溶液对锈蚀速度的影响，锈蚀速度随着溶液浓度的增加而增加，一直达到最大锈蚀速度。之后尽管氯离子的浓度增加，锈蚀速度却在降低，这种情况是因为氧的溶解和扩散降低了。由此可见，是氧的供给维持了锈蚀的发展。

2. 相对湿度

钢筋锈蚀开始后断面的损失可以用法拉第(Faraday)定律计算，锈蚀断面损失 V_{coor} (mm/年)与腐蚀电流密度 I_{coor} 有下式关系：

$$I_{coor} \cdot 0.0116 = V_{coor} \tag{2.4}$$

腐蚀电流密度 1μA/cm²，相当于铁损失 12μm/年。当腐蚀的电流值小于 0.1μA/cm²时，腐蚀的速度可以忽略。一般认为，在这种高速腐蚀的环境中，混凝土的开裂与剥落可能会更快发生。有试验用保护层与钢筋直径比为 2～4 的试件，证实了铁损失 15μm 和 40μm 时试件就会开裂，相当于电流密度为 0.5μA/cm²。

已有试验表明：暴露在 50%的相对湿度和水下的试件完好，无开裂现象；而暴露在相对湿度为 90%掺氯离子的溶液中试件均开裂。由于缺氧，水下试件即便是腐蚀电流密度接近 10μA/cm²，砂浆也没有开裂。

3. 混凝土环境

并不是所有的水泥都具有同样的保护钢筋的性能，因为不同水泥的细度和成分不一样。波特兰水泥水化时，硅酸盐和水反应生成水化硅酸钙，混凝土内部的高碱度在钢筋表面生成保护性氧化膜，环境的 pH 决定了氧化膜的整体性和保护质量。水化良好的波特兰水泥含有原水泥质量 15%～30%的 $Ca(OH)_2$，一般能保持溶液的 pH 在 12.5 左右。

波兰特水泥中 C_3A 反应很快，需要用 $CaSO_4$ 延缓其凝结。$CaSO_4$ 与 C_3A 反应生成钙矾石($C_3A \cdot CaSO_4 \cdot 32H_2O$)覆盖于铝酸盐颗粒上延缓其反应，氯盐也可以和 C_3A 反应生成 Friedel 盐($C_3A \cdot CaSO_4 \cdot xH_2O$)，但它是在生成钙矾石之后生成的，$C_3A$ 与氯离子的结合被认为是降低了氯离子的入侵速度。

水饱和程度也是混凝土环境的一个重要方面，水饱和程度影响混凝土的电阻率，初始水饱和混凝土干燥时电阻率可以从 70Ω·m 增加到 6×10^4Ω·m。野外环境指出，当混凝土电阻率大于 50～70Ω·m 时，钢筋的锈蚀基本忽略不计。也有一些作者认为，当电阻率大于 100～120Ω·m，即便是有氯、氧和水，也不太可能出现锈蚀破坏。

密实的混凝土有较高的电阻率，可以阻止离子的传输，因此混凝土的水灰比和辅助凝胶材料也对锈蚀有一定影响。不密实的混凝土，当电流产生于两层钢筋之间时，能加快锈蚀。

2.2.4　氯离子的临界含量与扩散

1. 氯离子的临界含量

当钢筋周围的氯离子含量达到某一临界值时，钢筋的钝化膜开始破坏，逐渐丧失对钢筋的保护作用，从而引起钢筋的锈蚀。目前对于氯离子的临界值，各界的观点都各不相同。较为广泛认同的观点是，临界氯离子浓度与构件及自身暴露的环境等多重参数有关，包括水泥种类、混凝土外加剂、环境湿度以及混凝土的微观结构等，但是目前受到研究成果的制约，在混凝土结构的使用寿命中还不能完全考虑所有因素的影响，规范或者标准中采用统计值来大致表示它们的影响。我国《混凝土结构设计规范》(GB50010—2010)考虑不同环境类别，对设计年限为 50 年的混凝土结构的最大氯离子含量、最大水胶比等做出了规定，如表 2.3 所示。

表 2.3　混凝土结构耐久性基本要求

环境类别		最大水胶比	最低混凝土强度等级	最大氯离子含量/%	最大碱含量/(kg/m^3)
一		0.60	C20	0.30	不限制
二	a	0.55	C25	0.20	3.0
	b	0.50	C30	0.15	
三	a	0.45	C35	0.15	
	b	0.40	C40	0.10	

2. 氯离子的扩散

当氯离子与水接触时，氯离子会逐渐进入混凝土中，首先是混凝土表面的吸附作用。如果混凝土表面不饱和就直接暴露于水或盐溶液中，毛细管张力就会吸收溶液至混凝土内，深度可达 0.5～1.5cm，直到混凝土表面层达到饱和，水灰比低于 0.30 的高性能混凝土也符合这点，同时也具有高吸收的功能。通过混凝土内部的孔隙和微裂缝，氯离子从周围的环境向混凝土的内部扩散，其扩散的方式主要有以下四种：

(1) 直接扩散作用：氯离子都会从浓度高向浓度低的地方移动，其中主要的作用力是氯离子的浓度梯度。

(2) 毛细管作用：氯离子从湿度大的地方向内部干燥的地方移动，其中主要作用力是混凝土内部的湿度梯度。

(3) 渗透作用：氯离子从静水压力高的地方向压力较低的方向移动，主要作用力是静水压力，即压力梯度。

(4) 电化学迁移：氯离子会向电位较高的方向移动，主要作用力是电位差。

氯离子在混凝土中的扩散移动是四种方式的共同作用，这四种扩散方式可能同时发生。但一般认为氯离子在混凝土中的扩散以直接扩散为主，并假定氯离子的扩散是一维作用，如图 2.9 所示。

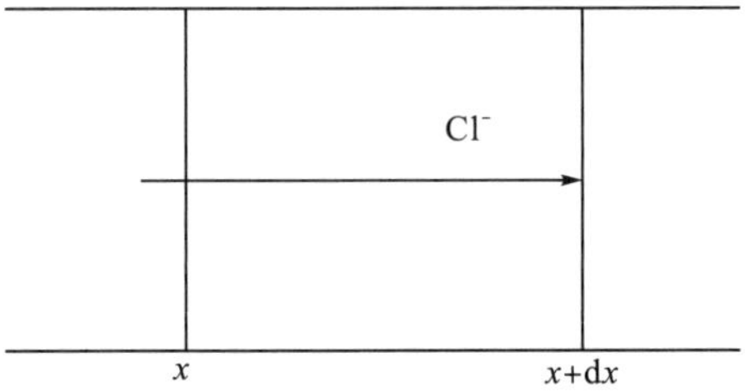

图 2.9 氯离子扩散方式示意图

可以认为氯离子的扩散方式遵循 Fick 定律，即自由离子的扩散取决于浓度梯度。Fick 第一定律的公式如下：

$$J=-D\frac{\partial C}{\partial x} \tag{2.5}$$

式中，J —— 扩散的离子质量；

D —— 扩散系数；

C —— x 处孔隙溶液的氯离子浓度；

x —— 混凝土的深度。

在饱和混凝土中，氯离子的浓度随时间的变化可以近似表示为扩散离子增量与体积 dx 的函数关系：

$$\frac{\partial C}{\partial t}=\frac{1}{\mathrm{d}x}\left[Jx-J(x+\mathrm{d}x)\right] \tag{2.6}$$

由于

$$J(x+\mathrm{d}x)=Jx+\frac{\partial J}{\partial x}\mathrm{d}x \tag{2.7}$$

所以

$$\frac{\partial C}{\partial t}=-\frac{\partial J}{\partial x} \tag{2.8}$$

将式(2.5)代入式(2.8)即可得到 Fick 第二定律:

$$\frac{\partial C}{\partial t}=D\frac{\partial^2 C}{\partial^2 x} \tag{2.9}$$

Collepardi 在 1972 年发表了基于 Fick 第二定律的氯离子扩散系数的计算结果。为简化计算，一般认为在未开裂的混凝土中，氯离子的扩散模型为

$$C_x=(C_s-C_0)\left[1-\mathrm{erf}(\frac{x}{2\sqrt{Dt}})\right]+C_0 \tag{2.10}$$

式中，C_x—— t 时刻 x 处的浓度；

C_s—— 表面处的浓度；

C_0—— 初始浓度；

D—— 扩散系数。

当 $C_0=0$ 时，即材料中没有氯离子，方程可简化为

$$C_x=C_s\left[1-\mathrm{erf}\left(\frac{x}{2\sqrt{Dt}}\right)\right] \tag{2.11}$$

t 时刻 x 处的浓度 C_x 达到临界氯离子的 C_{cr} 时，则可求出氯离子侵入后引起钢筋锈蚀的开始时间为 t_0：

$$t_0=\frac{x^2}{4D}\left[\mathrm{erf}^{-1}(1-\frac{C_{cr}}{C_s})\right]^{-2} \tag{2.12}$$

有文献给出氯离子扩散系数与水灰比的简化关系为

$$D=34.776w/c-6.448 \tag{2.13}$$

建立氯离子入侵模型的作用一般是预测氯离子在混凝土中的侵入速度或预测钢筋处氯离子的含量，将预测结果与所引起钢筋锈蚀的氯离子的临界浓度对比，以预测钢筋是否发生了锈蚀。

2.2.5　使用寿命

受氯离子影响的公路桥梁使用寿命可以由两部分组成：钢筋锈蚀诱发期和锈蚀发展期。诱发期从结构开始与氯盐接触到氯离子入侵直到其浓度达到临界值为止，即开始接触氯盐到钢筋脱钝开始锈蚀的这一段时间；诱发期持续扩展，直到混凝土的表面出现剥落，这一阶段可称为锈蚀的发展期。使用寿命两阶段示意图如图 2.10 所示。氯盐环境下钢筋混凝土结构的使用寿命定义各有差异。由于钢筋锈蚀发展期劣化速率很快，一般情况下把钢筋开始锈蚀作为正常使用寿命的终点。对高性能混凝土来说，其发展期有一定增大，正常的使用寿命可以看作锈蚀诱发期加上部分的锈蚀发展期。

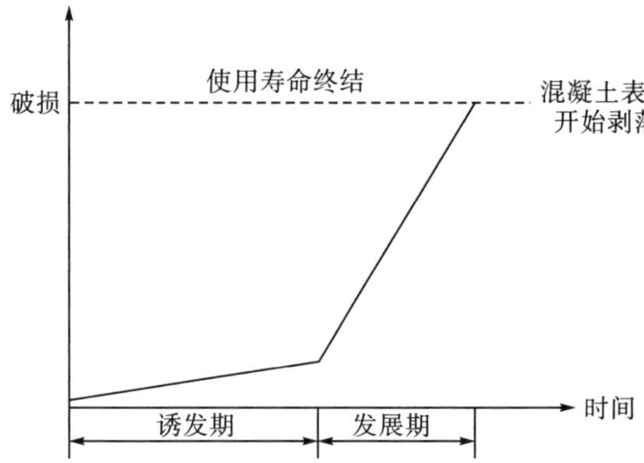

图 2.10 使用寿命两阶段示意图

参 考 文 献

贡金鑫，赵国藩，1998．考虑抗力随时间变化的结构可靠度分析[J]. 建筑结构学报，19(5)：56-59

刘秉京，2006. 混凝土结构耐久性设计[M]. 北京：人民交通出版社

牛荻涛，2003. 混凝土结构耐久性与寿命预测[M]. 北京：科学出版社

吴海军，2007. 桥梁结构耐久性设计方法研究[D]. 上海：同济大学

张建仁，王磊，彭健新，等，2017. 服役钢筋混凝土桥梁时变可靠性评估与剩余寿命预测[M]. 北京：科学出版社

张克波，2009. 锈蚀 RC 构件力学性能与整桥破坏性试验研究[D]. 长沙：长沙理工大学

张誉，2003. 混凝土结构耐久性概论[M]. 上海：上海科学技术出版社

曾勇，2009. 大跨度悬索桥设计寿命期内的监测、维护与管理策略研究[D]. 上海：同济大学

中国建筑科学研究院，2010. 混凝土结构设计规范 GB 50010—2010[S]. 北京：中国建筑工业出版社

中华人民共和国住房和城乡建设部, 2019. 混凝土结构耐久性设计标准 GB/T 50476—2019[S]. 北京：中国建筑工业出版社

Frangopol D M, Kong J S, Gharaibeh E S, 2001. Reliability-based life-cycle management of highway bridges[J]. Journal of Computing in Civil Engineering，15(1)：27-34

Kong J S，Frangopol D M，2003. Life-cycle reliability-based maintenance cost optimization of deteriorating structures with emphasis on bridges[J]. Structure Engineering，129(6)：818-828

Li Y，2004. Effect of spatial variability on maintenance and repair decisions for concrete structures[D].Netherland：Technische Universiteit Delft

第 3 章　结构可靠度理论

结构可靠度理论已经广泛应用于各个领域，也逐步运用到了桥梁行业，其计算的方法不断改进，可靠度理论也相应得到发展。

3.1　构件可靠度分析的基本概念

3.1.1　构件的可靠度和失效概率

《工程结构可靠性设计统一标准》(GB 50153—2008)规定，结构的可靠性是结构在规定的时间内，在规定的条件下，完成预定功能的能力。而结构可靠度的定义是结构在规定的时间内，在规定的条件下，完成预定功能的概率。整个结构或者结构的某一部分越过了某一特定状态就不能满足设计规定的某一功能要求时，就是结构的极限状态。如果结构可以实现原来预定的功能，就可以称为可靠状态；相反，就把它称为失效状态。

结构的极限状态需要依据结构的实际条件而确定，同样的，也可以根据人们的要求和经验确定，以及由专家的论证给出。依据结构的不一样的功能需求，结构的极限状态分为正常情况下的极限状态与承载能力情况下的极限状态。

判定一个结构是否可靠时需要一个标准，这样的标准就是极限状态，所以，在利用近似概念的方法对结构设计时，各种功能状态有一个对应的极限状态。全部的结构或者结构的一部分越过了某一特有状态时，就不可以达到设计要求的某一功能需求，这种特有的条件状态就是功能的极限状态。承载能力极限状态和正常使用极限状态是极限状态的两个方面，前一种情况关键针对结构的安全性，后一种情况关键针对结构的适用性和耐久性。

结构的极限状态通常可分为下面三类：

(1) 承载能力极限状态。这种极限状态针对的是结构或者构件要达到最大的承载力或者不适合再继续承受相应的变形。

(2) 正常使用极限状态。当结构或者构件达到常规的使用或者耐久性的某种规定的限量值就是正常使用极限状态。

(3) 破坏-安全极限状态。这种极限状态是对应的结构或者构件受到了偶然事件或者部分受到损伤以后，在其他的地方受到的损伤不会导致连续破坏的状态。

在设计的使用年限以内，假如结构或者结构构件的某一功能与几个基本随机变量有关，那么它的数学函数如公式(3.1)所示：

$$Z = g(X_1, X_2, \cdots, X_n) \tag{3.1}$$

式(3.1)常称作结构的功能函数，那么结构的功能函数表达式为：$Z = g(R,S) = R - S$ 。

$$当Z\begin{cases} >0，即抗力R大于荷载效应S时，结构处于可靠状态； \\ =0，即抗力R等于荷载效应S时，结构处于极限状态； \\ <0，即抗力R小于荷载效应S时，结构处于失效状态。 \end{cases}$$

常把 $Z = g(R,S) = R - S$ ，称为极限状态方程。假设随机变量 R 与 S 相互独立，如图 3.1 所示， $R = S$ 表示极限状态直线； $R > S$ 表示构件可靠的区域，称为可靠域； $R < S$ 表示构件失效的区域，称为失效域。

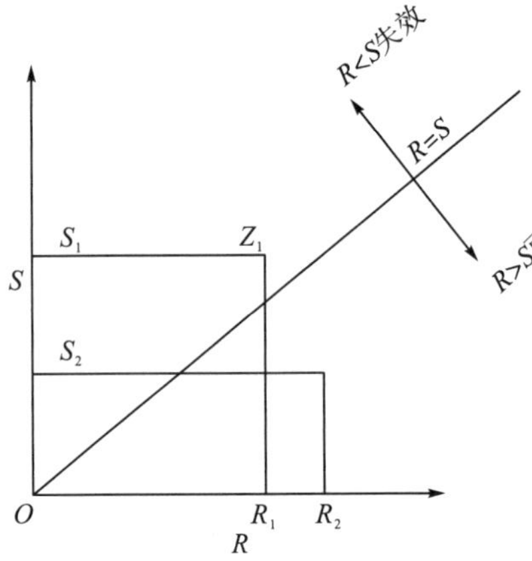

图 3.1 结构状态图

结构失效概率的定义为：结构不能完成预定功能的概率。

假设 $f(r,s)$ 为 R 与 S 的联合概率密度函数，能够得到下面的式子：

$$P_f = \iint_{R<S} f(r,s)\mathrm{d}r\mathrm{d}s \tag{3.2}$$

要用复杂的数学公式来解上面的公式，所以在工程上一般运用容易计算的方法获得可靠指标来替换失效概率 P_f ，从而来衡量结构的实际的可靠性能。

3.1.2　构件的可靠指标和可靠度分析方法

在式(3.2)中，可知 R、S 均为正态分布，其均值和标准差分别为 μ_R、μ_S 和 σ_R、σ_S，则 Z 的均值为 $\mu_Z=\mu_R-\mu_S$，标准差为 $\sigma_Z=\sqrt{\sigma_R^2+\sigma_S^2}$。图 3.2 表示随机变量 Z 的概率分布密度曲线，$Z<0$ 的概率为失效概率，即 $P_f=P(Z<0)$，此值等于图中阴影部分的面积。根据图可以知道，由原点 O 到平均值 μ_Z 这段距离，能够运用标准差去衡量，即：$\mu=\beta\sigma_Z$。

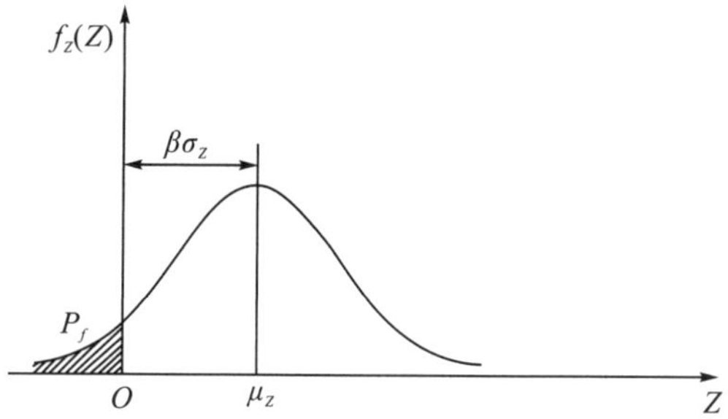

图 3.2　正态分布函数概率密度曲线

很容易得到，β 与 P_f 之间存在相互对应的关系。因此，β 和 P_f 一样，可以作为衡量结构可靠性的一个指标，二者间的对应关系如表 3.1 所示。一般称 β 为可靠指标。Z 的概率密度函数为

$$f_Z(Z)=\frac{1}{\sqrt{2\pi}\sigma_Z}\exp\left[-\frac{1}{2}\left(\frac{Z-\mu_Z}{\sigma_Z}\right)^2\right]\qquad(-\infty<Z<+\infty)\tag{3.3}$$

失效概率可表示为

$$P_f=\int_{-\infty}^{0}f_Z(Z)=\int_{-\infty}^{0}\frac{1}{\sqrt{2\pi}\sigma_Z}\exp\left[-\frac{1}{2}\left(\frac{Z-\mu_Z}{\sigma_Z}\right)^2\right]\mathrm{d}Z\tag{3.4}$$

令 $t=\dfrac{Z-\mu_Z}{\sigma_Z}$，则有 $\mathrm{d}Z=\sigma_Z\mathrm{d}t$ 以及 $Z=-\infty$ 和 $Z=0$，$t=-\dfrac{\mu_Z}{\sigma_Z}$，将 Z 转化为标准正态分布变量，代入上式得到：

$$P_f=\frac{1}{\sqrt{2\pi}}\int_{-\infty}^{\frac{\mu_Z}{\sigma_Z}}\mathrm{e}^{-\frac{t^2}{2}}\mathrm{d}t=1-\Phi\left(\frac{\mu_Z}{\sigma_Z}\right)=\Phi\left(-\frac{\mu_Z}{\sigma_Z}\right)\tag{3.5}$$

式中，Φ 为标准化正态分布函数。引入可靠指标 β：

$$\beta=\frac{\mu_Z}{\sigma_Z}=\frac{\mu_R-\mu_S}{\sqrt{\sigma_R^2+\sigma_S^2}}\tag{3.6}$$

表 3.1 β 与 P_f 的对应关系

β	P_f	β	P_f	β	P_f
1.0	1.59×10^{-1}	2.5	6.21×10^{-3}	4.0	3.17×10^{-5}
1.5	6.68×10^{-2}	3.0	1.35×10^{-3}	4.5	3.40×10^{-6}
2.0	2.28×10^{-2}	3.5	2.33×10^{-4}	5.0	2.90×10^{-7}

只要给出抗力 R 和荷载效应 S 的理论概率密度函数，就能够运用重积分结构或者构件的失效概率，求得构件的可靠度。

单构件的可靠度的计算方法有多种，其中就有蒙特卡罗方法。蒙特卡罗法以数理统计原理为基础，是一种采用统计抽样理论近似地求解数学问题或者物理问题的方法。蒙特卡罗法就是最简单的方法，随机地对每一个随机变量 X_i 进行抽样可以得出一个样本值 $\hat{X}_i$，然后对是否出现功能函数 $g(\hat{X}_i)\leqslant 0$ 进行检测，如果超过了极限状态，则认为结构已经失效了。

由式(3.2)的失效概率问题，引入示性函数：

$$I(\cdot)=\begin{cases}1, & 若(\cdot)为真\\ 0, & 若(\cdot)为假\end{cases} \tag{3.7}$$

则式(3.2)可等效写成：

$$P_f=\iint\cdots\int I\left[g(x)\leqslant 0\right]f_x(x)\mathrm{d}x \tag{3.8}$$

式(3.8)的积分值 P_f，表示 $I(\cdot)$ 的期望值。现在用 $\hat{X}_i$ 代表从 $f_x(\cdot)$ 中随机抽取的第 i 次样本向量值，则由样本统计，可以知道按直接抽样技术得到的 P_f 近似值为

$$P_f\approx P_{fD}\frac{1}{N_D}\sum_{i=1}^{N_D}I\left[g(\hat{X}_i)\leqslant 0\right]=\frac{n_D}{N_D} \tag{3.9}$$

式中，N_D —— 抽样次数；

n_D —— 在 N_D 次抽样中满足 $g(\hat{X}_i)\leqslant 0$ 的次数。

P_{fD} 的均值和方差为

$$\begin{cases}E\left(P_{fD}\right)=E\left(\dfrac{1}{N_D}\displaystyle\sum_{i=1}^{N_D}I\left[g(\hat{X}_i)\leqslant 0\right]\right)=E(I\left[g\leqslant 0\right])=P_f\\ \mathrm{Var}(P_{fD})=\mathrm{Var}\left(\dfrac{1}{N_D}\displaystyle\sum_{i=1}^{N_D}I\left[g(\hat{X}_i)\leqslant 0\right]\right)=\mathrm{Var}(I\left[g\leqslant 0\right])/N_D\end{cases} \tag{3.10}$$

从式(3.10)可知，P_{fD} 是 P_f 的无偏估计量，P_{fD} 的方差与 $\mathrm{Var}(I[g\leqslant 0])$ 成正比，而与 N_D 成反比。若能减小 $\mathrm{Var}(I[g\leqslant 0])$，就可在 N_D 一定时，获得精度更高的 P_{fD} 值。

N_D 的大小可以按式(3.11)近似估算(假定 P_{fD} 服从正态分布)：

$$N_D = \frac{(1-P_f)\cdot(k/\varepsilon)^2}{P_f} \approx \frac{(k/\varepsilon)^2}{P_f} \tag{3.11}$$

式中，ε —— P_f 的相对计算误差，%；

k —— 与某置信区间对应标准正态变量值(通常取 0.95 置信区间，k=1.96)。

由式(3.11)可以知道，尽管直接抽样法在理论上是一种精确的方法，但实际工程中可靠度相当高，即 P_f 很小。

桥梁结构的功能函数通常情况下是非线性的，想通过直接计算是不容易的，通常采用的是近似计算方法。

3.2　构件的时变可靠度计算

当前，《工程结构可靠性设计统一标准》(GB 50153—2008)里面的可靠性模型是“半随机过程模型”，一般情况下应用于时间对抗力的影响不大或者抗力不随时间变化的情形，但是，针对现有桥梁构件来说，因为环境等因子对抗力的作用，桥梁构件的耐久性，抗力的退化需要重视，所以桥梁构件的抗力是时间的函数，应该用随机过程来体现桥梁的抗力。结构构件关于时间的极限方程为

$$Z(t) = R(t) - S(t) \tag{3.12}$$

这个方程叫作“全随机过程模型”，是桥梁的动态可靠性指标，t 为桥梁使用时间；$S(t)$ 为作用效应随机过程；$R(t)$ 为桥梁抗力随机过程；$Z(t)$ 为极限状态随机过程。

通常情况下，结构所要承载的一些荷载繁多而复杂，对结构分析时通常可以将荷载分为活荷载和恒荷载。我国有关部门在编写结构的统一可靠度设计标准时，一般情况下采用校准法，只研究恒荷载与活荷载的组合，以此得到结构设计时的目标可靠度，如果有两个或者两个以上的活荷载，这时考虑活荷载效应的概率组合。设结构恒荷载效应是 G，活荷载效应是 $Q(t)$，则在某一基本组合下结构某一状态的功能函数为

$$Z(t) = R(t) - G - Q(t) \tag{3.13}$$

则设计基准期 T 内结构失效的概率为

$$P_f(T) = P\{R(t_i) - G - Q(t_i) < 0, t_i \in [0,T]\} \tag{3.14}$$

将设计的基准期 T 分成 m 个相等的时间段、将荷载的随机变量过程 $Q(t)$ 离散成 m 个随机变量 Q_i 时，把抗力 $R(t)$ 随机过程同样地离散为 m 个随机变量 $R(t_i)$ 或

者 R_i，第 i 个时段抗力的中值就是 R 的大小。由此根据式(3.14)，能够解出结构的失效概率是

$$P_f(T)=P\{R(t_i)-G-Q(t_i)<0\}=\{\bigcup_{i=1}^{m}R_i-G-Q_i<0,t_i\in\left(i-\frac{1}{2}\right)\tau,i=1,2,\cdots,m\} \quad (3.15)$$

当时间段上的串联体系上的可靠度有关问题是混凝土连续梁桥上时，通过相互独立的设定，式(3.15)可以表示为

$$\begin{aligned}P_f(T)&=1-P\{\bigcup_{i=1}^{m}R(t_i)-G-Q(t_i)\geqslant 0\}\\&=1-P\{\bigcup_{i=1}^{m}Q(t_i)\leqslant r_i-g/R_1=r_1,R_2=r_2,R_3=r_3,\cdots,R_m=r_m,G=g\}\\&\quad\times P\{R_1=r_1,R_2=r_2,R_3=r_3,\cdots,R_m=r_m,G=g\}\\&=1-\int_0^{+\infty}\int_0^{+\infty}\cdots\int_0^{+\infty}\prod_{i=1}^{m}F_Q(r_i-g)f_{R_1,R_2,\cdots,R_m}(r_1,r_2,r_3,\cdots,r_m)\cdot f_G(g)\mathrm{d}r_1\mathrm{d}r_2\mathrm{d}r_3\cdots\mathrm{d}r_m\mathrm{d}r_g\end{aligned} \quad (3.16)$$

式中，$f_{R_1,R_2,\cdots,R_m}(r_1,r_2,r_3,\cdots,r_m)$ —— $R_1,R_2,R_3,\cdots,R_m$ 的联合概率密度函数；

$f_G(g)$ —— G 的概率密度函数；

$F_Q(\cdot)$ —— Q_i 的概率密度函数。

如果引用一个随机变量 Q'，它的概率密度函数是 $f_{Q'}(q')$，$F_{Q'}(q')$ 是概率分布函数，上式变为

$$\begin{aligned}P_f(T)&=1-\int_0^{+\infty}\int_0^{+\infty}\cdots\int_0^{+\infty}f_{Q'}(q')f_{R_1,R_2,\cdots,R_m}(r_1,r_2,r_3,\cdots,r_m)Q'\\&\quad<F_{Q'}^{-1}\left[\prod_{i=1}^{m}F_{Q'}(R_i-G)\right]\times f_G(g)\mathrm{d}r_1\mathrm{d}r_2\mathrm{d}r_3\cdots\mathrm{d}r_m\mathrm{d}r_g\\&=P\{g(R_1,R_2,R_3,\cdots,R_m,Q',G)<0\}\end{aligned} \quad (3.17)$$

式中的 $F_{Q'}^{-1}(\cdot)$ 是 $F_{Q'}(\cdot)$ 的反函数，然而

$$g(R_1,R_2,R_3\cdots,R_m,Q',G)=F_{Q'}^{-1}\left[\prod_{i=1}^{m}F_{Q'}(R_i-G)\right]-Q' \quad (3.18)$$

引用随机变量 Q' 后，常规可靠度的分析问题可以将式(3.18)的高维问题转换为功能函数。这个问题也可以用一次可靠度方法解决。在引用随机变量 Q' 时，Q' 的分布类型并不清楚，实际上，用一次可靠度方法的迭代求和公式来求可靠指标的时候，式子里存在 $F_Q(Q')$ 项，这一项被用作一个变量，Q' 的相关分布和分析的过程无关紧要。然而和现在的结构可靠度设计的统一标准相协作，把 Q_T 作为 m 个时段里 Q' 的最大值，通过上面式子的推导，可以求得

$$g(R_1,R_2,R_3,\cdots,R_m,Q_T,G)=\left\{F_{Q'}^{-1}\left[\prod_{i=1}^{m}F_{Q_T}(R_i-G)\right]^{1/m}-Q_T\right\} \tag{3.19}$$

如果结构的抗力 $R(t)$ 没有随时间变化时有 $R_1=R_2=\cdots=R_m=R$ ，则抗力公式是 $Z(t)=R(t)-G-Q(t)$ 。通过分析，现在的结构可靠度分析的方法和这里讲到的抗力随时间变化的结构可靠度分析方法是相呼应的，现在的结构可靠度分析的方法是可靠度随时间变化的一个特殊的例子。

分析结构的可靠度时，通常情况下把最大可变荷载 Q_T 视为服从极值 I 型分布，设

$$Q=\left\{F_{Q'}^{-1}\left[\prod_{i=1}^{m}F_{Q_T}(R_i-G)\right]^{1/m}\right\} \tag{3.20}$$

则有

$$F_{Q_T}(Q)=\left[\prod_{i=1}^{m}F_{Q_T}(R_i-G)\right]^{1/m} \tag{3.21}$$

把式(3.21)用极值 I 型的概率分布函数表示：

$$\begin{aligned}F_{Q_T}(Q)&=\exp\{-\exp[-\alpha_\tau(Q-\mu_\tau)]\}\\&=\exp\left\{-\frac{1}{m}\sum_{i=1}^{m}\exp[-\alpha_\tau(R_i-G-\mu_\tau)]\right\}\end{aligned} \tag{3.22}$$

可解得

$$Q=-\frac{1}{\alpha_\tau}\ln\left[-\frac{1}{m}\sum_{i=1}^{m}\exp(-\alpha_\tau R_i)\right]-G \tag{3.23}$$

式(3.23)可以转换为

$$g(R_1,R_2,R_3,\cdots,R_m,Q_T,G)=\left\{F_{Q'}^{-1}\left[\prod_{i=1}^{m}F_{Q_T}(R_i-G)\right]^{1/m}-Q_T\right\} \tag{3.24}$$

可以求得 Q_T 服从极值 I 型分布时，可靠度分析的功能函数是

$$g(R_1,R_2,R_3,\cdots,R_m,Q_T,G)=-\frac{1}{\alpha_\tau}\ln\left[-\frac{1}{m}\sum_{i=1}^{m}\exp(-\alpha_\tau R_i)\right]-G-Q_T \tag{3.25}$$

式中， $g(R_1,R_2,R_3,\cdots,R_m)$—— 设计基准期内结构的等效抗力。

3.3　贝叶斯更新的基本原理

3.3.1　贝叶斯的基本概念

贝叶斯统计的数学基础是贝叶斯理论，其使用条件概率表达。有状态 A 、B ，

贝叶斯理论可以表示成

$$P(A|B)=\frac{P(B|A)P(A)}{P(B)} \tag{3.26}$$

其中，$P(X|Y)$ 指在条件 Y 下 X 的概率。如果 X 、Y 是随机变量，贝叶斯理论也可以用条件概率密度函数来表达。

贝叶斯理论的概率是建立在主观认识上的，又称为主观频率。对于连续型随机变量，贝叶斯定理可以表示为

$$f(X|A)=\frac{f(X)f(A|X)}{\int f(X)f(A|X)\mathrm{d}X} \tag{3.27}$$

式中，$f(X)$ —— 先验概率分布；

$f(A|X)$ —— 考虑事件 A 的后验概率分布；

$f(X|A)$ —— 考虑事件 X 的后验概率分布。

3.3.2 基于检测信息的贝叶斯更新

当在实际的检测时，检测技术能够到达的最小范围 a_d 大于检测变量变化的尺寸 $a_1(Z)$ ，这种事件被叫作 I 类事件，一般的表达式为

$$E=a_1(Z)-a_d<0 \tag{3.28}$$

当在实际的检测时，被检测变量变化的尺寸 $a_1(Z)$ 达到具体的尺寸指标 A ，这种事件被叫作 II 类事件，一般的表达式为

$$E=a_1(Z)-A=0 \tag{3.29}$$

无损检测是对缺陷的检测，所考虑的因子众多，比如有检测的设备和仪器、检测的方式、检测结构的材料和性质、缺陷的特点和大小及检测者的技术水平、经验与状态等，每一个因子的变化，缺陷能够对检测造成影响。因此，相同的缺陷在多次检测中，检测出的可能性有可能不相同，这种性质被称为无损检测的特殊性质。

利用式(3.27)，假设结构构件的某一抗力的影响因子为 Θ ，该因子的先验分布为 $g(\Theta)$ 。若有实测值样本 X ，其似然函数(即条件概率密度函数)为 $f(x|\theta)$ ，则通过贝叶斯方法，Θ 的后验分布密度函数 $g(\theta|x)$ 为

$$g(\theta|x)=\frac{f(x|\theta)\cdot g(\theta)}{\int f(x|\theta)\cdot g(\theta)\cdot\mathrm{d}\theta} \tag{3.30}$$

贝叶斯的条件更新公式不是纯粹地求条件概率，关键是对先验信息的理解。把信息分为两部分(如式(3.30)中 θ 的 x)，建立自然信息 X 关于意识信息 θ 的条

件概率分布，把检测到 X 的统计样本更新先验分布的信息，降低它的主观不确定性，求到精确的后验信息 $g(\theta|x)$ 。

假设变量的先验分布服从正态分布，均值为 m' ，方差为 σ'^2 ，并且任意两样本间的相互关系为 ρ' ，则在给定一组样本实现 $\boldsymbol{r}=[r_1,r_2,\cdots,r_n]^{\mathrm{T}}$ 的条件下，样本似然函数为

$$f(r_1,r_2,\cdots,r_n / m',\sigma'^2)=K(\sigma'^2)^{-n/2}\exp\left\{\frac{-1}{\sigma'^2}\left(\frac{n-1}{1-\rho'}S^2+\frac{n}{1+(n-1)\rho'}(m'-\bar{r})\right)\right\} \tag{3.31}$$

式中， $\bar{r}=\frac{1}{n}\sum_{i=1}^{n}r_i$ ；

$S^2=\frac{1}{n-1}\sum_{i=1}^{n}(r_i-\bar{r})^2$ ；

K ——标准化常数。

通过参数的贝叶斯更新，由先验信息参数的不一样的状况可以分为三种情形：m' 未知， σ',ρ' 已知；先验参数 m',σ'^2 未知， ρ' 已知； m',σ'^2,ρ' 均未知。

3.4　可靠度的计算方法

3.4.1　可靠度的一般计算方法

在结构可靠度的计算方法中有精确法和近似法两种，这两种计算方法的难度不同。精确法是求解多重积分的问题，其计算复杂，影响因素多，不容易确定实际的概率分布，因此在实际的工程中一般不采用该方法计算可靠度。近似法是将多重积分的计算公式简化，使得在大大提高计算效率的同时又能满足工程上要求的精度，因此工程上一般都是采用近似法。常用的可靠度计算方法如下。

1. 一次二阶矩法

一次二阶矩法的基本原理是将极限状态函数进行 Taylor 级数展开，对所有的基本变量，只用平均值和方差来描述其统计特征，对于非线性的功能函数，将方程线性化后再求解可靠度指标。这种方法可将复杂的多重积分问题转换成简单的数值计算，计算效率高，对于线性的计算状态方程及正态变量可保证计算的精度，对于其余情况误差较大，但是也可以用此方法进行估算，因此在工程界一次二阶矩法被广泛采用。

一次二阶矩法的表达式为

$$\beta=\frac{\mu_Z}{\sigma_Z}=\frac{\mu_R-\mu_S}{\sqrt{\sigma_R^2+\sigma_S^2}} \tag{3.32}$$

对于线性极限状态函数：

$$Z=\sum_{i=1}^{n}a_ix_i \tag{3.33}$$

式中，$a_i\left(i=1,2,\cdots,n\right)$为常数。那么有

$$\mu_Z=\sum_{i=1}^{n}a_i\mu_{x_i},\ \sigma_Z=\sqrt{\sum_{i=1}^{n}\left(a_i\sigma_{x_i}\right)^2} \tag{3.34}$$

对于非线性极限状态函数，将$Z\left(x\right)$在某点x^*进行 Taylor 展开，其表达式为

$$\mu_Z\approx Z\left(x^*\right),\ \sigma_Z^2\approx\sum_{i=1}^{n}\left(\frac{\partial Z}{\partial x_i}\right)^2\sigma_{x_i}^2 \tag{3.35}$$

从而结构的可靠度指标可表示为

$$\beta=\frac{\mu_Z}{\sigma_Z}=\frac{Z\left(x^*\right)}{\sqrt{\sum_{i=1}^{n}\left(\frac{\partial Z}{\partial x_i}\right)^2\sigma_{x_i}^2}} \tag{3.36}$$

2. JC 法

在工程结构的可靠度分析中，一般情况下截面抗力服从的是对数正态分布，而永久荷载服从正态分布。但是还有像风压和车辆荷载等是服从其他类型的分布。因此，在实际工程中的可靠度分析一般要将非正态的随机变量当量化为正态随机变量。

不同于一次二阶矩法，JC 法求解结构可靠度指标时，对随机变量的分布没有特殊的要求，它采用“当量正态化”的方法对概率分布类型不同的随机变量进行处理。JC 法是目前公认的求解结构可靠度指标较好的一种方法，迭代简单，可以通过计算机求解，并且收敛速度较快。但是只有在结构功能函数的非线性程度不高时 JC 法求得的可靠度指标才能达到实际工程要求的精度。

3. Monte Carlo 法

Monte Carlo 法又称为统计实验法或随机抽样法，是目前相对精确的可靠度指标计算方法。Monte Carlo 法的理论依据是数理统计原理。采用 Monte Carlo 法求解可靠度指标有如下几个步骤：

(1) 将实际的问题转换成数学问题，建立与实际情况相似的数学模型，而且通过原理上的相似性将所建数学模型的某些统计参数与实际数学问题的求解联系起来；

(2) 利用统计学原理对求解的模型进行模拟试验或者统计抽样；

(3) 通过计算得出这些统计参数的统计估计值，并用这些估计值作为实际问题的近似解。

假设有统计随机变量 $X_1, X_2, \cdots, X_n$，随机变量之间相互独立，其对应的概率函数为 $f_{(X_1)}, f_{(X_2)}, \cdots, f_{(X_n)}$，则该随机变量的功能函数可表示如下：

$$Z = g\left(X_1, X_2, \cdots, X_n\right) \tag{3.37}$$

用随机抽样的方法分别获得各随机变量的分位值，然后计算功能函数，假设抽样数为 N，每组抽样值对应的功能函数为 Z_i，当 $Z_i < 0$ 时的次数为 n_f，那么结构构件的失效概率可表示为

$$P_f = n_f / N \tag{3.38}$$

一般情况下 N 必须满足：

$$N \geqslant 100 / P_f \tag{3.39}$$

这种方法具有直接求解问题并适用性强的优点，在样本观测值足够多的情况下，其精度也较高。

3.4.2 结构体系的可靠度

桥梁结构由多个构件组成，每个构件都有其失效模式。结构体系的可靠度由构件可靠度按一定方式组合在一起，实际工程中结构是复杂的，因此结构体系的可靠度就非常具有实际意义。结构体系的可靠度模型可分为串联系统可靠度、并联系统可靠度以及混联系统可靠度。

1. 串联系统可靠度

如果结构中某一个构件失效则结构系统便失效，这种系统称为串联系统，结构是由多个构件相互串联而成，可用图 3.3 表示。

图 3.3 串联结构

假设用 $F_i\left(i = 1, 2, \cdots, n\right)$ 表示构件的失效事件，那么体系的失效概率可表示为

$$P_f = P\left(F_1 \cup F_2 \cup \cdots \cup F_n\right) \tag{3.40}$$

如果各失效事件之间互不相容，且相互独立，那么可将失效概率转变为

$$P_f = \sum_{i=1}^{n} P\left(F_i\right) \tag{3.41}$$

则可靠度可表示为

$$P_s = \prod_{i=1}^{n}\left[1 - P(F_i)\right] \tag{3.42}$$

2. 并联系统可靠度

在并联系统中某构件失效并不能使系统失效，构件的失效是由多个构件同时失效构成，因为在并联系统中存在多余的构件来承担失效构件所承受的荷载。图 3.4 中可清晰地反映出并联系统的工作状态。

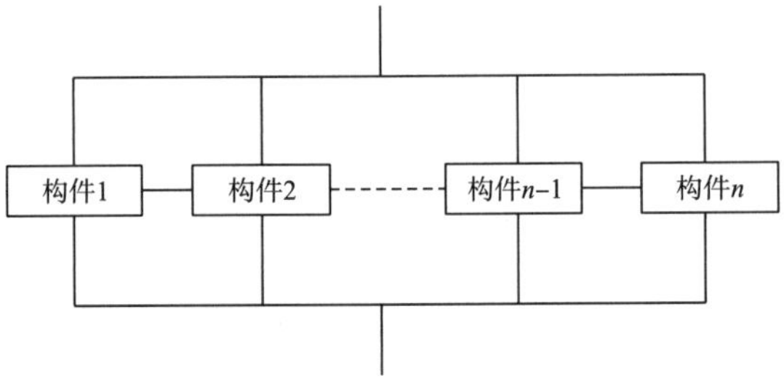

图 3.4　并联系统

假设 $F_i(i=1,2,\cdots,n)$ 表示构件的失效事件，那么体系的失效概率可表示为

$$P_f = P(F_1 \cap F_2 \cap \cdots \cap F_n) \tag{3.43}$$

如果各失效事件之间互不相容且相互独立，那么可将失效概率转变为

$$P_f = \prod_{i=1}^{n} P(F_i) \tag{3.44}$$

$$P_s = 1 - P_f = 1 - \prod_{i=1}^{n}\left[P(F_i)\right] \tag{3.45}$$

3. 混联系统可靠度

混联系统即包括串联与并联结构的组合，一般在实际的桥梁结构中不仅各个构件之间存在相关性，而且各个失效模式之间也有相关性存在，而桥梁的一些构件在其失效时并不能引起整个桥梁系统的失效，因此在实际的工程中多采用混联系统。混联系统如图 3.5 所示。

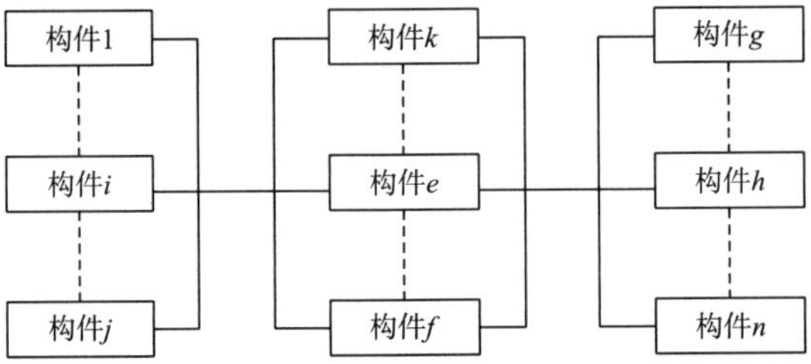

图 3.5　混联系统

假设 $F_{ij}\left(i=1,2,\cdots,n;j=1,2,\cdots,m\right)$ 表示构件的失效事件，且各失效事件之间互不相容且相互独立，那么体系的失效概率可表示为

$$P_f=P\left[\bigcup_{i=1}^{n}\bigcap_{j=1}^{m}P\left(F_{ij}\right)\right] \tag{3.46}$$

$$P_s=1-P_f=1-P\left[\bigcup_{i=1}^{n}\bigcap_{j=1}^{m}P\left(F_{ij}\right)\right] \tag{3.47}$$

式中，n——并联子系统的数目；

m——串联子系统的数目。

3.4.3 结构时变可靠度分析

桥梁结构在运营使用过程中存在着多种不确定性，这些不确定性主要包括客观事物的随机性(结构尺寸、材料强度、荷载等级等)以及对于事物本质属性主观认识上的不确定性(现有结构承载力分析模型的不确定性等)。在分析结构的安全性时便需要考虑这些不确定性的影响，基于概率的时变可靠度方法将可靠度指标视为桥梁结构安全性的衡量指标。

在传统的可靠度分析过程中认为结构的抗力 R 和荷载效应 S 是与时间无关的时间变量，所以在整个寿命周期过程中结构的可靠度就是一个恒定的量，即为桥梁初建时的可靠度。但是在实际的工程中，结构必然受到自然环境、使用环境以及材料内部因素的各种作用，导致结构的抗力会随着时间的推移而日渐衰退。除此之外，桥梁所承受的荷载也不是一成不变的，比如随着时代的发展，车流量在不断增大，荷载也就在发生着变化。我国《工程结构可靠性设计统一标准》在结构可靠性计算的数学模型中运用“半随机过程模型”，但是由于在实际工程中各种随机因素相互作用，因而采用半概率模型不能完全反映实际情况。通常将劣化结构的抗力 $R(t)$ 和荷载效应 $S(t)$ 看作是随机过程，那么某段时间的失效概率就可以表示为抗力 $S(t)$ 在该时段内大于荷载效应 $R(t)$ 的概率。图 3.6 给出了结构抗力 $R(t)$ 和荷载效应 $S(t)$ 的概率密度函数和 $f_S(s)$ 的曲线。

结构时变可靠性是结构在规定的时间内，在正常使用和正常维护的条件下，考虑环境因素和结构抗力随时间衰减等因素的影响，能够完成预定功能的能力。桥梁结构在寿命周期内的时变可靠度的功能函数如下所示：

$$Z(t)=R(t)-S(t) \tag{3.48}$$

式中，t—— 桥梁结构已服役的时间；

$R(t)$—— 结构抗力的随机过程；

$S(t)$—— 荷载效应的随机过程。

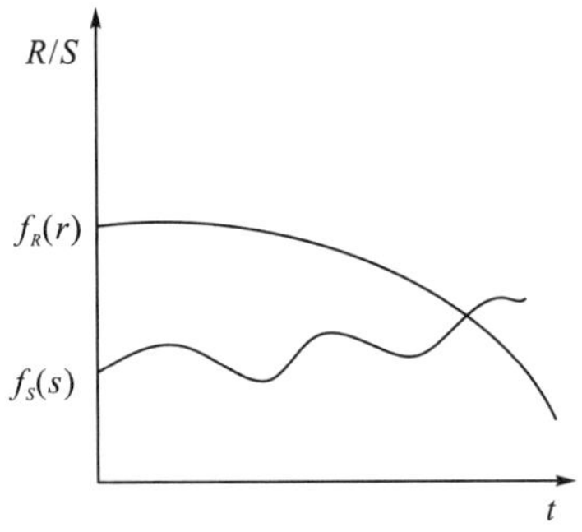

图 3.6 随时间变化的结构抗力和荷载效应

该函数是“全随机过程模型”，属于动态模型。则结构失效概率可表示为

$$P_f(t)=P\left[Z(t)\right]=\int_{-\infty}^{0} f\left[Z(t)\right]\mathrm{d}Z \tag{3.49}$$

如果 $R(t)$ 和 $S(t)$ 均为正态随机过程，则可求得结构可靠度指标为

$$\beta(t)=\frac{\mu_{R(t)}-\mu_{S(t)}}{\sqrt{\sigma_{R(t)}^2+\sigma_{S(t)}^2}} \tag{3.50}$$

$$P_f(t)=\Phi\left[-\beta(t)\right] \tag{3.51}$$

目前对于钢筋混凝土结构性能的退化的研究已经很多，主要是考虑材料性能退化导致的可靠度降低，其中主要的影响因素包括混凝土的碳化和钢筋的锈蚀。

混凝土退化包括两方面的问题：其一是碳化和氯离子侵蚀使得混凝土不能保护钢筋免于腐蚀；其二就是混凝土本身材料的强度时变性能。

处在一般大气环境中的钢筋混凝土结构，会由于混凝土碳化而导致钢筋锈蚀。碳化是指大气中的二氧化碳与混凝土中的碱性物质如 $Ca(OH)_2$ 发生化学反应的过程。碳化会使混凝土的碱性降低，当碳化深度达到钢筋表面时会使得钢筋表面的 pH 下降，当 pH 下降到 10 以下时，钢筋的钝化膜便会遭到破坏，从而在水和氧气存在时钢筋开始锈蚀。目前，常用的混凝土碳化的计算模型为 $x=k\sqrt{t}$（x 为碳化深度，k 为碳化系数，t 为时间）。碳化系数对于碳化深度的计算至关重要，不同结构具有不同的碳化系数，根据 k 的计算方式不同可将现有的模型分为理论模型和经验模型。理论模型偏重微观化学反应的原理，经验模型则是结合结构所处的实际环境情况，综合考虑影响碳化的一种或几种因素（混凝土强度、水灰比、温度、湿度等）。在实际操作中更多的是采用经验模型，因为其简单实用。

根据近年来的研究，得出了混凝土碳化系数的计算模型：

$$k = \partial_1 \partial_2 \partial_3 \left(60 / f_c - 1\right) \tag{3.52}$$

式中，f_c—— 混凝土抗压强度；

∂_1—— 混凝土养护条件修正系数；

∂_2—— 水泥品种修正系数；

∂_3—— 环境条件修正系数。

钢筋锈蚀最终导致钢筋截面积减小，因而通常把锈蚀钢筋截面损失率作为钢筋的锈蚀程度。影响钢筋锈蚀的因素很多，如混凝土保护层厚度、氯离子浓度、所处环境温度湿度等。通常在钢筋锈蚀前结构的性能退化得非常缓慢，随着保护层的碳化深度增大，钢筋的钝化膜遭到破坏，钢筋开始锈蚀，一旦钢筋锈蚀了，结构的性能退化速度将大大加快。

若混凝土保护层厚度为c，则碳化达到钢筋表面的时间就为

$$t_c = c^2 / k^2 \tag{3.53}$$

钢筋的锈蚀速度与本身还有环境等因素息息相关，不同时刻的钢筋截面损失率λ的简化计算公式如下：

$$\lambda = \omega\left(t - t_c\right) \tag{3.54}$$

$$\omega = 0.01\beta_1\beta_2\beta_3\left(4.18 / f_c - 0.073\right)\left(1.85 - 0.04c\right)\left(5.18 / d + 0.128\right) \tag{3.55}$$

式中，β_1—— 混凝土成型养护系数；

β_2—— 水泥品种影响系数；

β_3—— 环境条件系数；

d—— 钢筋直径；

ω—— 单位时间内钢筋截面面积的损失率。

一般情况下钢筋的锈蚀可以概括为两个阶段，一是锈蚀开始时刻到保护层即将开裂的阶段，二是保护层开裂后的阶段。钢筋锈蚀后其截面面积减小，承载力降低，强度降低，延性变弱。为了反映这一差异，在抗力公式中要引用屈服强度降低系数。钢筋锈蚀后产生的锈层也将影响到钢筋与混凝土之间的黏结性能，在实际的工程中，还需要引用钢筋与混凝土之间协同工作性能降低的折减系数。

桥梁结构的横载主要由主梁和桥面铺装层自重组成，可将其当成服从正态分布的随机变量。而结构的可变荷载则是一个与寿命周期有关的变量，通常由两种方法来确定，一是根据结构在服役期内的荷载实测资料进行统计分析，二是根据设计时荷载统计特性进行推算。

参 考 文 献

贡金鑫，赵国藩，1998．考虑抗力随时间变化的结构可靠度分析[J]．建筑结构学报，19(5)：56-59

交通部公路规划设计院，2008．公路工程结构可靠度设计统一标准 GB/T 50283—2008[S]．北京：中国计划出版社

牛荻涛，2003. 混凝土结构耐久性与寿命预测[M]. 北京：科学出版社

卫红蕊，2003. 在役桥梁改造的技术经济分析及寿命预测[D]. 西安：长安大学

吴世伟, 1990. 结构可靠度分析[M]. 北京: 人民交通出版社

张建仁，刘扬，许福友，2002. 结构可靠度理论及其在桥梁工程中的应用[M]. 北京：人民交通出版社

张建仁，秦权，2005. 现有混凝土桥梁的时变可靠度分析[J]. 工程力学，22(4)：90-95

张建仁，王磊，彭健新，等，2017. 服役钢筋混凝土桥梁时变可靠性评估与剩余寿命预测[M]. 北京：科学出版社

张连文，郭海鹏，2006. 贝叶斯网引论[M]. 北京：科学出版社

张誉, 2003. 混凝土结构耐久性概论[M]. 上海: 上海科学技术出版社

赵国藩，金伟良，贡金鑫，2000. 结构可靠度理论[M]. 北京：中国建筑工业出版社

中华人民共和国建设部, 2018. 建筑结构可靠度设计统一标准 GB 50068—2018[S]. 北京：中国建筑工业出版社

Kong J S，Frangopol D M，2003. Life-cycle reliability-based maintenance cost optimization of deteriorating structures with emphasis on bridges[J]. Journal of Structural Engineering，129(6)：818-828

第4章　桥梁养护全寿命周期成本分析法

桥梁管理在桥梁养护维修加固中面临的一个重大问题是养护资金的短缺。桥梁维修优化的全寿命周期成本分析法就是要将有限的资金合理分配。

4.1　基 本 概 念

4.1.1　全寿命周期

1. 桥梁使用寿命

桥梁使用寿命是指桥梁从建设竣工验收到不再服役所经历的时间段。也可以说成桥梁从建成后其性能指标劣化到不可接受的状态的年限。从使用寿命终止的不同定义，将使用寿命做了详细的分类，即：

(1) 技术性使用寿命：是结构随着使用年限的增长，其状态指标不再满足使用要求。如结构的承载能力满足不了现有荷载等级要求。这种状态可能是因为混凝土碳化、剥落，钢筋锈蚀等引起的，也有可能是外界环境引起的。

(2) 功能性使用寿命：是从桥梁功能的角度出发，指的是现状下的桥梁结构在功能使用上已经不能满足要求。如现有的交通量以及车辆荷载的增加，或者桥梁结构的使用功能发生了变化。

(3) 经济性使用寿命：是从经济学的角度出发，桥梁结构劣化到一定程度，如果继续使用，必须要维修加固，还不如拆除重建经济合理。

桥梁技术性使用寿命一般就是桥梁使用寿命，这和桥梁设计使用寿命的定义截然不同。设计使用寿命只是设计时确定的一个基准值，而使用寿命只能在桥梁不再服役时才能确定。

对于桥梁结构的设计使用寿命，一般是设计者作为结构耐久性设计依据并考虑一定安全度或保证率的目标使用年限。桥梁结构是由许多构件组成的一个系统工程，而设计使用寿命是针对系统结构的。

2. 桥梁全寿命周期

桥梁结构从规划到不再服役的全过程即为桥梁结构的全寿命周期。包括前期规划、设计、施工、运营、养护加固、管理、退出使用或者拆除等阶段，即桥梁及其构件在科学管理下，经养护维修而完成其使命的时间。桥梁的全寿命周期被认为是设计使用寿命加上经加固后延长寿命的总和。

3. 寿命终结

寿命终结指的是桥梁结构不再服役。往往有两个方面的原因，即基于安全和经济的原因。桥梁结构功能丧失，继续使用将不再安全；继续使用桥梁需要维修加固，而且成本很高已不满足经济性原则。

4.1.2 全寿命周期成本

桥梁全寿命周期成本即为桥梁从规划到服役直至拆除所消耗的资源的总和，包括规划、设计、施工、运营、养护加固、管理、退出使用、拆除的所有直接成本和间接成本。桥梁全寿命周期成本分析通过工程项目成本的评估，来对比不同的结构维修或改造的方案，从而找出最佳的维修加固策略，是用来评估已建项目经济总值的方法。

4.1.3 资金的时间价值

由于通货膨胀或其他方面的影响，随着时间的推移，货币的使用价值会发生改变，因此资金是具有时间价值的。所以，从规划到桥梁退役的全寿命内进行经济分析必须考虑资金的时间价值，即要选定合适的基准贴现率。我国中国银行承兑汇票贴现利率是贴现利息与票面金额的比例，2014 年中国银行承兑汇票贴现利率以及其他国家常用贴现率如表 4.1 所示。

表 4.1 各国贴现率对比表

国家	贴现率	国家	贴现率	
英国	6%	中国(2014)	六个月	5.60%
瑞典	4%		一年	6%
芬兰	6%		一至三年	6.15%
澳大利亚	7%		三至五年	6.40%
荷兰	4%		五年以上	6.65%

桥梁全寿命周期成本现值的计算公式可以写成：

$$\begin{cases} PV = DC + CC + \sum(\lambda_i MC_i + \lambda_i RC_i) + (\lambda_i UC_i) + \lambda_n SV \\ \lambda_i = (1+r)^{-i} \end{cases} \tag{4.1}$$

式中，PV—— 全寿命周期成本现值；

DC—— 设计成本；

CC—— 建设成本；

MC—— 维修成本；

RC—— 修复成本；

UC—— 用户成本；

SV—— 剩余价值(可以是正，也可以是负)；

r—— 贴现率；

n—— 分析期。

1999 年，Frangopol 定义了如下的全寿命周期成本(LCC)的计算公式：

$$C_E = C_I + C_{PM} + C_{INS} + C_{REP} + C_{FAIL} \tag{4.2}$$

式中，C_E —— 全寿命总成本；

C_I —— 初始成本；

C_{PM} —— 预防性维修成本；

C_{INS} —— 检测成本；

C_{REP} —— 必要性维修成本；

C_{FAIL} —— 失效成本。

4.2　桥梁养护寿命周期成本分析方法

4.2.1　寿命周期成本分析的意义

之前在计算工程造价时，一般不考虑工程在后期运营过程中所消耗的成本，往往只计算了从设计到施工的过程。建设成本和运营养护成本被人为地分开，从整个桥梁寿命周期来说，桥梁后期的运营和养护成本可能会大于建设成本。

对于桥梁结构，从规划设计开始到拆除，称为桥梁的寿命周期。在这一寿命周期内，会产生各种各样的成本，将桥梁寿命周期内的所有成本综合考虑进行分析的方法，称为寿命周期成本分析法。运用寿命周期成本分析法，实际上就是在整个寿命周期内，在要求工程项目满足正常运营的条件下，实现成本的最小化。

运用周期成本分析法的主要目的是对各种维修养护方案进行综合对比，找出在经济上最优的策略。而对比的指标就是桥梁寿命期内消耗的所有资源和成本。这是一种科学合理的桥梁养护管理方法。

4.2.2 寿命周期成本分析的过程

在运用寿命周期成本分析法对桥梁进行成本分析时，应该遵循一定的步骤。

(1)确定桥梁构件及桥梁的基本特征。

了解桥梁及其构件的基本特征是第一步工作，也是周期成本分析的前提。通过调查或者查阅桥梁原始资料，了解桥梁的结构形式、桥梁的设计技术标准、桥梁以及构件的设计使用寿命，以及现有的交通量和实际荷载情况。

(2)定义桥梁全寿命周期成本的分析期。

确定桥梁全寿命周期成本分析期，定义桥梁技术状态、桥梁维护事件等基本属性。

在分析中确定一个合适的分析期是至关重要的，需要综合考虑桥梁构件或桥梁的设计使用寿命和桥梁维护决策的信息。对于桥梁，不同构件的分析期一般是不一样的，但是为了保证分析末期桥梁构件基本达到失效状态，一般至少等于桥梁构件在正常养护下的使用寿命。

(3)确定桥梁维护事件。

桥梁维护和桥梁技术状态是互相关联的，根据桥梁结构出现的损伤情况确定桥梁的技术状态，从而进一步确定桥梁维修养护事件，反过来维修养护事件又会改善桥梁技术状态，如此重复。因此在分析中，必须确定在特定时间下的桥梁技术状态，在该技术状态下应该采取怎样的具体维修措施，例如构件维修或者构件加固。

(4)确立不同的桥梁维护策略和管理方案。

一个桥梁管理和维护策略方案对应着一系列的桥梁维护事件，在全寿命分析期内能确保桥梁技术状态处于最低可接受水平，即失效水平之上。每一项事件的发生都会影响桥梁技术状态，同时也会增加对应的维护成本。因此，不同的桥梁维护策略，对桥梁性能的影响不一样，在全寿命周期内产生的成本、消耗的资源也会不一样。

(5)选择合理的桥梁及其构件的劣化模型和参数。

桥梁劣化模型的选取是寿命周期成本分析关键的一步。一般劣化模型是和桥梁构件的特性息息相关的，同时也受到车辆荷载及外界环境荷载的影响。如果要分析钢桥的劣化，重点要从钢结构的疲劳入手；要分析钢筋混凝土桥梁的劣化，重点要从混凝土的碳化以及钢筋的锈蚀等方面考虑。

(6) 估计桥梁全寿命周期成本。

每一个维护事件，都会产生成本。桥梁全寿命周期成本主要取决于维护事件的类型以及时机。

(7) 计算桥梁全寿命周期成本净现值。

每一个维护事件都发生在不同的时间段，则需要通过折现以比较不同维护事件全寿命周期成本的净现值。

(8) 分析对比。

对比不同的维修方案所耗费的成本净现值，并与预期成本对比。

(9) 调整维修方案，重复上述过程，直到维修成本满足预期成本。

(10) 确定最佳的桥梁维修方案。

4.3　桥梁养护寿命周期成本构成

桥梁养护寿命周期成本分析的首要任务是要确定全寿命周期成本的构成。在实际的分析中，将桥梁一般分为新建桥梁和已建桥梁。对于不同的桥梁，周期成本分析方法的目的是不一样的。对于新建桥梁，主要目的是确定桥梁全寿命周期内的维护策略，而对于已建桥梁，则是确定桥梁构件的更换、修复的维修策略。

桥梁全寿命周期成本 LCC (life cycle cost) 包括从桥梁规划设计、施工建设直到退出服役拆除整个周期内的成本。主要包括：机构成本 AC (agency cost)、用户成本 UC (user cost)、环境成本 EC (environment cost) 和风险成本 RC (risk cost)。

4.3.1　机构成本

机构成本 AC (agency cost) 来源于美国学者提出的桥梁工程全寿命周期成本分析 (bridge life-cycle cost analysis，BLCCA)。指的是桥梁建设和管理部门在桥梁规划设计、施工、运营维护以及拆除整个过程中所耗费的成本。具体包括：初始建设成本 (initial cost)、运营管理成本 (operation cost)、桥梁养护成本 (maintenance cost)、桥梁拆除成本 (destruction cost)。

1. 初始建设成本 (initial cost)

初始建设一般指的是从初始规划到工程竣工的过程，所以初始建设成本一般包括规划设计、管理、施工等阶段的成本总和。桥梁工程的初始建设成本可以选用可行性研究报告中的投资估算金额，也可以根据工程量清单的市场招标文件来确定。

2. 运营管理成本(operation cost)

桥梁工程竣工验收后，则进入运营管理阶段。目前我国国内的管理运营模式主要有两类：行政机构管理和公司法人管理。运营管理成本可以根据现有的桥梁运营成本统计分析估算。具体包括：

1) 管理费用

桥梁管理费用是指为了保证桥梁正常运营的花费。具体包括管理人员的工资、福利，人员的交通费，办公材料费等。一般管理费的确定以第一年管理费为基数，以后每年以3%～4%的速度增长。

2) 财务费用

桥梁建设需要大量资金的投入，往往采用筹集或贷款的方式。偿还这一块的费用，称为财务费用。主要包括偿还建设期贷款利息净支出、贷款担保质押费用等。

3) 固定资产折旧

桥梁在建设或运营阶段会涉及一些固定资产，例如运输设备、机械设备、房屋建筑物、安全设施、监控设备等。这些固定资产，应按照残值率、折旧年限以及《企业会计准则》的规定和要求，按月计提固定资产年折旧额。固定资产折旧，计入成本、费用，用于归还贷款。

各类固定资产的估计折旧年限、残值率和年折旧率如表4.2所示。

表4.2 固定资产折旧年限、残值率和年折旧率

类别	折旧年限/年	残值率/%	年折旧率/%
桥梁及附属公路	经营年限	0	工作量法
安全设施	8～20	5	4.75～11.88
收费设施	8	5	11.88
运输设备	5	5	19
通信监控设施	5	5	19
机械设备	5	5	19
房屋建筑物	20	5	4.75
其他设备	5	5	19

4) 其他费用

运营管理费还包括营业税金及附加、所得税等。

3. 桥梁养护成本(maintenance cost)

1) 检测成本

桥梁检测包括经常检测、定期检测和特殊检测。桥梁检测成本是指为了保持桥梁及其构件正常运营而对桥梁结构进行检测或测试的成本。桥梁检测也可以分为目测检测和仪器检测。目测主要是为了检测桥梁裂缝、变形等情况，根据检测设备、检测仪器、检测方法不同，检测费用也不一样。假设 $K(i)$ 表示某一构件的一次检测费用，总的检测费用 $C_{检测}$ 可以用式(4.3)表示：

$$C_{检测} = \sum_{i=1}^{n} K(i) \cdot \frac{1}{(1+r)^{T_i}} \tag{4.3}$$

式中，r—— 贴现率；

n—— 检测次数。

2) 维修成本

某一构件的一次维修费用 K_R 表示，由维修事件树可知：在 T_i 时刻的维修费用，等于 K_R 乘以 T_i 时刻的检测次数。

R_i 是 T_i 时刻的维修事件，B_j^i 表示在 T_i 时刻分支 j 的维修事件，T_i 时刻的维修次数可表示为式(4.4)：

$$E[R_i] = \sum_{j=1}^{2^{i-1}} P(R_i \bigcap B_j^i) \tag{4.4}$$

则寿命期内总的维修成本 $C_{维修}$ 可表示为式(4.5)：

$$C_{维修} = \sum_{i=1}^{n} K_R(i) \cdot E[R_i] \cdot \frac{1}{(1+r)^{T_i}} \tag{4.5}$$

4. 桥梁拆除成本(destruction cost)

对于不能满足服役要求的桥梁，维修加固又不经济合理只能选择拆除，所耗费的成本称为桥梁拆除成本。桥梁拆除常用的方法有定向爆破法和满堂支架法。

对于桥梁拆除后回收的材料成本，应按负值扣除施工成本。我国桥梁拆除成本一般按市场招标的合同定价，除此，还可以对桥梁拆除成本进行简化估计。对于钢筋混凝土桥梁而言拆除成本为初始建设成本的 10%，回收成本为初始建设成本的 0.5%～1%。

4.3.2 用户成本

用户成本 UC(user cost)是指由于桥梁检测、荷载试验、维修加固等中断交通而造成的堵塞交通、车辆绕行导致时间延误或其他事故的额外成本。主要分为车辆绕行成本、时间延误成本以及交通事故成本。

1. 车辆绕行成本

由于桥梁在检测维修的过程中可能会出现封闭交通或者限制使用的情况，这就会导致车辆必须要改道绕行，直接影响结果就是车辆运营成本增加。已有研究表明，油耗成本在车辆运营成本的分析中能够准确地预测出来。油耗成本占车辆运营成本的比例在 30%左右，而且变化幅度不大，因此可以用这个比例系数通过预测的油耗成本来估算车辆运营成本。

可以用式(4.6)计算车辆绕行增加的运营成本：

$$\mathrm{TDC_D} = 2[(\mathrm{FP}/\mathrm{FC}_n)+(\mathrm{TV}_n / S_n)]D_\mathrm{D}V_n \tag{4.6}$$

式中，$\mathrm{TDC_D}$ —— 车辆运营成本；

FP —— 燃油平均价格；

FC_n —— 车型平均耗油率；

TV_n —— 车型单位平均成本；

S_n —— 车型平均行驶速度；

D_D —— 车辆绕行的距离；

V_n —— 车型绕行改道的交通流数量。

2. 时间延误成本

由桥梁日常管理、检测、养护维修等造成的限制交通或中断交通引起的车辆延误成本称为时间延误成本。要计算时间延误成本，必须知道以下 3 个因素，即：各代表车型的交通流数量、各代表车型的加权平均延误时间以及各代表车型的单位时间成本。车辆绕行增加的时间成本可用下式表示：

$$\mathrm{TDC_C} = \left[\mathrm{tdc}_1 v_1 + \mathrm{tdc}_2 v_2 + \cdots + \mathrm{tdc}_n v_n\right]\mathrm{DT_C} \tag{4.7}$$

式中，$\mathrm{TDC_C}$ —— 车辆时间成本；

tdc_n —— 车型单位时间成本；

v_n —— 车型绕行改道的交通流数量；

$\mathrm{DT_C}$ —— 车辆绕行改道的平均延误时间。

3. 交通事故成本

交通事故成本是指由于桥梁维护或桥梁通行能力下降而造成的直接或间接交通事故成本。可从交通事故对人、桥梁结构、环境以及车辆等的影响来计算交通事故成本。

4.3.3　环境成本

环境成本 EC(environment cost)是指桥梁在建造、运营以及加固维修过程中造成的对环境的损害，以及预防、治理环境污染所耗费的成本。包括防治水污染、大气污染以及固体颗粒污染方面的投入，可以将所有的成本计算转换为治理某一种污染的费用计算。

4.3.4　风险成本

桥梁在建设或使用中可能会遇到大自然的破坏，例如地震和洪水的作用。同时，为了预防桥梁遭到冲刷以及交通车辆碰撞，桥墩船舶碰撞而导致结构失效，则需要投入一定的成本，称为风险成本 RC(risk cost)。桥梁维修优化全寿命周期成本分析方法在对桥梁的维修管理、节约维修成本等方面有着重要意义。目前在国内这方面的研究发展较快。

4.4　桥梁运营维修策略

桥梁的全寿命是指桥梁从其寿命开始到寿命结束的时间。桥梁使用年限越长，所分摊的年资产消耗成本越少。随着桥梁使用年限的增加，需要更多的营运和维修费来维持原有功能。桥梁的经济寿命就是从经济观点确定的建设项目的寿命周期。全寿命周期成本分析的实质是桥梁工程师项目管理的一种指导思想和方法，核心是要求从桥梁工程项目的全寿命出发去考虑造价和成本问题，关键是要实现工程项目整个寿命周期的总成本最小化。全寿命周期成本分析在桥梁中的应用主要有两种情况，即在役桥梁和新建桥梁，新建桥梁应用全寿命周期成本分析的主要目的是确定桥梁全寿命周期内的最佳维护策略，而在役桥梁应用全寿命周期成本分析的主要目的是确定桥梁剩余寿命期内的桥梁构件的更换、修复等维修策略。桥梁运营阶段成本包括用户成本、检测成本、维修成本以及失效成本。

从桥梁营运的角度考虑，全寿命周期成本分析的思想和方法可以让桥梁管理者制定合理的养护计划。在桥梁营运期间，全寿命周期成本分析实际上就是管理者对维护、检测、修复等方案的决策。桥梁的性能劣化过程中，除了受到环境、使用条件等客观因素的影响外，维修加固或是采取补救措施的时点选择对于桥梁的劣化也有着相当大的影响。

4.4.1 桥梁维修策略及等级划分

桥梁结构的性能会随着时间的推移而逐渐退化，如果不采取任何措施任其发展结构将很快失效，不能保证结构正常安全使用。因此，需要在整个寿命周期内对桥梁结构采取一些必要的维护工作来保证桥梁的正常运行。在寿命周期内及时合理的维修加固不仅仅能保障结构的安全性，而且还能节约运营成本，由此可见桥梁结构维护方案的选择有着十分重要的意义。由于材料的劣化，结构性能退化非常明显，将导致高频率的检修次数与高检修费用，并且影响结构的使用功能，在某些严重的情况下还会出现构件失效，甚至是结构倒塌。钢筋混凝土结构性能的退化一开始是缓慢进行的，但是一旦出现缺陷后，其退化速度将加快，若不加管理，最终结构可能会出现突然性的破坏。结构在使用一段时间之后，会逐渐达到最低容许可靠度水平，如图 4.1 所示。此时必须进行必要的维修，结构性能退化过程的正确模拟和考虑维修养护对结构或构件的可靠度更新是很重要的。

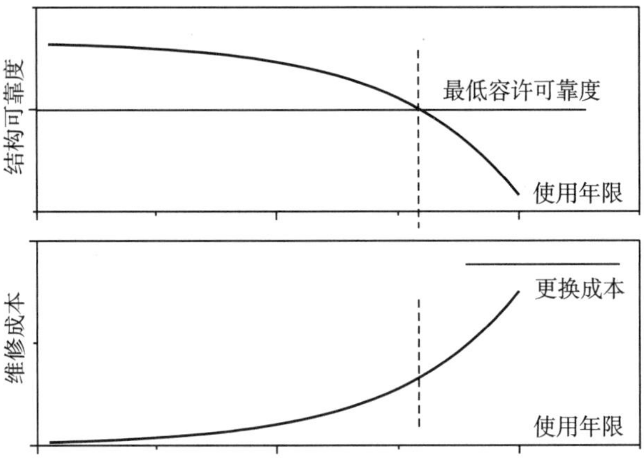

图 4.1 结构可靠度与维修成本关系

不同的退化过程会使结构产生不同程度和速度的退化，即使同一退化过程，力学、物理与化学现象也存在复杂的相互作用。评估结构使用的方法是首先识别最主要的退化机理，其次是建立合理的退化模型。结构的退化依赖于环境因素和结构特点，并且变异性很强。同一使用条件下的结构也会出现不同的退化过程，即使是同一构件，构件的不同部位的退化也是不同的。对于近海混凝土结构，氯离子侵蚀是最主要的退化因素，而碳化、碱集料反应则是次要因素，甚至可以忽略。

桥梁维修的目的是使桥梁结构或构件在其使用期内具有足够的可靠度，在使用性能上能完成设计要求的一系列的养护活动。通过桥梁的检测结果分析后，将要做的是根据该桥梁的使用时间以及该桥梁的特点，判断是否进行维修或者是采用什么维修策略。总体来说，根据桥梁养护的特点，维修可以分为以下两种情况：

(1) 必要性维修(corrective maintenance)：不进行检测，维修只在结构已经失效后采用，针对的是结构失效后果不严重并且失效成本不高的情况。

(2) 预防性维修(preventive maintenance)：需要进行检测，对检测结果做出评价分析，或者定期利用延迟和转移疲劳、腐蚀、碳化等老化效应的维修，使结构处于良好的使用状况。

其中，预防性维修分为以下两类：基于使用的维修(use-based maintenance)和基于状况的维修(condition-based maintenance)。基于使用的维修是不进行检测，而维修或更换只在结构接近失效前进行，这种维修使用于桥梁失效后的费用高而又能提前知道大概的失效时间。基于状况的维修是进行检测规划，当测量的结构状况参数不满足预定值时，维修或更换马上进行。各维修方式比较见表 4.3。

表 4.3　各维修策略对比

特征	基于使用的维修	基于状况的维修	必要性维修
维修性质	可预防性失效	可预防性失效	不可预防性失效
基本依据	已有的失效统计数据以及以往的经验	状态监测技术、监测性能参数、参数标准	失效规律和经验
维修判据	定期进行维修或者更换，也许会出现过度的维修	根据检测数据，对结构进行分析，由分析结果采取相应维修措施	根据结构失效状态，若判断为已失效则采取相应维修措施
适用范围	失效后果严重、失效费用高、发展迅速、结构状态不可测、经济性好的耗损故障	失效后果严重、失效费用高、发展缓慢、结构状态可测、经济性好的耗损故障	失效后果不严重的非关键性构件、规律不清楚的故障、失效费用不高
维修费用	一般情况下维修费用较低	需要高投资、日常维护费用高	需要一定的维修费用和维修资源

对于这 3 种维修策略，基于使用的维修和基于状况的维修是在桥梁失效前主动维修，维修介入的时间，如检测时间和维修时间，以及检测和维修间隔是重要的参数。而必要性维修是当结构失效后不能用了再维修，属于被动维修。在实际

的桥梁养护管理过程中，要综合考虑桥梁构件运营的可靠性和经济性来合理选择维修策略，以此来提高结构的安全性且降低结构构件的使用费用。

合理地采用维修策略不但可以保证结构在全寿命期内安全可靠地运行，扩展结构使用寿命，而且能够降低全寿命周期成本。根据桥梁本身的情况，在不同的阶段采取相应的维修策略，图 4.2 为不同维修策略下的构件退化曲线。

从图中可以看出，必要性维修是应用在结构性能低于最低性能指标的时候，此时能较大地提高结构的性能；预防性维修是在结构性能快到达最低介入指标时采用，它能将结构性能提高一定程度，在寿命期内多次采用预防性维修可以使结构性能保持在一个很好的水平下。

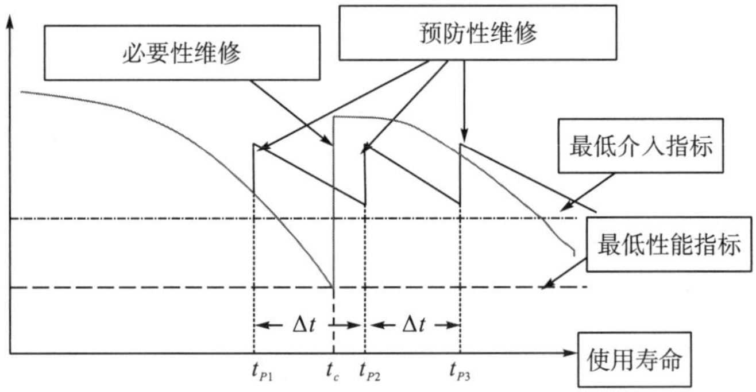

图 4.2　不同维修策略下的构件退化

在桥梁的整个寿命周期内维修方案的选取不仅决定着结构的安全性，而且还与寿命周期成本息息相关。大致说来，不同性能等级的结构采取相同的维修方案达到同一标准时，处于较高等级的结构维护费用比处于较低等级的结构小；同一结构采用同一维修方案，等级提高越高则费用也就越高。传统的桥梁维护只考虑采用哪种维修方案而忽视了结构性能变化与维修之间的关系，从而没能科学准确地评定成本支出，可见维修成本作为桥梁寿命周期成本的一项有着非常重要的作用。当检测到桥梁结构存在缺陷，需要进行维修时，要根据检测的结果和技术状况、资金情况等条件选择合适的维修方法，不同的维修方法所花费的费用不同，其对结构性能改善程度也不同，高的维修费用往往能够很好地改善结构性能，当然，维修方法的选择还需要考虑结构的损害特征，如保护层剥落和钢筋锈蚀所采用的维修方法就不同。

混凝土修补法：即用水泥基修补材料、聚合物水泥砂浆、高分子有机修补材料等对破坏的混凝土表面进行修补，主要针对多数工程因冻融破坏、碳化、化学侵蚀、空蚀及结构受力而引起的混凝土表面剥蚀、开裂、渗漏等因素造成的修补。

阴极保护法：此方法针对钢筋表面 Cl^- 浓度较高时非常有用，能够避免钢筋锈蚀。如遇钢筋已经锈蚀，也可采用此方法中断钢筋继续锈蚀。此方法的原理即将阳极（阳极即一层导电的覆盖层，对钢筋重点电流进行分流，起分散作用）搁置在混凝土表面，通过外加电源系统来达到保护的目的。

增加构件截面加固法：增大构件的截面面积是采用与该构件相同的材料来增大构件的截面面积。结构服役一定的期限后，会由于碳化、钢筋锈蚀等原因造成保护层脱落，此时便可以在表面增加构件的截面面积来填补，以达到防止构件持续劣化的作用，其优点是施工工艺简单，加固费用少，容易被接受，但是该方法会增加建筑空间，增加自重，并且增加承载力有限，施工周期较长。

采用环氧涂层的钢筋：环氧涂层钢筋就是在钢筋的表面涂上一层环氧树脂。环氧涂层钢筋的优点是使得钢筋可以长期并且有效地免遭来自混凝土的碳化和氯离子的侵蚀引起的锈蚀，其缺点是环氧涂层将使得钢筋混凝土之间的黏结性能降低。

碳纤维复合材料加固法：碳纤维复合材料加固法是一种较新的加固技术，可在不增加恒载及断面尺寸的情况下提高构件的抗弯和抗剪能力，具有轻质、高强、抗疲劳、耐腐蚀、可适应不同的构件形状和尺寸、施工便捷、效率高、对原结构也不产生新的损伤等优点，但是在成本上花费较高。

粘贴钢板加固法：粘贴钢板加固法是一种重要的维修加固策略，主要的作用是能提高构件抗弯、抗剪能力，并且可减少裂缝扩展，具有坚固耐用、施工便捷、不减小桥梁净空、成本较低、并可在不影响交通的情况下施工等优点，通常适用于强度高于 C15 混凝土的加固，该方法要求环境温度不超过 60℃，相对湿度不大于 70%，构件为承受静力的受弯及受拉构件。

4.4.2　维修事件树

事件树分析（event tree analysis）起源于决策树分析，是一种按事件发展的时间顺序由初始事件开始推论可能的后果，从而进行危险源辨识的方法。一个事件的发生由许多其他事件引起，同时也会引起一系列后续事件的发生。在逻辑关系上，它们存在着因果关系，在时间上，它们是递进连续的关系，可以看出，事件树的分析方法就是一种基于时间逻辑的事故分析方法。它以某一初始事件为事件树源头，以事件内在的逻辑发展关系循序展开。某一事件后续跟随两种或多种不同的事件发展结果，从而引发后续不同的事件发展路径，直至达到系统故障等最终结果为止。事件树源头为树根，各个发展路径犹如树梢，整个分析过程犹如一棵倒置的大树，因而取名事件树分析方法。此方法既可以用于定性分析，了解事件发生的整个过程，也可以定量计算各个路径之间的概率分配，了解事件发展的不同结果发生的概率。

事件树定性分析是指根据事件发展的内在逻辑(包括预测模型等)，推测事件发展的可能状态。事件树定量分析是在定性分析的基础上完成的。定量分析不但要分析出事件发展的各种可能状态，还要计算出各种可能状态的发生概率。通过对每一节点各种可能概率的分配工作来确定每条路径的发生概率。最后通过各种路径的概率信息，统计计算一些事件发展过程的参数或完成其他评价体系来对事件树整个过程进行鉴定。其中各路径的概率等于各个节点处路径分配概率的乘积，事件发生概率等于导致该事件发生的各条路径的概率的总和，而事件的维护措施是指在事件发展过程当中采取一定策略来改变事件的发展方向，从而产生出新的发展路径。

桥梁的维修事件树实际上是根据桥梁的实际情况，将桥梁的维修事件细化，以便于考虑整个生命周期内可能发生的所有维修可能，它是以一种树枝结构来表现的。桥梁的维修包括预防性维修、必要性维修，但是通过桥梁检测后不一定会采取维修措施，因而也有可能不维修。这里设预防性维修事件为P，必要性维修事件为E，无维修事件为N。如图 4.3 所示，从构件投入使用T_0开始，直到第一次检测T_1，在这期间构件没有进行维修，因为检测的时间很短可以忽略不计。在第一次检测后便对构件做出“预防性维修”还是“必要性维修”或者“不维修”的决定；如果检测结果处于进行预防性维修规定的范围内，则构件就需要进行预防性维修；如果检测结果处于进行必要性维修规定的范围内，则构件就需要进行必要性维修；如果检测结果处于进行不维修规定的范围内，则构件就不需要进行维修。在图中分支N表示不维修，分支P表示预防性维修，分支E表示必要性维修。到了T_2时刻前面的分支再进行分叉，待第二次检测完成后进行不维修、预防性维修，以及必要性维修的选择，如此进行发展，到T_n结束。事件树模拟了构件所有可能的维修情况，如果有n次检测，那么就会有3^n个分支，也就是有3^n个可能的维修情况。图 4.3 为维修事件树模型。

假设K_R表示某构件的一次维修费用，$N\left[R_i\right]$为预期的维修次数，那么通过事件树分析可得到在全寿命期内的总维修费用C_R为

$$C_R=\sum_{i=1}^{n}K_R N\left[R_i\right]\cdot\frac{1}{\left(1+r\right)^i} \tag{4.8}$$

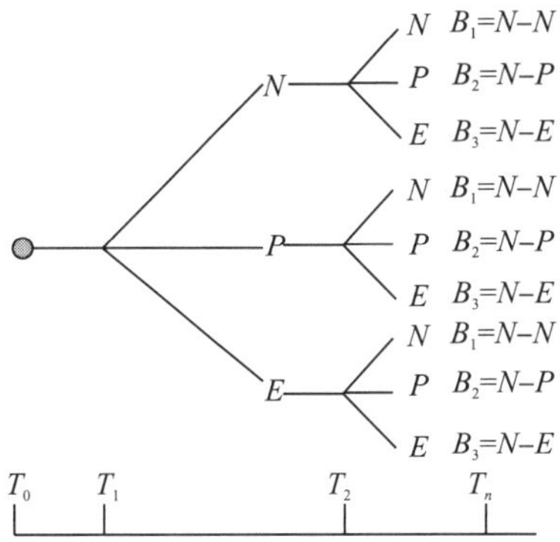

图 4.3　维修事件树

4.5　桥梁寿命期成本优化

在维护工作中，每个维护项目可能有多种养护对策，应该采取哪种养护对策优先对结构进行维护才能使维护成本最少或使维护效益最大是值得考虑的问题，为此，需要应用排序和优化来帮助作出管理决策。

决策是一种系统的方法或过程，它通过对系统当前所处状态的评估和未来发展的分析、判断选择适当的系统对策，以最大限度地满足系统的要求。对桥梁系统而言，需要决策的是桥梁维护策略、计划以及资金分配。桥梁维护决策以桥梁性能为基准，一个良好的性能预测模型是合理决策的基础。决策是与性能预测息息相关的。只有在桥梁性能达到某一标准时才能考虑与之适应的维护措施，一旦采取维护措施之后，桥梁的性能及变化又直接影响下次维护决策。

优化决策的主要目的是确定寿命周期的最优维护安排，所谓的最优就是指系统定义的目标的最大化或最小化问题。整个优化决策过程可以是无约束的，也可以是在给定资金约束或期望桥梁结构性能约束下进行。为寻求最优计划，优化决策模型需要桥梁性能预测和维护成本等模型的支持。

优化过程可以是主观判断过程，也可以是自动执行预定过程。决策的最终目标是最大限度地满足系统定义的要求。对某个特定的决策过程，具体的目标可能有多种形式。一般来说主要包括以下几类：

(1) 净现值最大化：净现值最大化是应用最广泛的目标。为达到这一目标，所有决策方案都必须评估不同处治之间的净现值差异。

(2) 达到某一服务水平需要的最少资源：桥梁系统中的服务水平是指一定的结构性能。如果各项决策都通过一定的形式与服务水平建立互相影响的关系，就可以采用这种目标进行系统优化决策。这是在结构性能约束下的优化决策。

(3)给定资源确定达到的最高服务水平：这实际上是资金约束下的优化决策问题。当地区的资源相对确定时，通常采用这种决策目标。

总体上来说，优化决策方法有静态优化和动态优化两大类。静态优化主要是线性规划，其中应用较广的是整数规划方法；动态优化主要是动态规划方法。

静态优化维护项目规划中，最常用的是整数规划模型，定义决策变量 X_{ij} 为

$$X_{ij}=\begin{cases}1\\0\end{cases} \tag{4.9}$$

其中，若 i 维护方案在 j 年实施时取 1，若 i 维护方案在 j 年不实施时取 0。

优化的目标为总效益最大或达到要求使用性能水平的维护成本总额最小。若以寿命周期内的总维护成本最小为优化目标，其数学模型为

$$\min C=\sum_{i=1}^{n}\sum_{j=1}^{T}C_{ij}\cdot X_{ij} \tag{4.10}$$

式中，n—— 针对第 i 次维护所有考虑的方案数；

T—— 寿命周期数；

C_{ij}—— i 方案在 j 年实施的成本。

动态规划的基本组成包括：阶段、状态、决策变量、转移函数和递推关系。分析结构维护的优化问题时，每年看作一个阶段，按分析期划分阶段属，在每个阶段选取使用性能指标描述结构所处的状态，每个阶段的每一个状态可以有一组可能的维护方案，动态规划需要作出的决策就是从中选出最佳方案，而转移函数则是确定决策作出后结构如何向下一状态转移。转移函数一般有确定性和随机性两类。由于结构使用性能变化的不确定性，通常选用随机性转移函数。

桥梁维修是为了延长桥梁的使用寿命同时获得更大的经济社会效益。桥梁加固后不仅要满足可靠性方面的要求，而且要在剩余使用寿命周期内所创造的效益大于加固成本或目标效益。人们总是想在限定的时间内使得投资获得的利润最大，也就是投资最经济。因此，在寿命周期内，桥梁维护决策的准则是：满足寿命期内结构可靠性的要求，同时保证桥梁结构在其寿命周期内维护成本最小。

结构维修策略优化的目的在于在保证结构可靠性的情况下使全寿命期内预期的总养护维修费用 $E[C_{\mathrm{L}}]$ 最小，即：

$$\min_{0<t\leqslant T}E[C_{\mathrm{L}}] \tag{4.11}$$

$$C_{\mathrm{L}}=C_{\mathrm{D}}+C_{\mathrm{FAIL}}=\left[C_{\mathrm{PM}}+C_{\mathrm{INS}}+C_{\mathrm{REP}}+C_{\mathrm{USE}}+(C_{\mathrm{F}}\cdot P_{\mathrm{F}})\right] \tag{4.12}$$

其中，C_{D} 是直接费用，由预防性维修费用 C_{PM}、检测费用 C_{INS}、必要性维修费用

C_{REP} 和用户费用 C_{USE} 组成。在失效费用 C_{FAIL} 中，P_F 是失效概率，C_F 是结构失效产生的费用。

C_{USE} 由于涉及社会和环境因素，往往较难定量确定。C_{USE} 一般分为交通延迟费用与交通绕道费用。失效费用包括由桥梁失效导致的人员伤亡的费用，这部分费用往往难以计算而且具有争议。

由于各费用都是预期的，而不是立刻发生的费用，因此，在计算时往往需要考虑折现率的影响。

折算成现值：

$$C_P = \sum_{i=1}^{T} \frac{C_i}{(1+r)^i} \tag{4.13}$$

年均成本费用：

$$C_A \cdot \sum_{i=1}^{T} \frac{1}{(1+r)^i} = \sum_{i=1}^{T} \frac{C_i}{(1+r)^i} \tag{4.14}$$

$$C_A = C_P \cdot r \cdot \frac{(1+r)^T}{(1+r)^T - 1} \tag{4.15}$$

其中，C_P 是费用的折现值；T 是参考年限；C_i 是第 i 年的费用；r 是折现率。确定折现率 r 是比较困难的，目前对于折现率 r 的取值，不同的国家有不同的取值，但一般都在 0～10%之间。

参考文献

陈艾荣，2009. 基于给定结构寿命的桥梁设计过程[M]. 北京：人民交通出版社

江伟，2016. 钢筋混凝土梁桥维修优化研究[D]. 重庆：重庆交通大学

马军海，2007. 基于全寿命的桥梁设计过程及其在混凝土连续梁桥中的应用[D]. 上海：同济大学

马军海，陈艾荣，2007. 桥梁全寿命设计总体框架研究[J]. 同济大学学报(自然科学版)，(8)：1003-1007

牛荻涛，2003. 混凝土结构耐久性与寿命预测[M]. 北京：科学出版社

吴海军，2007. 桥梁结构耐久性设计方法研究[D]. 上海：同济大学

吴海军，陈艾荣，2004. 寿命周期成本分析方法在桥梁工程中的应用[J]. 公路，(12)：34-38

萧赓，景春光，宋新安，2010. 基于调查统计分析的干线公路荷载对桥梁全寿命成本的影响研究[J]. 公路交通科技，27(11)：56-60

曾勇，江伟，谭红梅, 2017. 基于可靠度与状况指标的桥梁维修优化方法[J]. 北京交通大学学报, 41(3): 69-76

曾勇，谭红梅, 2017. 不同维修策略下钢筋混凝土梁桥的最优维修时机研究[J]. 公路, 48(8): 95-100

曾勇，于福，邹晓勇，等，2014. 桥梁失效成本组成的定量研究[J]. 重庆交通大学学报(自然科学版)，33(3): 32-36,128

曾勇，2009. 大跨度悬索桥设计寿命期内的监测、维护与管理策略研究[D]. 上海：同济大学

钟卿，2006. 基于全寿命周期成本的桥梁设计理论研究[D]. 长沙：湖南大学

Barone G，Frangopol D M，2011. Reliability risk and lifetime distributions as performance indications for life-cycle maintenance of deteriorating structures[J]. Struct. Infrastruct Eng.，7(6)：389-413

Enright M P, Frangopol D M, 1998. Service-life prediction of deteriorating concrete bridges[J]. Journal of Structural Engineering, 124(3): 309-317

Frangopol D M, Kong J S, Gharaibeh E S, 2001. Reliability-based life-cycle management of highway bridges[J]. Journal of Computing in Civil Engineering, 15(1): 27-34

Frangopol D M，1999. Life-cycle cost analysis for bridge[J]. Journal of Structural Engineering，66(6)：210-236

Frangopol D M，Lin K Y，1997. Life-cycle cost design of deteriorating structures[J]. Journal of Structural Engineering，36(10)：1390-1401

Kallen M J，Noortwijk J M V，2005. Optimal maintenance decisions under imperfect inspection[J]. Reliability Engineering and System Safety，90：177-185

Kong J S，Frangopol D M，2003. Life-cycle reliability-based maintenance cost optimization of deteriorating structures with emphasis on bridges[J]. Journal of Structural Engineering，129(6)：818-828

第 5 章　基于可靠度的桥梁维修理论

钢筋混凝土桥梁在服役一段时间后，由于外界环境和各种不确定的因素而产生裂缝、剥蚀等病害，进而引发钢筋混凝土结构的钢筋锈蚀，这些病害将会逐渐降低结构的耐久性。如果不及时对桥梁采取维修措施，将会导致结构内钢筋不断锈蚀，直接减少钢筋面积，进一步降低与混凝土的黏结力，使得桥梁结构的可靠性降低，危及桥梁使用寿命和承载能力。在整个寿命周期维修中，按照维修效果大致可将维修分为必要性维修和预防性维修。了解不同的维修类型对桥梁结构可靠性指标的影响，提高桥梁的耐久性、可靠度，充分发挥桥梁的性能，延长桥梁的服役时间，是桥梁维修必须要考虑的，是维修理论的基础。

5.1　桥梁维修的可靠指标

《工程结构可靠性设计统一标准》(GB 50153—2008)规范中规定了各种不同结构不同破坏类型对应的可靠度指标，见表 5.1。概率密度函数曲线如图 5.1 所示。

表 5.1　公路桥梁结构构件目标可靠度的选取

	一级		二级		三级	
	延性破坏	脆性破坏	延性破坏	脆性破坏	延性破坏	脆性破坏
主要组合	4.7	5.2	4.2	4.7	3.7	4.2
失效概率	1.1×10^{-6}	1.2×10^{-7}	1.3×10^{-5}	1.1×10^{-6}	1.1×10^{-4}	1.1×10^{-3}

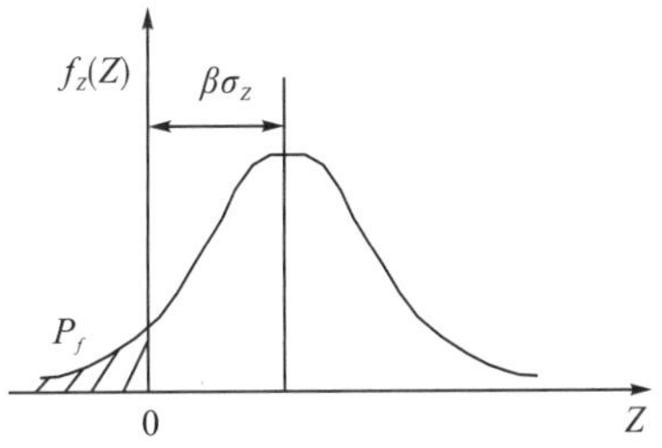

图 5.1　概率密度函数曲线

如果极限状态函数 Z 为一组相互独立的随机变量 $X_i(i=1,2,3,\cdots,n)$ 函数，则可将 Z 在均值处按泰勒级数展开，并取一阶近似式，即可得均值和标准差的近似计算公式：

$$\mu_Z \approx g(X_1,X_2,X_3,\cdots,X_n) \tag{5.1}$$

$$\sigma_Z \approx \sqrt{\sum_{i=1}^{n}\left[\left(\frac{\partial g}{\partial X_i}\right)^2_{X=m_{X_i}}\sigma^2_{X_i}\right]} \tag{5.2}$$

式中，m_{X_i} 为 X_i 的均值；$\left(\frac{\partial g}{\partial X_i}\right)_{X=m_{X_i}}$ 为各偏导数均在 m_{X_i} $(i=1,2,3,\cdots,n)$ 处取值。根据可靠指标的定义则有下式：

$$\beta=\frac{\mu_Z}{\sigma_Z}\approx\frac{g(m_{X_1},m_{X_2},m_{X_3},\cdots,m_{X_n})}{\sqrt{\sum_{i=1}^{n}\left[\left(\frac{\partial g}{\partial X_i}\right)^2_{X=m_{X_i}}\sigma^2_{X_i}\right]}} \tag{5.3}$$

结构不能完成预定功能的概率定义为结构的失效概率，R和S 均为正态分布时，失效概率可表示如下：

$$P_f=\int_{-\infty}^{0}f_Z(Z)\int_{-\infty}^{0}\frac{1}{\sqrt{2\pi}\sigma_Z}\exp\left[-\frac{1}{2}\left(\frac{Z-\mu_Z}{\sigma_Z}\right)^2\right]\mathrm{d}Z \tag{5.4}$$

式中，$f_Z(Z)$ 为随机变量的概率密度。

令 $t=\frac{Z-\mu_Z}{\sigma_Z}$，则有 $\mathrm{d}Z=\sigma_Z\mathrm{d}t$ 以及 $Z=-\infty$ 和 $Z=0,t=-\frac{\mu_Z}{\sigma_Z}$，将 Z 转化为标准正态分布变量，代入上式可得

$$P_f=\frac{1}{\sqrt{2\pi}}\int_{-\infty}^{\frac{\mu_Z}{\sigma_Z}}\mathrm{e}^{-\frac{t^2}{2}}\mathrm{d}t=1-\Phi\left(\frac{\mu_Z}{\sigma_Z}\right)=\Phi\left(-\frac{\mu_Z}{\sigma_Z}\right)=\Phi(-\beta) \tag{5.5}$$

式中，$\Phi(*)$ 为标准正态分布函数值。

为了确定对体系的最优检查和维修时间，一些结构性能的参数指标对决策至关重要，其中包括可靠性指标、风险指标、维修检查成本等，着重从体系的年失效率出发，研究体系的最优检查和维修时间，定义结构生存到 t 时刻，而在 t 后发生失效，间隔时间为 Δt 的年失效率为

$$h_{\mathrm{sys}}(t)=\frac{P(t\leqslant T_{\mathrm{F}}\leqslant t+\Delta t \mid T_{\mathrm{F}}\geqslant t)}{\Delta t} \tag{5.6}$$

式中，Δt 为间隔时间；T_{F} 为结构发生失效的时间。

结构的幸存概率是关于随机变量时间 t 的函数，幸存的概率可表示为

$$S_{\mathrm{sys}}(t)=P(T_{\mathrm{F}}\geqslant t) \tag{5.7}$$

相应地，年失效率表示为

$$h_{\text{sys}}(t) = \frac{S_{\text{sys}}(t) - S_{\text{sys}}(t+\Delta t)}{S_{\text{sys}}(t)\Delta t} \tag{5.8}$$

式(5.8)允许使用条件失效概率，可以提供其他性能指标，如时间点可靠性指标，当$\Delta t \to 0$时，上述方程可定义为风险函数中的瞬时失效率。在极限状态函数的基础上，Frangopol 用下式来对时间点失效率进行评估：

$$P_{\text{sys}}(t) = P[\text{any } g(t)<0] \tag{5.9}$$

式中，$P[\text{any } g(t)<0]$表示体系失效的概率。

如果体系的时间点失效率已知，那么随时间t_n变化的年失效概率可以用下式来进行评估：

$$\text{TDP}_{\text{sys}}(t_n) = \sum_{i=1}^{n} P_{\text{sys}}(t_i) \prod_{j=1}^{i-1} \left[1 - P_{\text{sys}}(t_j - 1)\right] \tag{5.10}$$

式中，$\text{TDP}_{\text{sys}}(t_n)$为系统失效时间点的累计分布函数。

体系的幸存概率表达如下：

$$S_{\text{sys}}(t) = 1 - \text{TDP}_{\text{sys}}(t) \tag{5.11}$$

因此，体系在时间(单位为年)t_n的年失效率表达式如下：

$$h_{\text{sys}}(t_n) = \frac{\text{TDP}_{\text{sys}}(t_{n+1}) - \text{TDP}_{\text{sys}}(t_n)}{1 - \text{TDP}_{\text{sys}}(t_n)} \tag{5.12}$$

单个构件的维修类型一般有三种，分别为预防性维修、必要性维修和无维修。具体对构件采取哪种维修要根据检测结果来决策，而对于由多种构件组成的结构系统而言，维修活动分别为每次检测各构件维修类别的相互组合，每一个k分支代表对结构系统采取的一种维修活动，其发生的概率为$P(B_k)$。因此“预期年失效率”的数学表达式如下：

$$E[h_{\text{sys}(t)}] = \sum_{k=1}^{N_b} P(B_k) h_{\text{sys},k}(t) \tag{5.13}$$

式中，N_b为分支的总数；$h_{\text{sys},k}(t)$为k个分支的年失效率。

5.2　桥梁维修策略及等级划分

为了使桥梁结构安全和稳定，须加强对桥梁的检查，及时地掌握桥梁技术状况，发现缺损和可能导致桥梁损坏的原因以及相关环境的变化，从而有针对性地对桥梁进行维修和加固工作。桥梁检查分为经常性检查、定期检测和特殊检测。

(1)经常性检查。通常对于一般的桥梁，应做到每个季度至少对桥梁进行一次检查，遇到洪水时期应加强桥梁的检查；对于特大桥，尤其是悬索桥以及斜拉桥，经常检查是对结构变异、桥及桥区施工作业情况和桥面系、限载标志、交通标志等其他附属设施等状况进行日常巡检。

(2)定期检测。由于桥梁反复承受环境因素、汽车荷载和交通事故的侵害，特别是重载汽车和交通量日益增加，以及设计施工中遗留下的某些缺陷，所以桥梁的质量状况会日益恶化，其耐久性和稳定性下降。若桥梁的缺损不能及时发现和维修，任由其发展，将会逐渐丧失原有的承载能力，常常难以保证行车安全和公路的畅通，所以为了保证桥梁的安全运行，要对桥梁进行定期检测。

(3)特殊检测。由管理部门的专职桥梁养护工程师或者总工程师主持，委托公路桥梁检测中心或者具备这种能力的科研单位、工程咨询单位，并辅以现场和实验室测试等特殊手段进行详细检测和综合分析，检测结果应提交书面报告。

根据《城市桥梁养护技术规范》(CJJ 99—2017)的规定，城市桥梁的检测评估根据其内容、评估要求共划分为三级，如图 5.2 所示。

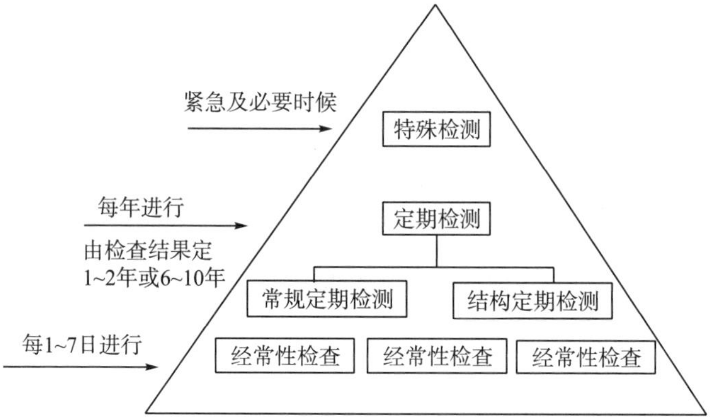

图 5.2 桥梁三级检查制度

在桥梁的整个寿命周期的维修中，桥梁的维修策略按照效果来分，大致可分为必要性维修和预防性维修。必要性维修的作用就是能瞬时提高结构的性能，使结构的性能回到最初的一个状态，这是保持桥梁结构安全所必需的维修工作，如果不进行必要性维修，桥梁就会处于不安全状态，成为危桥。常见的必要性维修的方法有混凝土修补、粘贴碳纤维布加固法、粘贴钢板加固法等。而预防性维修的作用是减缓结构的退化速度，可防止由于桥梁的安全状况向更坏方向发展而导致后期的维修成本增加。常见的预防性维修有油漆保护、阴极保护法等。桥梁工程师需要根据桥梁的不同损害程度采取相对应的维修方法，以下维修方法可改善结构的性能：

(1) 混凝土修补。主要用于工程加固中因碳化、冻融破坏、空蚀、化学侵蚀及结构受力而引起的混凝土表层开裂、剥蚀、渗漏等破坏的大面积修补，用于表面修补的材料有水泥基修补材料、聚合物水泥砂浆、高分子有机修补材料等。

(2) 阴极保护法。当在钢筋表面氯离子浓度较高时，阴极保护是一种有效、可靠的防止钢筋锈蚀的方法。如果钢筋锈蚀已经发生，采用阴极保护方法同样能阻止钢筋的继续锈蚀，而对于处于大气中的构件，集中或分散的阳极应该放置在混凝土的表面，对钢筋的保护作用是用外加电源系统来实现的，而混凝土表面的阳极需要一层导电的覆盖层致使电流能分散至钢筋，在设计的时候应计入覆盖层的恒载。

(3) 增大截面加固法。当结构服役一定的期限后，由于在环境的侵蚀下外层钢筋锈蚀使混凝土脱落，这时增加的保护层充当被牺牲掉的混凝土部分以保护主筋不被锈蚀，此时外层钢筋作为主筋的阳极保护。结构分析过程中构件的外层钢筋及混凝土的承载能力不给予考虑，当计算刚度和控制应力时，应视情况考虑或不考虑这一额外保护层的影响。在混凝土梁顶另外铺加一层钢筋混凝土层，或者在梁下增加受力钢筋，特点是施工简便，经济性好，但增加承载力有限，如图 5.3 所示。

(4) 外层钢筋采取环氧涂层防护法。环氧涂层可以长期并且可靠地保护钢筋不受到来自混凝土的碳化和氯离子的侵蚀引起的锈蚀，相比于普通钢筋，环氧涂层钢筋具有不同的黏结性能，如图 5.4 所示。

图 5.3　增大截面加固法

图 5.4　环氧涂层防护法

(5) 粘贴碳纤维布加固法。可提高构件的抗弯和抗剪能力，还可同时具有不增加恒载及断面尺寸，可多层粘贴，可适应不同的构件形状和尺寸，成形较方便，施工便捷，效率高，没有湿作业，施工占用场地小，对原结构也不产生新的损伤等优点，但是在成本上花费较高，如图 5.5 所示。

(6)粘贴钢板加固法。主要的作用是能提高构件抗弯、抗剪能力，并且可减少裂缝扩展，主要优点是施工简便，不减小桥梁净空，并可在不影响交通的情况下施工，通常适用于承受静力的受弯及受拉构件，但环境温度不超过 60℃，相对湿度不大于 70%，如图 5.6 所示。

图 5.5 粘贴碳纤维布加固法

图 5.6 粘贴钢板加固法

不同的维修策略对桥梁的性能的影响需要确定一个指标，该指标一方面可以反映桥梁在寿命过程中所必须满足的基本性能要求，同时也需符合人们对风险的承受能力，满足经济投资等的制约。从可靠指标来进行分析，可靠指标的变化范围可以用来描述桥梁的安全状态，见表 5.2。

表 5.2 不同可靠指标的桥梁状态

优秀	良好	中等	差	不允许
$\beta \geq 4.6$	$4.4 \leq \beta < 4.6$	$3.9 \leq \beta < 4.4$	$3.7 \leq \beta < 3.9$	$\beta < 3.7$

关于维修的严格定义，是由许多研究者从各方面来进行逐步完善的。美国学者 Frangopol 等(1997，1999)将维修定义为保持未失效的结构具有足够和满意的可靠度与安全性以及可用状态的一种行动或者措施。他提出了预防性维修和必要性维修的划分。Li(2004)等则提出了三类维修模型：修正性模型、基于使用的模型和基于状态的模型。Frangopol 和 Lin(1997)则指出，预防性维修是指包括清洁、混凝土修理、疲劳检测与修理和排水在内的一类行为措施，目的是要发现诸如疲劳裂缝或者碰撞等非锈蚀性损坏并修理之。van Noortwijk 和 Frangopol(2004)认为，可以选择下面两类预防性维修策略：基于使用的维修，

就是在使用一段时间后，每隔固定的时间间隔，实施某种维修措施；基于状态的维修，就是通过检测或者监控发现了某种不可接受的状态后，随后就采取相对应的维修行动。

必要性维修和预防性维修对结构产生的效果主要有：提高可靠度水平、延缓结构的可靠度劣化(降低可靠度的劣化)等。如果从可靠度的观点看，必要性维修与预防性维修的显著区别在于：在维修措施实施前，对于预防性维修而言，结构的可靠度指标大于目标可靠度；对于必要性维修而言，结构的可靠度指标小于或等于目标可靠度。用图形来表示两种维修对桥梁可靠性能的影响，如图 5.7 所示。

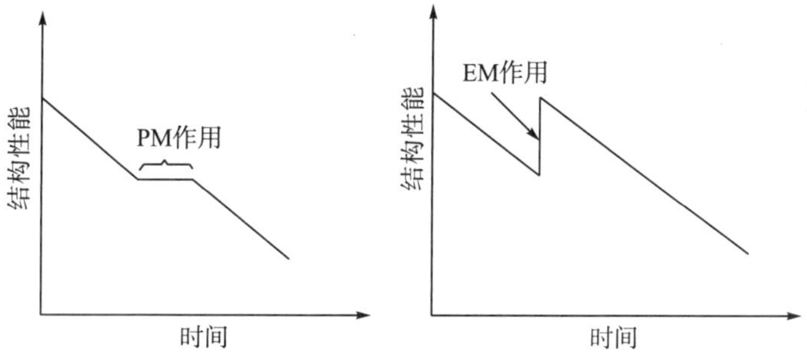

图 5.7　预防性维修和必要性维修对结构性能的影响

进行必要性维修的一个判断标准是：如果不实施必要性维修，结构就会处于不安全的状态，即必要性维修是指为保持桥梁结构安全所必需的维修工作。

进行预防性维修的一个判断标准是：如果不实施预防性维修，那么在结构的后续阶段为了保持构件处于可用的状态那就需要付出更多的成本，简而言之，预防性维修是指防止由于桥梁的安全状况向着更坏的方向发展而使得后续维修成本增加的维修工作，倘若不进行这种维修，那么在后续阶段如果要保持结构安全就需要花费更多。这两类不同的维修同国内公路桥梁规范相对应的关系是：必要性维修对应于加固工程，大修工程；预防性维修对应于小修工程，中修工程；日常维修对应于保养工程。

5.3　桥梁全寿命周期维修成本优化

桥梁的使用性能差、耐久性低、全寿命经济性指标差等一系列问题已经严重影响到了桥梁的正常服务功能的发挥，这给维修、加固等后期运营管理工作带来难以承受的巨大社会和经济负担。在桥梁全寿命周期中在什么时候以及采取什么样的维修，各种维修措施会产生如何的结果，保证结构的某种情况水平需要投入多少资金，对这些问题进行分析及回答，是保证合理分配有限养护资金等资源，确定桥梁的最优的实施时间和维修决策过程的前提。

5.3.1 桥梁全寿命周期维修成本

寿命周期成本(life cycle cost，LCC)及全寿命经济性概念首先由美国军方于20世纪60年代提出，当时主要应用于军用器材采办，后来迅速推广到民用企业，从开始提出到20世纪70年代，是寿命周期成本酝酿和探索阶段，到20世纪80年代，寿命周期成本方法已在国际上得到公认。LCC方法已经逐渐应用到道路交通行业，人们逐渐研究建设项目的全寿命成本优化问题，从成本的角度出发提出了全寿命管理的观念，综合考虑建设成本，选择全寿命成本最优的方案。桥梁全寿命周期成本构成如图5.8所示。

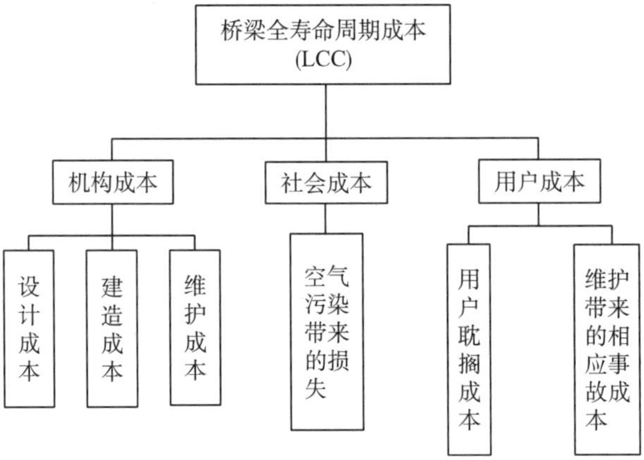

图5.8 寿命周期成本示意图

基于全寿命周期成本分析的桥梁设计理论，是指在桥梁结构设计的最初阶段，就考虑了在保证桥梁全寿命周期内安全营运的基础下，确保其寿命周期成本达到整体最优化的一种全新的设计方法。桥梁全寿命指桥梁从其寿命开始到寿命结束的时间，桥梁的全寿命根据研究和界定范围的不同，主要有物理寿命、法律寿命、经济寿命、功能寿命四种。

桥梁全寿命周期成本分析的一个主要用途就是通过评价分析，来确定新桥的最有效的结构类型，与传统的评价方法不同的是它强调的是从一种全局的角度出发考虑建设方案的成本，从而评价方案的经济效益。桥梁全寿命周期成本分析法可以有效地避免短期行为，使投资方、设计者、工程的承包方以及使用管理部门，从一开始就可立足于“全寿命”，各尽其责，定期或不定期地对桥进行养护、维修、加固或更换，使得桥梁功能和服务水平恢复到一个较高的水平，从而延长桥梁使用寿命。图 5.9 中给出了桥梁全寿命期内的成本现金流量示意图，主要包括项目的建设成本、日常养护成本(包括检测成本)、维修成本和残值。图中给出了桥梁结构的性能劣化，每次进行维修后结构的性能提高了，使得桥梁的使用寿命得以延长。

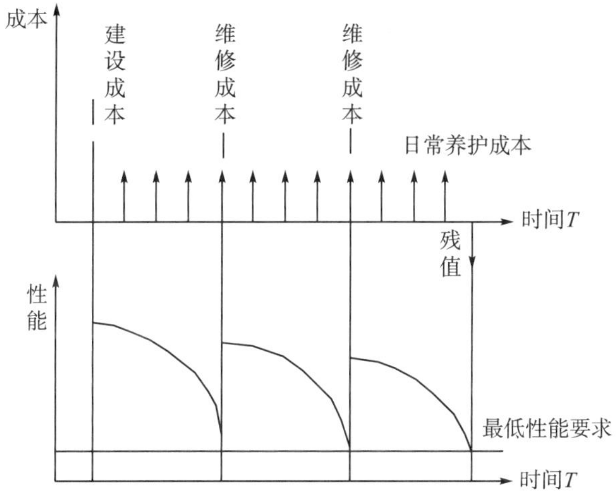

图 5.9　桥梁结构性能退化与现金流量关系图

桥梁的全寿命周期成本分析中，桥梁管理计划起着非常重要的作用，就是说在何时对结构采取何种维修是全寿命周期成本分析中优化研究的重点。管理计划的确定就是建立在桥梁全寿命结构设计的基础上的，应明确了全寿命结构的设计方案才能对全寿命周期成本进行进一步的分析优化。当桥梁的全寿命结构设计方案确定后，对桥梁全寿命周期成本分析的流程图见图 5.10。

了解全寿命周期成本分析是进行桥梁全寿命维修优化、掌握桥梁全寿命维修成本的基础，也是决策者采取最优维修的前提。在桥梁结构全寿命周期成本中，往往由于结构破坏状态的不确定性及维修方案多种多样，加大了全寿命周期维修成本预测的难度。针对整个结构的全寿命周期而言，维修方案的选取不仅仅决定着结构的安全性，并且还对全寿命周期成本的多少有着重要的作用。通常情况下，初始时期，处于较高等级的结构和处于较低等级的结构相比，对它们采用相同的维修方案使性能达到同一等级的标准时，初始等级较高的结构维修成本较小。同样的，对于结构性能相同的结构来说，对它们采取相同的维修方案时，等级提高较大的结构就需要较多的维修成本。维修成本作为全寿命周期成本中重要的成本，科学准确的预测不仅有利于对成本支出做出有效的评定，还可对桥梁进行科学、全方位的管理，保证桥梁寿命周期内的最佳性价比。桥梁全寿命周期维修成本包括直接维修成本和间接维修成本，如图 5.11 所示。

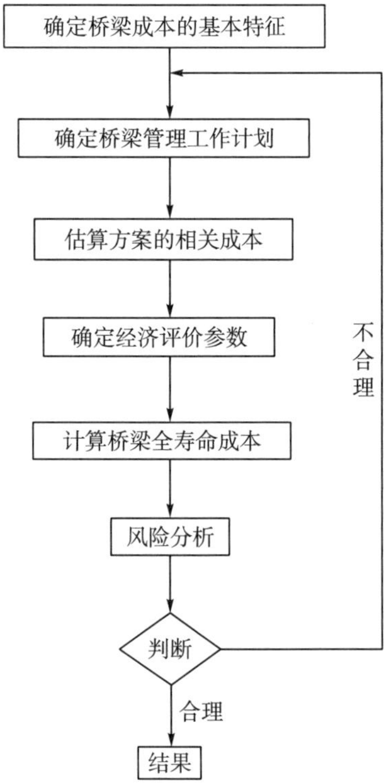

图 5.10 桥梁全寿命周期成本分析的流程

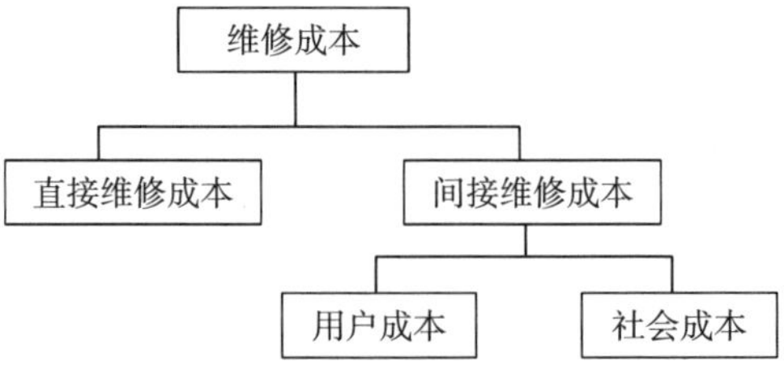

图 5.11 维修成本

用户成本主要是指由于桥梁荷载试验、桥梁关闭使用、桥面清障等功能性缺陷造成的车辆绕行、交通事故、交通阻塞导致旅行时间延误等造成的车辆运行成本。社会成本主要包括在市场关系中所体现不出来的一些外在成本和其他的一些成本。对于桥面板而言，其社会成本包括以下几部分：

(1) 用户耽搁成本。

(2) 由于空气污染而带来的相应的成本损失。

(3) 由于维修等工作的开展而带来的相应一些交通事故的成本。

考虑两类维修，即必要性维修和预防性维修，桥梁结构从服役寿命开始年到时刻 t (年)，各分支的检测和维修成本可用下式表示：

$$C_K = \sum_{i=1}^{N_{\text{insp}}} \frac{C^{(\text{insp})}}{(1+r_d)^{t_{\text{insp}}^{(i)}}} + \sum_{j=1}^{N_{\text{PM}}} \frac{C_j^{(\text{PM})}}{(1+r_d)^{t_{\text{PM}}^{(j)}}} + \sum_{j=1}^{N_{\text{EM}}} \frac{C_j^{(\text{EM})}}{(1+r_d)^{t_{\text{EM}}^{(j)}}} \tag{5.14}$$

式中，$C^{(\text{insp})}$—— 检查成本；

$C_j^{(\text{PM})}$—— 预防性维修成本；

$C_j^{(\text{EM})}$—— 必要性维修成本；

$t_{\text{insp}}^{(i)}$—— 第 i 次检查的时间；

$t_{\text{PM}}^{(j)}$—— 第 j 次进行预防性维修的时间；

$t_{\text{EM}}^{(j)}$—— 第 j 次进行必要性维修的时间；

r_d—— 年度成本折扣率。

当进行检测和维修计划的优化时，累计成本随时间的变化至关重要，类似于体系的预期年失效率，则体系的预期累计成本可由下式表示：

$$E[h_{\text{sys}(t)}] = \sum_{k=1}^{N_b} P(B_K) h_{\text{sys},k}(t) \tag{5.15}$$

式中，N_b——分支总数；

$h_{\text{sys},k}(t)$——k 个分支的年度失效概率。

5.3.2　桥梁全寿命周期维修成本优化决策

每种维修项目可能对应多种养护对策，应该采取何种养护对策，对结构实施维修优先，才能使得维修成本最少或者使维修效益最大等，为此，需应用排序和优化方法以帮助做出管理决策。决策是一种系统的过程或者方法，可以通过对系统当前所处状态的评估和未来发展进行分析、判断选择适当的系统对策，来最大限度地满足系统的要求。对桥梁系统而言，需要决策的是桥梁维修策略、计划以及资金分配。桥梁维修决策以桥梁的性能为基准，一个良好的性能预测模型是合理决策的基础和前提。决策与性能预测模型密切相关，只有在桥梁的性能达到了某一标准的时候，才能考虑与之适应的维修措施，采取维修措施之后，桥梁的性能及变化又直接影响了下次维修决策。

桥梁维修优化决策主要是确定全寿命周期内最优化的维修安排。所谓最优化指的是系统定义目标的最小化(成本等)或最大化(效益等)。目标最小化或最大化的函数称为目标函数。整个优化决策过程可以是无约束的，也可以是在给定资金约束或者期望桥梁结构性能约束下进行。为获得最优计划，优化决策模型需要桥梁性能预测和维修成本等模型的支撑。

优化过程既可以是主观判断的过程，也可以是自动执行预定义的过程。过去存在一个普遍的错误观点，就是优化只能是一个自动数学过程，不能包含任何工程或其他的边际判断。优化是数学与工程判断的结合，优化模型应能满足管理需要的同时，还能够对各种维修策略进行分析，并可比较各种策略之间的不同。决策的最终目标就是最大限度地满足系统定义的需求，对于某个特定的决策过程，具体目标可能有多种形式。通常来说，主要包括以下几类：

(1)净现值最大化。净现值最大化是应用范围最广的目标，为了达到这个目标，所有决策方案必须同时评估不同处治之间的净现值差异，确定净现值。效益一般指车辆运行费用(VOC)、旅行时间成本和交通事故成本等用户成本的节省或路面条件的改善，通常情况下，系统要求所有的效益和成本以货币的形式来进行衡量。

(2)为达到某一服务水平需要的最少资源。首先需要对“服务水平”有个明确的定义。桥梁系统中服务水平指的是一定的结构性能，如果各项决策都通过一定的形式与服务水平建立相互影响的一个关系，就可采用这种目标进行系统优化决策，事实上，这是在结构性能约束下的优化决策。

(3)给定资源确定达到的最高服务水平。实际上是资金约束下的优化决策问题，当地区的资源相对确定时，通常采用这种决策目标。总体上来说，决策优化方法分为静态优化和动态优化。静态优化主要是线性规划，应用较广的是整数规划方法；动态优化主要是动态规划法。

对于静态优化，在维修项目规划中，最常用的整数规划的决策变量定义为

$$X_{it}=\begin{cases}1, & \text{若}i\text{维修方案在}t\text{年进行}\\ 0, & \text{否}\end{cases} \tag{5.16}$$

优化目标是总效益最大或者要求达到使用性能水平的维修成本总额最小。如果以寿命周期内的总维修成本最小为优化目标，那么数学模型为

$$\min C=\sum_{i=1}^{n}\sum_{t=1}^{T^*}C_{it}\cdot X_{it} \tag{5.17}$$

式中，n—— 针对第i次维修所有考虑的方案数；

T^*—— 寿命周期(年)；

C_{it}—— 第 i 方案在 t 年实施的成本。

线性规划方法是建立在结构性能采用某一维修措施之后遵循确定的规律变化基础上的。结构的使用性能的预估常带有不确定性，未来的使用性能有可能会比预期的好，也有可能会比预期的差。分析期内的维修措施不一定会按预定时间、预定对策来实施，而应该根据未来使用性能的变化作出决策。动态决策模型可以较好地反映结构的上述特点，动态决策模型可采用动态规划法建立。

动态规划的基本构成主要包括：阶段、状态、决策变量、转移函数和递推关系。当分析结构维修的优化问题时，把每年看作一个阶段，按分析期划分阶段，在每一个阶段，选用使用性能指标来描述结构所处的状态，每一阶段的每一状态，可以有一组可能的维修方案。动态规划需要作出的决策是从其中选出最佳方案，转移函数则确定决策作出后结构如何向下一状态转移。转移函数通常有确定性和随机性两类，但由于结构使用性能变化的不确定性，可采用随机性转移函数，通常可以选用马尔可夫概率矩阵定义转移函数。

假设结构的寿命周期为 N 年，那么动态规划相应地可划分为 N 个阶段，结构的使用性能可以用条件等级指数SI来表示。对于每一种状态则可以采取相应的维修措施，那么结构在状态 i 采取第 k 种维修策略的成本是 C_{ik}，结构在采用对策 k 之后其状态由 i 转移到状态 j 的马尔可夫转移概率为 P_{ijk}，则优化的目标为分析期内使结构使用性能保持预定水平所需的成本最少。

分析过程从全寿命周期内的最后一年（N）开始，此阶段为0，第一步是计算 N 年中结构处于每一个状态的日常维修成本，对不能采取日常维修措施的状态，其日常维修费可以赋予一很大的值，来保证它不会作为成本最小的方案被选上，对于各个状态的其他可能采取的措施，也可以分别计算其费用。在第 N 年每一个状态的最佳对策可以由下式给出：

$$C^*_{i,N}=\min[C_{i1,N},C_{ik,N}] \tag{5.18}$$

式中，$C_{i1,N}$—— N 年 i 状态采用日常维修措施（$k=1$）的成本；

$C_{ik,N}$—— N 年 i 状态采用其他维修措施的成本。

依次地进入下阶段，也就是（$N-1$）、（$N-2$）$\cdots$ 年的成本计算以及相应的最优对策选择。对于$(N-n)$年，决策过程可以叙述为：在$(N-n)$年为状态 i 选择的维修对策应使下面的式子成本达到最小：

$$C^*_{i,N-n}=\min[C_{i1,N-n},C_{ik,N-n}] \tag{5.19}$$

式中，$C_{i1,N-n}$——日常维修成本。

桥梁维修的目的是延长桥梁使用寿命同时获得更大的经济社会效益，桥梁加固后不仅要满足可靠性方面的要求，而且还要在剩余使用寿命期内所创造的效益大于目标效益或者加固成本。一直以来，人们总是通过各种方法，在限定的时间内使得投资获得的利润最大化，也就是说投资最经济。在桥梁的全寿命周期内，维修安排的准则即满足全寿命周期内桥梁可靠性的要求，同时也要保证桥梁结构在全寿命周期内的维修成本最小。桥梁结构在其全寿命周期内优化目标可以表现为：

费用最小目标，即结构在满足一定可靠度条件下，全寿命周期内的成本最小，即

$$C \to \min C \tag{5.20}$$

维修成本最小目标，即结构在满足一定可靠度条件下，全寿命周期内的维修成本最小，预期的累计成本最小，即

$$C_k \to \min C_k \tag{5.21}$$

$$E(C_{\text{tot}}) \to \min E(C_{\text{tot}}) \tag{5.22}$$

式中，C_k—— 分支 k 的累计总成本；

$E(C_{\text{tot}})$—— 检测和维修预期的累计成本。

5.4 Pareto 双目标遗传算法

一个好的桥梁设计，在总体上应该要体现最大化效益、最小化成本的这一基本原则，所以在优化设计的本质上应该属于多目标优化问题。与单目标优化的不同之处在于，多目标优化问题的最优解集中的元素就全体目标来说往往不可比较，甚至对于一个目标的改善要以其他的目标性能下降作为代价，所以，多目标优化问题一般不存在唯一的一个最优解，而是存在着多个满意的解。遗传算法作为一种新的全局优化搜索算法，具有简单通用、鲁棒性强、适于并行处理等特点，求解最优化问题的计算效率比较高、适用范围比较广，在遗传算法基础上基于 Pareto 概念，增加群体排序、小生境技术、精英保存策略即可获得适于求解双目标优化问题的 Pareto 解集。在遗传算法的基础上，在两个目标函数预期年失效率和累计成本的基础上，获得 Pareto 桥梁最优检测和维修的时间。

5.4.1 遗传算法的工作原理

遗传算法(genetic algorithm，GA)是模拟达尔文的遗传选择和自然淘汰的生物进化过程的计算模型，是一种通过模拟自然进化过程搜索最优解的方法，它是由

美国 Michigan 大学 J.Holland 教授于 1975 年首先提出来的，并且出版了颇有影响的专著 *Adaptation in Natural and Artificial Systems*，J.Holland 教授所提出的 GA 通常为简单遗传算法(NSGA)。

遗传算法是从代表问题可能潜在的解集的一个种群(population)开始的，而一个种群可以由经过基因(gene)编码的一定数目的个体(individual)组成，每个个体实际上是染色体(chromosome)带有特征的实体，染色体作为遗传物质的主要承载体，即多个基因的集合，内部表现是某种基因组合，它决定了个体的形状的外部表现，如黑头发的特征是由染色体中控制这一特征的某种基因组合决定的。所以，在一开始需要实现从表现型到基因型的映射即编码工作。由于仿照基因编码的工作很复杂，往往需要进行简化，比如二进制编码，初代种群产生后，按照适者生存和优胜劣汰的原理，逐代(generation)演化产生出越来越好的近似解，在每一代，根据问题域中个体的适应度(fitness)大小来选择(selection)个体，并借助于自然遗传学的遗传算子(genetic operators)进行组合交叉(crossover)和变异(mutation)，产生出代表新的解集的种群。这个过程将导致像自然进化一样的后生代种群比前代更加适应于环境，末代种群中的最优个体经过解码(decoding)，可以作为问题近似最优解。图 5.12 给出了 GA 的基本流程图。

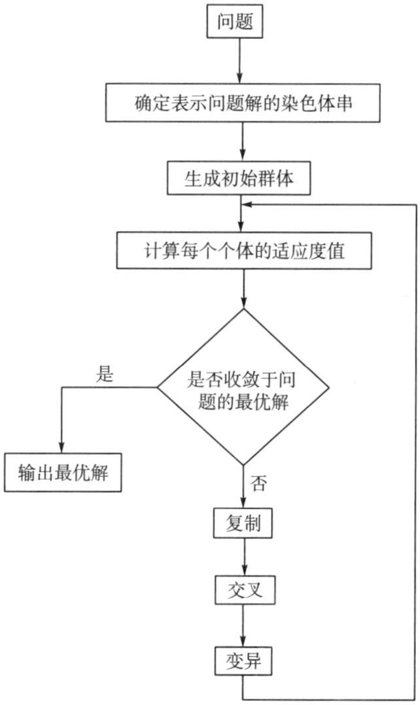

图 5.12　遗传算法的基本流程图

遗传算法是一类可用于复杂系统优化的具有鲁棒性的搜索算法，与传统的优化算法相比，主要有以下特点：

(1)遗传算法以决策变量的编码作为运算对象。传统的优化算法往往直接决策变量的实际值本身，而遗传算法处理决策变量的某种编码形式，可借鉴生物学中的染色体和基因的相关概念，可模仿自然界生物的遗传和进化机理，能够方便地应用遗传操作算子。

(2)遗传算法直接以适应度作为搜索信息，无需导数等其他辅助信息。

(3)遗传算法使用多个点的搜索信息，具有隐含并行性。

(4)遗传算法使用概率搜索技术，而非确定性规则。

遗传算法主要是借助于生物进化中“适者生存”的规律，模仿生物进化过程中的遗传繁殖的机制，对优化问题的解空间的每一个个体进行编码，然后再对编码后的优化问题进行组合划分，通过迭代从解中寻找含有最优解或者较优解的组合。根据目标函数构造的适应度函数是评判解个体优劣的唯一的标准，随机选取解空间的一个子集实施选择、杂交和变异等遗传操作，这是遗传算法的核心内容。遗传操作使得适应度高的解个体得到繁殖的机会多于适应度低的解个体的机会，而产生平均适应度高于旧群体平均适应度的新一代群体，通过对群体中一代一代的遗传迭代操作，使得群体以较大的概率包含并且留住问题的最优解。遗传算法借鉴了生物进化的一些主要特征，也采用了生物进化的一些基本用语。对于求函数极大值，设计变量为 $\boldsymbol{X}=(x_1,x_2,\cdots,x_n)^{\mathrm{T}}$，优化问题可表示如下：

$$\max f(X) \quad \text{s.t.}\ g(X)\leqslant 0, X\in R^n \tag{5.23}$$

式中，R^n 是 n 维欧式空间；$g(X)\leqslant 0$ 是约束条件；$f(X)$ 是目标函数。

5.4.2 Pareto 最优曲面

多目标优化问题不同于单个目标的优化，单个目标优化研究的是单个目标函数的机制问题，多目标优化则要同时优化多个可能相互冲突的目标函数。一般的多目标优化问题(multi-objective optimization problem，MOP)由一组目标函数和相关的一些约束组成，作如下描述：

$$\min f(x_i) \quad \text{s.t.}\ g_j(x_i)\leqslant 0,\ j=1,2,\cdots,p\ ;\ \ h_k(x_i)=0,\ k=1,2,\cdots,q \tag{5.24}$$

其中，$x_i(i=1,2,\cdots,n)$ 是决策变量；$g_j(x_i)$和$h_k(x_i)$ 分别为不等式约束和等式约束函数；$x_i\in R^n$，$g_j(x_i)\leqslant 0$，$h_k(x_i)=0$ 是问题的可行域，$f(x_i)$ 为目标函数。

对于多目标优化的问题，在多个子目标互相冲突的情况下，为提高其中的一个子目标函数结果，必然会降低另外一个或者几个子目标函数的结果，就是说要同时使得多个目标一起达到最优是不可能的，只能在它们中间进行一个协调，这种处理就是 Vilfredo Pareto 在 1896 年提出的 Pareto 最优解的概念。Pareto 最优解的定义如下：

对于 $x^* \in X$, 若不存在 $x_i \in X(x_i \neq x^*)$, 使得

$$f(x_i) \leqslant f(x^*) \tag{5.25}$$

成立，即不存在 x_i ，使得

$$f_i(x_i) \leqslant f_i(x^*) \tag{5.26}$$

对所有 $i = 1, 2, \cdots, n$ 成立，且其中至少有一个为严格不等式，则 x^* 为多目标优化问题的一个最优解(或者非劣解)。具体来说，在可行域 X 中找不到一个解 x_i 可以满足：x_i 对应的向量目标函数 $f(x_i)$ 中的每一个分量目标值都不比 $f(x^*)$ 中的相应值大，$f(x_i)$ 中至少有一个目标值要比 $f(x^*)$ 中相应值小。

如果将最优解定义中的条件稍微放宽，就可得到弱最优解的定义：对于 $x^* \in X$ ，若不存在 $x_i \in X(x_i \neq x^*)$, 使得

$$f_i(x_i) < f_i(x^*), \quad i = 1, 2, \cdots, n \tag{5.27}$$

成立，则称 x^* 为多目标优化问题的一个弱最优解，具体来说，在可行域 X 中找不到一个解 x_i ，使得向量目标函数 $f(x_i)$ 中的每一个目标的值都比 $f(x^*)$ 中的相应值小，最优解一定是弱最优解。

多目标优化问题如果存在最优解，往往存在无穷多个。由所有最优解构成的集合叫非劣最优解集，就是 Pareto 最优解集。Pareto 最优解集在目标空间上为连续或者分散的非劣最优解集。如图 5.13 所示为目标函数两种情况下的非劣解曲面，图中 $x_2, x_3, x_4, \cdots$ 为 Pareto 最优解。如何保证最优曲面距离真正的 Pareto 最优曲面最近、最优解的分布均匀且范围更广是求多目标优化问题的关键。

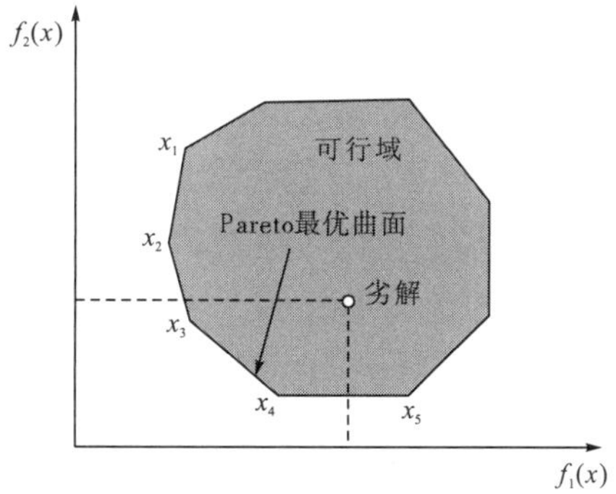

图 5.13　Pareto 非劣解曲面

在求解多目标优化问题时，Pareto 最优解集是无法直接应用的，决策者只能选择令其最满意的一个非劣解作为最终解。求最终解主要是求非劣解的生成法，即先求出大量的非劣解，构成非劣解的一个子集，然后按照决策者的意图找出最终解。

5.4.3 最优维修与MATLAB优化工具箱实现

优化设计是现代先进的设计方法，这种设计方法是把数学规划理论与计算方法应用于产品设计中，按照预定的目标，借助于计算机的运算寻求最优设计方案的有关参数，从而获得最好的技术经济效果。

优化设计反映出人们对于设计规律这一客观世界认识的深化。设计上的“最优值”是指一定条件影响下所能得到的最佳设计值。最优值是一个相对的概念，在大多数的情况下，可以用最大值或最小值来表示。

利用 MATLAB 优化工具箱(optimization toolbox)，可以求解线性规划、非线性规划和多目标规划问题。具体而言，包括线性、非线性最小化，最大最小化，二次规划问题，线性、非线性方程(组)的求解，线性、非线性的最小二乘问题。另外，该工具箱还提供了线性、非线性最小化，方程求解，曲线拟合，二次规划等问题中大型课题的求解方法，为优化方法在工程中的实际应用提供了更方便快捷的途径。

通常遇到的是目标函数最大化和最小化的问题，在对混凝土桥梁维修策略优化的研究中，在 MATLAB 中运用 fminimax 函数来计算，即目标函数最大值的最小化。比如在生活中，城市规划中需要确定急救中心、消防中心的位置，可取的目标函数应该是到所有地点最大距离的最小值，而不是到所有目的地的距离和为最小。基于预期年失效率和累计成本的混凝土桥梁维修策略优化，以体系的最大预期年失效率和检测、维修的累计成本最低作为目标函数，运用 MATLAB 优化工具箱中的 fminimax 函数来计算系统的检测和维修时间。预期年失效率由构件或者系统的维修分支的概率和维修分支的年失效率乘积之和求得，预期累计成本根据维修分支的概率和累计成本乘积之和求得，那么基于系统的预期年失效率和累计成本最低的检测、维修时间就可以用下面的优化问题描述。

已知：$t_{\text{tot}},N_{\text{insp}},g_i(t),C^{(\text{insp})},C_i^{(\text{PM})},C_i^{(\text{EM})}$

求解：

$$t_{\text{insp}}=\{t_{\text{insp}}^{(1)},\cdots,t_{\text{insp}}^{(N_{\text{insp}})}\}$$

数学模型：

$$\begin{cases} h_{\max} = \max\left\{E\left[h_{\mathrm{sys}}(t)\right]\right\} \\ E(C_{\mathrm{tot}}),\ 0 \leqslant t \leqslant t_{\mathrm{tot}} \end{cases}$$

约束条件：

$$t_{\mathrm{insp}}^{(k+1)} - t_{\mathrm{insp}}^{(k)} \geqslant \Delta T,\quad k = 1,\cdots,N_{\mathrm{insp}}$$

式中，t_{tot} 表示时间周期；N_{insp} 表示检测次数；$h_{\max}$ 表示最大预期年失效率；$g_i(t)$ 表示极限状态函数；ΔT 表示两次连续检测的间隔时间；$t_{\mathrm{insp}}^{(N_{\mathrm{insp}})}$ 表示第 N_{insp} 次检测的时间。

使用 MATLAB 优化工具箱中的 fminimax 求最大预期年失效率的极小值，计算出的结果和预期累计成本共同组成两个目标函数，在此基础上，运用 fmincon 函数，以最大预期年失效率和累计成本最低作为目标函数得出系统的检测和维修时间。编写 MATLAB 程序前需对系统的初始种群数、最大迭代数、变异概率进行拟定，所求出的检测和维修时间并不是只有一个解，而是有多个满意解，为 Pareto 最优维修解。

5.5　混凝土结构的不同失效准则

5.5.1　混凝土的碳化

混凝土的耐久性退化因素主要有混凝上的碳化、氯离子的侵蚀、碱-骨料反应、冻融循环破坏、硫酸盐侵蚀、钢筋锈蚀等。考虑的退化因素主要有碳化、氯离子侵蚀等因素造成的钢筋锈蚀以及混凝土的剥落。结构失效有以下三个过程：

(1) 混凝土碳化从开始到达钢筋表面；

(2) 氯离子浓度增加并且达到钢筋锈蚀的临界值；

(3) 钢筋锈蚀导致混凝土保护层出现裂纹，裂纹逐渐发展以致达到临界值。

环境中的二氧化碳和水泥中的水化产物发生了化学反应，可以得到碳酸钙或者其他物质，进而降低混凝土碱度的现象称为混凝土的碳化现象，广义上的碳化等同于中性化。

混凝土碳化的主要化学反应式如下：

$$\mathrm{Ca(OH)_2 + CO_2 \longrightarrow CaCO_3 + H_2O}$$

$$\mathrm{(3CaO \times 2SiO_2 \times 3H_2O) + 3CO_2 \longrightarrow (3CaCO_3 \times 2SiO_2 \times 3H_2O)}$$

$$\mathrm{3CaO \times SiO_2 + 3CO_2 + \gamma H_2O \longrightarrow SiO_2 \times \gamma H_2O + 3CaCO_3}$$

$$\mathrm{2CaO \times SiO_2 + 2CO_2 + \gamma H_2O \longrightarrow SiO_2 \times \gamma H_2O + 2CaCO_3}$$

尽管混凝土的碳化过程减小了混凝土的碱性程度，然而所含的关键物质碳酸钙是非溶性盐，想必原先的反应物体积增长了 17%，所以，碳化的物质将会把凝胶的缝隙与毛细的缝隙阻塞，使一些混凝土的强度和密实度增加，在相应的水平上阻止了二氧化碳与氧气往混凝土里面蔓延。混凝土碳化程度的关键因素有下面几种情况：

(1) 二氧化碳扩散速度；

(2) 混凝土中可碳化物质含量；

(3) 碳化反应速率。

对混凝土碳化的决定情况有：材料情况、环境情况和施工情况。混凝土的碳化模型主要是基于 Fick 扩散定律，混凝土碳化的深度与桥梁的服役时间有着密切的联系，一部分情况良好的混凝土服从正态分布。

含铁的成分在混凝土中要发生钝化情况；钢筋表面形成一层由 $n\mathrm{Fe}_2m\mathrm{H}_2\mathrm{O}$ 组成的钝化膜，使钢筋阳极受到抑制，阻止钢筋的电化学腐蚀，而钝化膜破坏的主要原因是混凝土的碳化(中和)作用。

混凝土的碳化使钢筋生锈的过程一般有三个阶段：一，初始期，这个时候 CO_2 等进入介质，尽管进入了混凝土，然而钢筋的钝化膜还没有破；二，扩散期，保护层整体碳化，氧气和水分进入钢筋的表面，钝化膜裂开，逐渐侵蚀，钢筋的表面并没有很明显减少；三，破坏期，锈蚀逐渐加深，钢筋受损严重，承载力下降。

因为与钢筋锈蚀的检测和试验有关的资料缺少，它的分析仍处在一个开始的阶段，可以用混凝土表面碳化来分析混凝土的性能。混凝土碳化深度是随时间增加的，可取达到设计基准期为 50a 时碳化深度作为作用效应随机变量。

混凝土碳化深度 x 为广义作用效应，为一随机变量，保护层厚度 c 为广义抗力，也是随机变量。规范规定的最小保护层厚度是其标准值，由前述混凝土碳化模型可得到混凝土结构碳化初始侵蚀可靠度功能函数 Z 。可靠度功能函数 Z 表示的物理意义如下所示：

$$Z\begin{cases} >0, & \text{表示}t\text{年时混凝土尚未碳化至钢筋表面} \\ =0, & \text{表示}t\text{年时混凝土碳化至钢筋表面} \\ <0, & \text{表示}t\text{年时混凝土结构钢筋应碳化已产生锈蚀} \end{cases} \tag{5.28}$$

由上式可知，当 $Z=0$ 时，混凝土结构中碳化第一阶段即终止，此时混凝土结构处于钢筋开始锈蚀的临界状态。当 $Z<0$ 时，因为混凝土结构碳化深度已经超过混凝土结构保护层厚度，钢筋开始产生锈蚀，混凝土结构的碳化即将进入第二阶段，即从钢筋开始锈蚀到保护层锈胀开裂为止阶段。

5.5.2　混凝土的氯离子侵蚀

氯离子侵蚀也是导致混凝土结构裂化的主要因素之一，混凝土中的氯离子的主要来源有两个，第一个来源是在制作混凝土的过程中原材料带来的氯离子，如早强剂与抗冻剂、氯化钠和氯化钙等物质，也包括海水里面很多氯盐的渗入。第二个来源是从外部环境渗入的氯离子，比如说海水溅湿海岸附近的混凝土结构，还有就是冬季为了除冰而撒的食盐里面含的氯化物。所以外来的氯离子接触到钢筋表面的时间和累积量是确定钢筋将要锈蚀的关键情况，同样是分析的关键。氯离子是经过混凝土里面的缝隙和微小的缝隙体系在周围的环境往混凝土的里面运输的。它的传递流程是一个极不简单的物理和化学过程，与很多原理有关。

氯离子产生的混凝土的钢筋侵蚀情况见图 5.14，大致分为四个层面来分析：

(1) 局部酸化作用，氯离子 (Cl^-) 与其他阴离子 (如 OH^- 、O^{2-}) 共存并竞相被吸附时，Cl^- 拥有先于其他物质的吸附能力，Cl^- 把钢筋的钝化表面附近部分酸化，让混凝土钢筋表层阳极周围的电解液的 pH 逐渐减小，这种情况下钝化膜会消失。

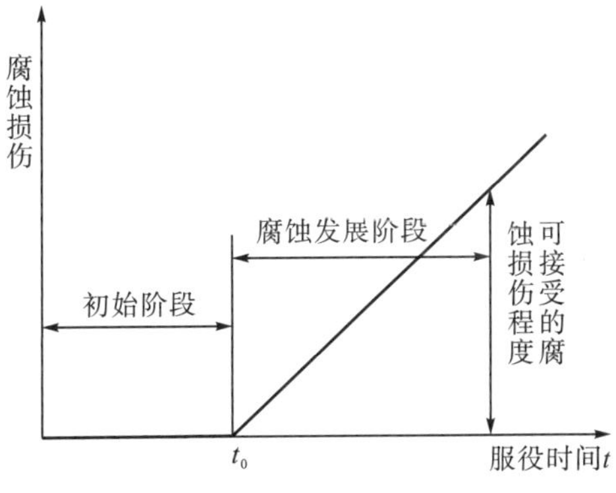

图 5.14　氯离子引起钢筋腐蚀过程

(2) 形成“活化-钝化”腐蚀原电池。氯离子颗粒小，活跃程度高，经常从钝化膜的缝隙进入进而把钝化膜冲破，与钢筋表面的金属离子发生化学反应，使钢筋裸露出来，这就是活化-钝化侵蚀电池阳极，没有冲破的面积大的区域是阴极。像此种情况，小阳极和大阴极的侵蚀电池决定了小孔腐蚀，钢筋出现坑蚀现象。

(3) 催化剂作用。通过氯离子的催化效应，混凝土钢筋表层锈蚀的微小阳极堆积物将会被及时清除，提高了混凝土钢筋侵蚀的速度。因为氯离子在这个过程中不会消失，反而是来回地存在，所以这个过程一旦发生，将会极不容易挽救。

(4) 降低混凝土电阻作用。含有氯离子的物质进入混凝土以后，里面的钠离子、钙离子和氯离子会加入到混凝土的离子通电中去，减少钢筋表层微观侵蚀电池的阴极和阳极相互之间的电阻，增大了电池的速率，进而加速了钢筋电化学的过程。

通常条件下，氯离子进入混凝土中的钢筋的情况下，发生的腐蚀情况一般分为两个阶段，第一个阶段是钢筋锈蚀的诱发期，也就是氯离子通过钢筋混凝土的保护层，到了钢筋表层并且累积到了极限浓度这个阶段。一般条件下，氯离子腐蚀情况下，普遍可以认定混凝土没有裂开的氯离子扩散模型是

$$C_x=(C_s-C_0)\left[1-\mathrm{erf}\left(\frac{x}{2\sqrt{Dt}}\right)\right]+C_0 \tag{5.29}$$

式中，C_x —— t 时刻 x 处的浓度；

C_s —— 混凝土表面氯离子浓度；

C_0 —— 初始浓度；

D —— 氯离子扩散系数。

如果运用没有氯离子成分的材料时，能够确定 C_0 为零，公式可以写成：

$$C_x=C_s\left[1-\mathrm{erf}\left(\frac{x}{2\sqrt{Dt}}\right)\right] \tag{5.30}$$

当 t 时刻 x 处的浓度 C_x 达到临界氯离子浓度 C_{cr} 时，根据上面的公式得出钢筋腐蚀的开始时间 t_0，也就是氯离子腐蚀的诱发期：

$$t_0=\frac{x^2}{4D}\left[\mathrm{erf}^{-1}\left(1-\frac{C_{cr}}{C_s}\right)\right]^{-2} \tag{5.31}$$

从以上分析可知，氯离子的扩散系数 D 是表示混凝土抵制氯化物进入的关键因素，混凝土的抗渗性与此有莫大的关系。氯离子在混凝土里的侵蚀与很多条件有关，例如水灰比、水泥的种类、碱骨料的级别、外加剂类别和加入量、养护情况、裸露时间、环境温湿度等。

由于氯离子的侵蚀，钢筋混凝土的耐久性将会降低，它的可靠度同样会递减。如果可靠度小于规定的可靠度时，能够确定这个混凝土结构的状态达到了极限状态。对钢筋混凝土的可靠度剖析时，通常运用平常利用的极限状态与承载荷载的极限状态来解释结构的工作情况。氯离子侵蚀致使的失效状态，同样能够用平常利用的极限状态与承载荷载的极限状态来解释结构的工作情况。

由氯离子侵蚀的相关机理和氯离子侵蚀的扩散模型可以得到混凝土结构氯离子初始侵蚀的可靠极限状态。对于氯离子侵蚀混凝土结构，定义 $R=X$（保护层厚

度)，$S=2\mathrm{erf}^{-1}\left(1-\frac{C_{\mathrm{cr}}}{C_{\mathrm{s}}}\right)\sqrt{Dt}$，则氯离子侵蚀混凝土结构的正常使用耐久性极限状态方程可以写为

$$Z=R-S=X-2\mathrm{erf}^{-1}\left(1-\frac{C_{\mathrm{cr}}}{C_{\mathrm{s}}}\right)\sqrt{Dt} \tag{5.32}$$

式中，X —— 钢筋混凝土结构的保护层厚度；

C_{s} —— 混凝土表面氯离子浓度；

D —— 氯离子扩散系数；

$\mathrm{erf}(\cdot)$ —— 误差函数。其中，$\mathrm{erf}(u)=1-\frac{2}{\sqrt{\pi}}\int_0^u \mathrm{e}^{-t^2}\mathrm{d}t$。

极限状态公式所表示的可靠度函数 Z 表示的物理意义如下所示：

$$Z\begin{cases}>0, & \text{表示}t\text{年时混凝土结构钢筋表面氯离子浓度尚未达到氯离子临界浓度}\\ =0, & \text{表示}t\text{年时混凝土结构钢筋表面氯离子浓度即将达到氯离子临界浓度}\\ <0, & \text{表示}t\text{年时混凝土结构钢筋表面氯离子浓度超过氯离子临界浓度}\end{cases}$$

由上面式子的物理意义可以知道，当 $Z=0$ 时，混凝土结构中氯离子侵蚀第一阶段即终止，此时混凝土结构处于钢筋开始锈蚀的临界状态。如果 $Z<0$，由于钢筋表层的氯离子浓度大于临界浓度，所以混凝土钢筋会锈蚀，氯离子的侵蚀将会到第二个阶段，即将从钢筋开始锈蚀到保护层锈胀开裂为止阶段。其失效概率为

$$\rho_{\text{失效}}=\rho_{\mathrm{f}}=\rho\left\{X-2\,\mathrm{erf}^{-1}\left(1-\frac{C_{\mathrm{cr}}}{C_{\mathrm{s}}}\right)\sqrt{Dt}<0\right\}<\rho_{\text{目标}} \tag{5.33}$$

当 R、S 均服从正态分布时，Z 也为正态分布，即

$$\mu_Z=\mu_R-\mu_S,\quad \sigma_Z=\sqrt{\sigma_R^2+\sigma_S^2} \tag{5.34}$$

在正态分布的情况下，失效概率可以表示为

$$\rho_{\mathrm{f}}=\Phi(-\mu_Z/\sigma_Z)=\Phi(-\beta) \tag{5.35}$$

β 是耐久性可靠度指标，这就要求可靠度指标 β 应高于根据结构安全水准规定的能够承担的最小可靠水准。根据氯离子的侵蚀使钢筋最先锈蚀与锈蚀使混凝土开裂的情况，混凝土出现坍塌的失效情况的时间比较长，进而荷载效应的时间也很长，所以，相对应的可靠度指标将会降低，失效概率将会提高。

5.5.3　钢筋锈蚀导致混凝土保护层开裂

钢筋锈蚀是一个很复杂的化学过程，引起混凝土钢筋锈蚀的主要因素有：混凝土保护层碳化到一定的程度，以及氯离子浓度和氧分子浓度的含量达到某一阈

值。混凝土裂缝也会导致钢筋在局部锈蚀时间的提前和加剧。

混凝土结构的保护层碳化完以后，钢筋就开始锈蚀。在混凝土的强碱环境中，钢筋表面生成一种非常致密的稳定氧化膜(钝化膜，保护钢筋免于生锈)。但大气中的二氧化碳通过混凝土的孔隙溶解于毛细管中的液相，并与水泥水化产生的碱性物质反应，得到中性的$CaCO_3$，降低了混凝土的碱性的含量，合适的条件下将会出现生锈的现象。这就是碳化作用对混凝土结构钢筋锈蚀的影响。

钢筋锈蚀的关键因素是氯离子进入混凝土，导致钢筋去钝和钢筋锈蚀的主要作用是氯离子进入混凝土中。氯离子存在的情况下对混凝土的损伤要大于混凝土碳化的作用，由于氯离子对于钢筋是很强的活化剂，水泥流出的液体中，它的 pH 还是很高，只要有 4～6mg / L 浓度的氯离子，就足以破坏钢筋的钝化膜。氯离子的另一个作用是为钢筋的腐蚀形成了电池作用，首先氯离子浓度高的地方和钝化膜稀少的地方容易遭到氯离子的破坏，使这些地方露出了钢筋，在与钝化膜之间形成电压差的条件下，混凝土里面含有水分，水中包含了多种的杂物质和气体从而构成了电解质，露出的钢筋成了阳极受到了腐化，大面积的钝化膜区域作为阴极。

混凝土中钢筋锈蚀的基本原理是电化学腐蚀。由于钢筋表面以及混凝土内部电化学的不均匀性，在含铁的表层形成电压差，经常的情况是出现的地方是氯离子聚积的地方和混凝土碳化脱钝的地方。铁的表面很容易发生氧化反应，铁元素容易失去电子e^-而形成铁离子Fe^{2+}，此过程称为阳极极化。阳极的周围，Fe^{2+}和OH^-容易成为很难溶解的 $Fe(OH)_2$，$Fe(OH)_2$进一步氧化形成 $Fe(OH)_3$。阴极区里，含铁的表层具有水与氧气这些氧化剂，阳极来的电子与它们要发生电子得失反应，生成OH^-，也就是还原反应。

阳极区里，由化学反应形成的$Fe(OH)_3$或者$Fe(OH)_2$和充足的水与氧气还要更进一步氧化和吸水体积增大，体积增大的系数随铁的氧化严重程度增大而提高，最高大约有 7 倍。混凝土钢筋的顺筋产生裂缝是由钢筋腐蚀后的物质直接导致的。

钢筋锈蚀导致混凝土结构的开裂关键含有三个阶段。第一个阶段是结构建好到钢筋开始锈蚀；第二阶段为钢筋开始锈蚀到混凝土保护层开始有沿钢筋的纵向裂纹；第三阶段为保护层纵向开裂到结构破坏到不可恢复的水准。从分析混凝土结构的碳化模型和可靠度分析以及分析混凝土结构的氯离子侵蚀的扩散模型和可靠度分析，可以逐步分析混凝土结构钢筋锈蚀的预测模型、极限状态和可靠度。

水灰比，混凝土的电阻率，含铁的表层氯离子浓度，环境的温度和湿度，混凝土的保护层厚度与混凝土荷载，可以影响氯离子侵蚀钢筋发生锈蚀。则有

$$C = C_0 + (C_s + C_0)\left[1 - \mathrm{erf}\left(\frac{C}{2\sqrt{\frac{f(\delta)D_0 t_0^{\alpha}}{1-\alpha} t^{1-\alpha}}}\right)\right] \tag{5.36}$$

式中，C_0 —— 混凝土内初始氯离子浓度；

D_0 —— 暴露于氯盐某一基准时间 t_0 后的氯离子扩散系数；

α —— 与混凝土水灰比和矿物掺和料种类以及掺量等有关的系数；

$f(\delta)$ —— 荷载影响系数，反映了荷载水平的影响。

基于对碳化模型的研究可以提出关于钢筋锈蚀的理论预测模型，根据国内外研究的经验和数据可以得出钢筋锈蚀的理论模型：

$$i_A = a n_0 F D_0 \frac{C_{O_2}}{x} \cdot \frac{S_c}{S_A} \tag{5.37}$$

式中，i_A —— 阳极腐蚀电流密度；

a —— 氧气在水膜中的溶解度；

C_{O_2} —— 混凝土表面氧气的浓度；

F —— Fick 常数；

n_0 —— 阴极反应单位氧分子得电子数；

x —— 氧气的扩散路径；

$\frac{S_c}{S_A}$ —— 阴阳极面积比；

D_0 —— 氧气在混凝土中的有效扩散系数。

5.6　单构件的年失效率和预期年失效率计算

结构系统失效概率计算可分为串联系统失效概率计算、并联系统失效概率计算和混联系统失效概率计算。串联系统失效概率是多个失效模式和事件的概率，而并联系统的失效概率是由多个失效模式事件发生的概率。在一个结构系统中，往往一个结构系统会有多种失效模式，而有的失效模式的失效概率会比较低，对于整个结构系统来说，失效概率可以忽略。在计算单构件的年失效率及预期年失效率的基础上，分析年失效率，再对系统的年失效率和预期年失效率进行计算分析，确定最优维护。

5.6.1 维修事件树和维修概率的确定

维修事件树实际上是通过一定形式的树状结构，依据桥梁的等级等各种影响维修决策的因素，将维修工作不断地进行细化、分支，以便综合决策。维修事件树可以清楚地反映结构在全寿命周期内的一系列维修事件，决策者须确定在什么时候对结构采用何种维修策略，对结构进行检测和维修的时间及不同的维修所持续的时间则需要通过概率的分布得出。

维修时间的概率分布是在相对的时间轴上得出的，时间是通过一个相对的控制点来测量得出的，比如这次维修时间是通过上次的维修时间相对得出的，那么为了在维修方案优化及成本优化的决策中使用这些数据，这些相对时间需要转化成一个绝对时间，假如这些维修方案的顺序已知的话，则任意一个相关的维修方案的概率就可以通过使用联合分布函数转换成在绝对时间的相应概率。

对结构引入三种不同的维修策略的概率，即必要性维修概率(P_{EM})、预防性维修概率(P_{PM})、无维修概率(P_{NR})。Frangopol 认为对于构件采取何种维修策略，需要根据对构件进行的细部检测结果来定。定义构件进行检测后的面积为 A_i^{est}，当构件的面积小于等于采用必要性维修的极限值 $\delta_{EM,i}$（$A_i^{est} \leqslant \delta_{EM,i}$）时，应对构件进行必要性维修；当检测后的面积在进行必要性维修极限值 $\delta_{EM,i}$ 和预防性维修极限值 $\delta_{PM,i}$ 之间（$\delta_{EM,i} < A_i^{est} \leqslant \delta_{PM,i}$）时，应该对其采用预防性维修；当检测后的面积大于进行预防性维修的面积（$A_i^{est} > \delta_{PM,i}$）时，则可不采取任何维修策略。数学表达式如下：

$$P_{EM,i}(t) = \int_0^{\delta_{EM,i}} f_{R,i}(x,t)\mathrm{d}x \tag{5.38}$$

$$P_{PM,i}(t) = \int_{\delta_{EM,i}}^{\delta_{PM,i}} f_{R,i}(x,t)\mathrm{d}x \tag{5.39}$$

$$P_{NR,i}(t) = 1 - \left[P_{EM,i}(t) + P_{PM,i}(t)\right] \tag{5.40}$$

式中，$P_{EM,i}(t)$ —— 必要性维修的概率；

$P_{PM,i}(t)$ —— 预防性维修的概率；

$P_{NR,i}(t)$ —— 无维修的概率；

$\delta_{EM,i}$ —— 必要性维修极限值；

$\delta_{PM,i}$ —— 预防性维修极限值；

$f_{R,i}(x,t)$ ——概率密度函数，服从正态分布，可根据检测后的构件剩余容量采用不同的维修策略概率，如图 5.15 所示。

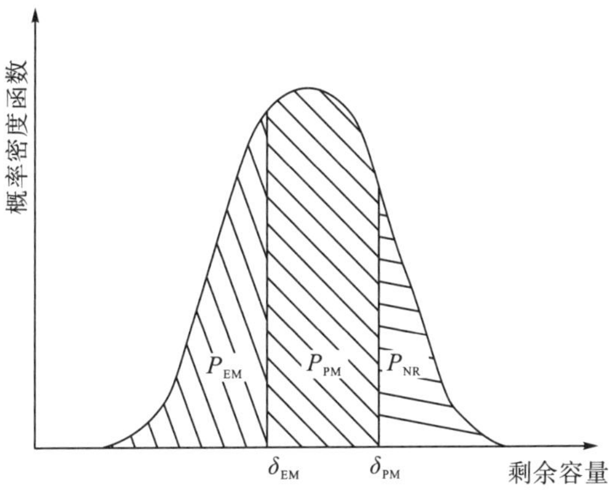

图 5.15　不同的维修策略概率

维修事件树能够比较直观地反映各种维修策略，便于掌握和理解，在一定程度上保证了生命周期成本的优化。在确定各种组合条件的维修的对策时，可以通过专家调查等方法，综合地考虑个人的经验，可很好地与人们主观经验相结合，所以事件树在桥梁全寿命成本优化中得到了广泛的应用。

5.6.2　年失效率和预期年失效率

对单构件的维修的类型有三种，即必要性维修、预防性维修和无维修。图 5.16 中表示在构件的整个寿命周期中，构件所有可能出现的维修事件的组合。对构件进行两次检测，检测时间分别在 $t=13$ 年和 $t=23$ 年，进行检测和维修的时间及这些事件持续的时间依靠不同的参数及自变量进行确定。对构件进行第一次检测后，构件在节点的末端有三个分支，即三种相应的维修策略。在第二次检测中，相应的有 9 个不同的维修分支和概率，分别对应 9 种不同的维修策略和概率。检查的精确度取为 $k_{\text{insp}}=1.3$（$k\geqslant1$，$k=1$ 为一次完美的检测，不出现任何误差），反映了构件在进行两次检测时所采用的维修策略。

每一个分支都有一个可能发生的概率，树状模型代表了所有可能发生的维护活动分支，所以有公式：

$$\sum_{k=1}^{N_b} P(B_k)=1 \tag{5.41}$$

式中，N_b —— 分支总数；

$P(B_k)$ —— 分支发生的概率。

一般情况下，确定一个结构体系总的分支数有公式如下：

$$N_b=(N_0)^{N_{\text{insp}}N_C} \tag{5.42}$$

式中，N_C—— 构件数；

N_0—— 维护方法数；

N_{insp}—— 检测次数。

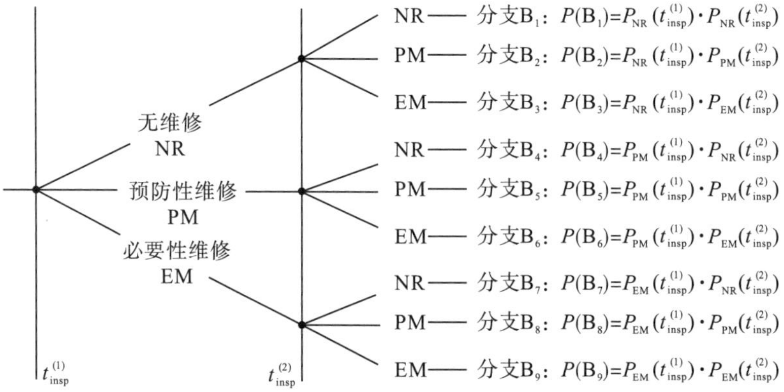

图 5.16　单一构件进行两次检测维修策略事件树模型

构件受到不确定因素的影响，性能随着时间的推移逐渐劣化，横截面面积逐渐减小，考虑构件受到不断增加的轴力和自身横截面面积减小的影响，其失效概率可以用下面的功能函数进行评估：

$$g(t)=A(t)f_y-L(t) \tag{5.43}$$

式中，$A(t)$—— 随时间变化的横截面面积；

$L(t)$—— 随时间变化的横向轴力；

f_y—— 材料的屈服应力。

$A(t),L(t)$ 分别服从高斯分布，构件材料的屈服应力服从一个带参数的对数正态分布。在这个构件的劣化模型中，横截面面积随时间的推移逐渐减小，而横向轴力随时间的推移相应地增加。假定横截面面积 $A(t)$ 为一个由均值 $\mu_A(t)$ 和标准差 $\sigma_A(t)$ 定义的随机变量，由下式表示：

$$\mu_A(t)=(1-\text{DR})^t A(0) \tag{5.44}$$

$$\sigma_A(t)=0.03(1+\text{DR})^t A(0) \tag{5.45}$$

式中，t—— 时间；

$A(0)$—— 构件的初始横截面面积；

DR —— 构件横截面面积退化率；

$\mu_A(t)$—— 随时间变化的横截面面积均值；

$\sigma_A(t)$—— 随时间变化的横截面面积标准差。

横向轴力 $L(t)$ 也为一个由均值 $\mu_L(t)$ 和标准差 $\sigma_L(t)$ 定义的随机变量；

$$\mu_L(t) = (1+l)^t L(0) \tag{5.46}$$

$$\sigma_L(t) = 0.05(1+l)^t L(0) \tag{5.47}$$

式中，$L(0)$ —— 构件的初始横向轴力；

l —— 构件横向轴力增加率；

$\mu_L(t)$ —— 随时间变化的横向轴力均值；

$\sigma_L(t)$ —— 随时间变化的横向轴力标准差。

对构件的年失效率和预期年失效率进行分析，定义构件全寿命周期的时间为 40 年，对构件进行必要性维修的极限值首先取 $\delta_{\rm EM} = 0.95A(0)$，进行预防性维修的极限值为 $\delta_{\rm PM} = 0.98A(0)$，定义构件极限状态函数的随机变量值如表 5.3 所示。

表 5.3　构件极限状态函数中的随机变量

变量	$A(0)$	DR	μ_{f_y}	COV(f_y)	$L(0)$	COV($L(t)$)	l
数值	3.0cm^2	2×10^{-3}	25MPa	0.04	60kN	0.05	0.2×10^{-3}

应注意将构件的屈服强度、荷载及构件的面积统一成一个量纲，再根据可靠度指标的定义式，将各随机变量代入可靠度计算公式，计算出构件的可靠度，然后计算出构件的年失效率。根据构件的年失效率数据，作出构件的年失效率图 5.17。

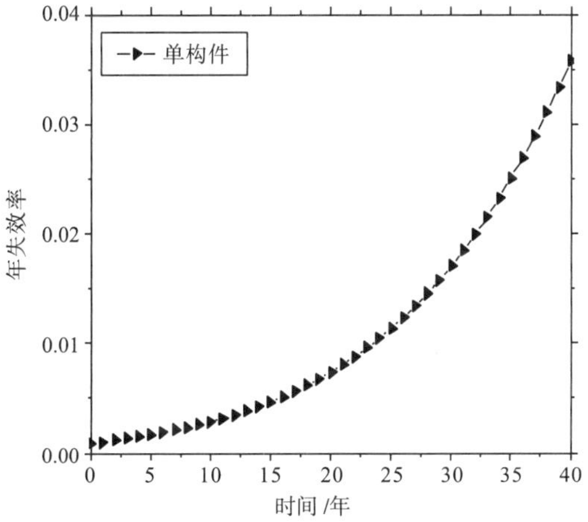

图 5.17　构件的年失效率

构件的年失效率随着时间的推移逐步增大，在 40a 时，年失效率达到最大，这表示构件在无维修状态下的年失效率。采用必要性维修可以使结构构件的性能回到初始服役时间的状态，采用预防性维修可以使结构构件在未来的一段时间（本例中取 4a）内保持一个相对稳定的状态。构件的横截面面积和横向轴力在$t=13\,\text{a}$和$t=23\,\text{a}$时的均值和方差见表 5.4。

表 5.4 随机变量 $A(t)$ 和 $L(t)$ 参数值

随机变量	$A(t)$		$L(t)$	
参数	μ	σ	μ	σ
t =13a	2.923	0.092	60.156	3.008
t =23a	2.865	0.094	60.277	3.014

为了说明必要性维修和预防性维修对构件年失效率的影响，分别取分支 B_1、B_5、B_9 来进行分析比较。B_1 为构件在无任何维修的情况下，B_5 为构件在预防性维修的情况下，B_1、B_5、B_9 分支的年失效率至关重要，因为构件在两次检测时，各维修分支都是由这三个分支相互组合而成的，三个分支的年失效率如图 5.18 所示。B_1 分支为两次检测中均无维修，B_5 分支为两次检测中采用预防性维修，B_9 为两次检测中采用必要性维修，各分支的年失效率在第一次检测后均发生了不同程度的变化。从 B_5 分支年失效率曲线趋势中不难得出，构件的性能在两次检测时间过后 4a 时间内维持了一个比较稳定的状态。B_9 分支在两次检测后采用必要性维修，使得构件的可靠性能在 13a、23a 的时候分别回到了初始的状态，年失效率相对于 B_1、B_5 来说，有较大的变化，因此采用必要性维修，构件的可靠性有了比较大的提升。图 5.18 可以表示一系列维修计划（必要性维修、预防性维修、无维修）对构件年失效率的影响。

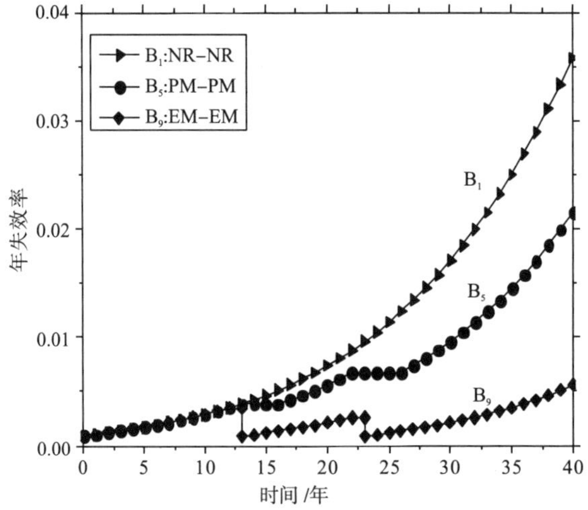

图 5.18 构件 B_1、B_5、B_9 分支的年失效率

采用极限状态函数和可靠度指标的计算公式，可分别求得构件失效概率 $P_{sys}(t)$、时间点失效概率 $TDP_{sys}(t_n)$，体系的幸存概率也可根据公式求得，最后计算出构件在某一年的年失效率，计算流程图可概括如图 5.19 所示。

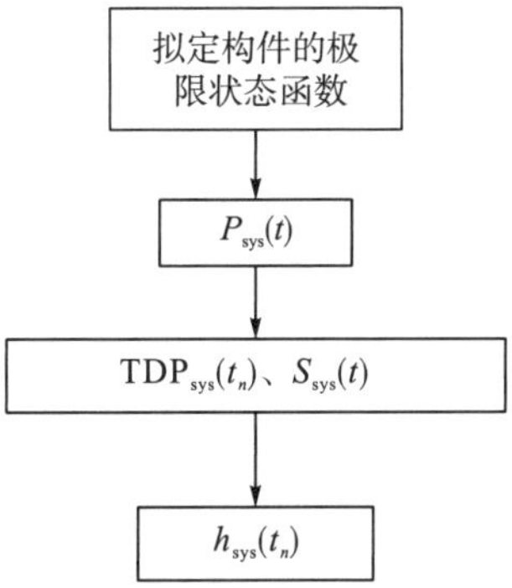

图 5.19　年失效率流程图

预期的年失效率为各分支年失效率与其相应的维修策略发生概率的总和，各构件采用何种维修策略是根据检测前预先定义进行不同维修的阈值来确定的。为研究不同的进行必要性维修的极限值 δ_{EM} 对构件的影响，分别定义三组阈值：

$$T_1:\delta_{EM,T_1}=0.95A(0);\ \delta_{PM}=0.98A(0)$$
$$T_2:\delta_{EM,T_2}=0.90A(0);\ \delta_{PM}=0.98A(0)$$
$$T_3:\delta_{EM,T_3}=0.85A(0);\ \delta_{PM}=0.98A(0)$$

运用 MATLAB 软件，计算出构件在 $t=13$a 和 $t=23$a 的不同阈值下无维修、预防性维修、必要性维修的概率，见表 5.5。

表 5.5　各维修策略概率

维修概率	检测时间 t=13a			检测时间 t=23a		
	T_1	T_2	T_3	T_1	T_2	T_3
P_{EM}	0.213	0.008	0.001	0.4366	0.0396	0.001
P_{PM}	0.359	0.565	0.574	0.351	0.749	0.787
P_{NR}	0.427	0.427	0.427	0.213	0.213	0.213

各分支的维修概率根据维修事件树可以求出，构件的预期年失效率为各分支的维修概率和分支的失效率之和，构件的预期年失效率见图 5.20。

T_1、T_2、T_3 对应三种不同进行必要性维修的阈值。图 5.20 中 T_1 的预期年失效率最低，在 23a 检测时变化较明显。T_1、T_2、T_3 中 T_1 的必要性维修的阈值最大，这相应地提高了必要性维修的概率，以使结构的性能显著提高，从而增加结构的可靠性，年失效率降低，故 T_1 的预期年失效率较低，结构的预期年失效率在两次检测中，都发生了变化，且在 23a 的时候变化相对来说较大。当对结构构件进行细部检测前，适当提高预先设定的进行必要性维修的阈值，可增加实施必要性维修的概率，降低构件的预期年失效率，增加结构的可靠性。

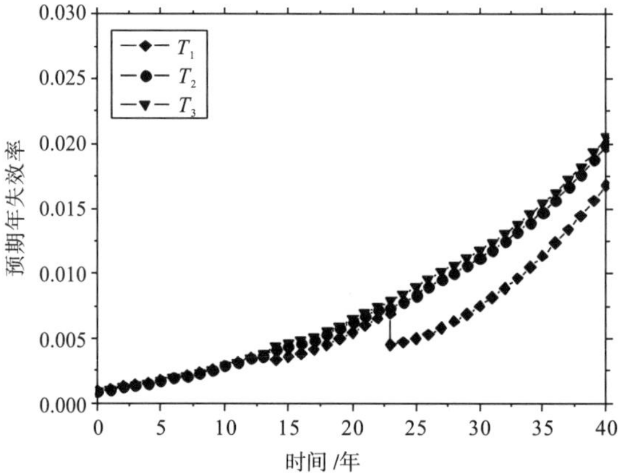

图 5.20　不同阈值组的预期年失效率

5.7　结构系统的年失效率和预期年失效率分析

5.7.1　串联、并联、混联系统模型及失效域

假设一个结构系统由 n 个构件相互组成，如果任一构件失效时，结构系统就失效，那么这种结构系统则称为串联系统，见图 5.21(a)；如果构件全部失效，结构系统才失效，则称这个结构系统为并联结构系统，见图 5.21(b)；如果结构系统由多个并联子系统串联而成，则称这种系统为混联系统，见图 5.21(c)。

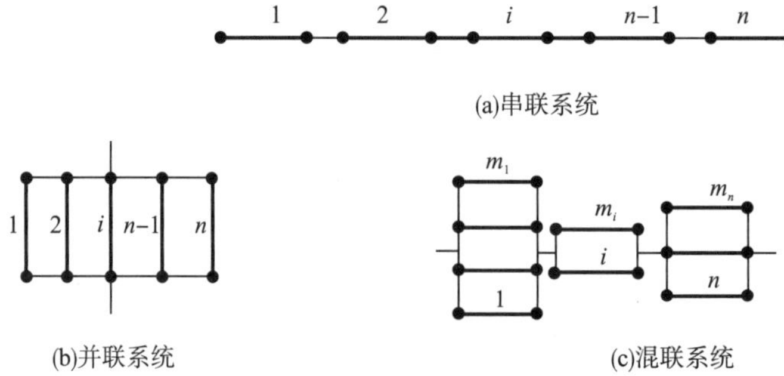

图 5.21　串联、并联、混联系统

串联系统的失效域是由所有构件的失效域组成的并集，系统的失效概率为

$$P_{f_n} = P\{(g_1(X)\leqslant 0)\cup(g_2(X)\leqslant 0)\cup\cdots\cup(g_n(X)\leqslant 0)\} = P\{\bigcup_{i=1}^{n}(g_i(X)\leqslant 0)\} \tag{5.48}$$

并联系统的失效域是由所有构件失效域组成的交集，则系统的失效概率为

$$P_{f_n} = P\{(g_1(X)\leqslant 0)\cap(g_2(X)\leqslant 0)\cap\cdots\cap(g_n(X)\leqslant 0)\} = P\{\bigcap_{i=1}^{n}(g_i(X)\leqslant 0)\} \tag{5.49}$$

混联系统的失效概率为

$$P_{f_n} = P\{\bigcup_{i=1}^{n}\bigcap_{j=1}^{m_i}(g_{ij}(X)\leqslant 0)\} \tag{5.50}$$

式中，n—— 并联子系统的数目；

m_i—— 第 i 个并联子系统的数目；

$g_{ij}(X)$—— 第 i 个系统的极限状态函数。

5.7.2　结构系统的年失效率和预期年失效率

为对不同配置系统的年失效率和预期年失效率进行分析，拟定由三个构件组成四种不同的配置系统，分别为构件 1、构件 2、构件 3 串联组成系统 A，构件 1、构件 2、构件 3 并联组成系统 B，构件 1、构件 2 并联和构件 3 串联组成系统 C，构件 1、构件 3 并联和构件 2 串联组成系统 D，系统 A 为串联，系统 B 为并联，系统 C、D 为混联，如图 5.22 所示。

(a)系统A(串联系统)

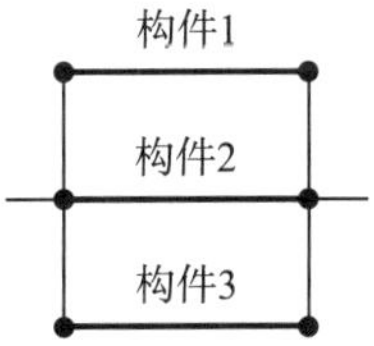

(b)系统B(并联系统)

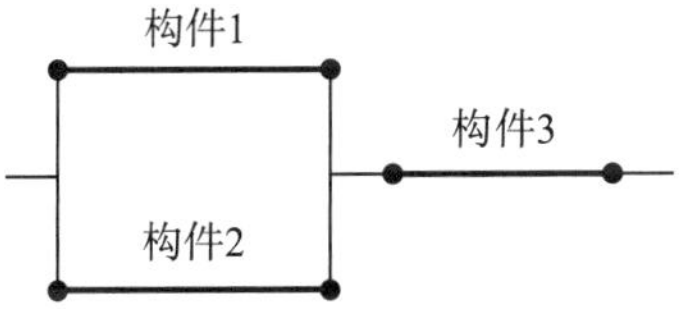

(c)系统C(混联系统)

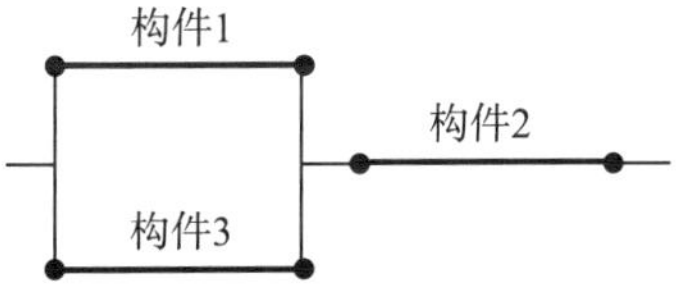

(d)系统D(混联系统)

图 5.22　三个构件组成的不同配置系统

为计算各配置系统的年失效率和预期年失效率，现将三个构件极限状态函数中的随机变量参数值取值，如表 5.6 所示。

表 5.6　构件极限状态函数随机变量的参数

变量	构件 1	构件 2	构件 3
$A_i(0)$ / cm^2	3.0	2.9	3.1
DR_i	2×10^{-3}	2×10^{-3}	2×10^{-3}
$\mu_{f_y}(t)$ / MPa	250	250	250
$\mathrm{COV}(f_y(t))$	0.04	0.04	0.04
$L_i(0)$	60	60	60
$\mathrm{COV}(L_i(t))$	0.05	0.05	0.05
l_i	0.2×10^{-3}	0.2×10^{-3}	0.2×10^{-3}

构件 1 的年失效率已经计算出，同样的构件 2、构件 3 的年失效率根据构件 1 的年失效率可以求出。应特别注意，系统 A 的失效概率为三个构件失效概率的和，系统 B 的失效概率为三个构件失效概率相乘，系统 C 的失效概率为构件 1 和构件 2 失效概率乘积再加上构件 3 的失效概率，系统 D 的失效概率为构件 1 和构件 3 的失效概率乘积再加上构件 2 的失效概率，计算出四个系统的年失效率，各构件、各系统的年失效率见图 5.23。

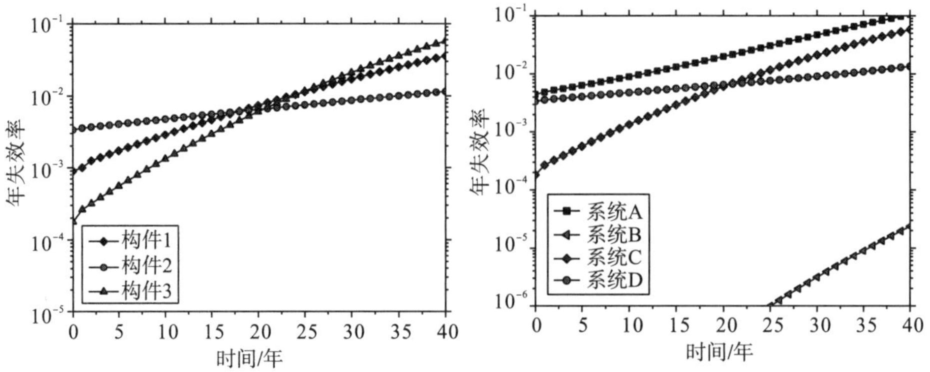

(a) 各构件的失效概率　　(b) 各系统的失效概率

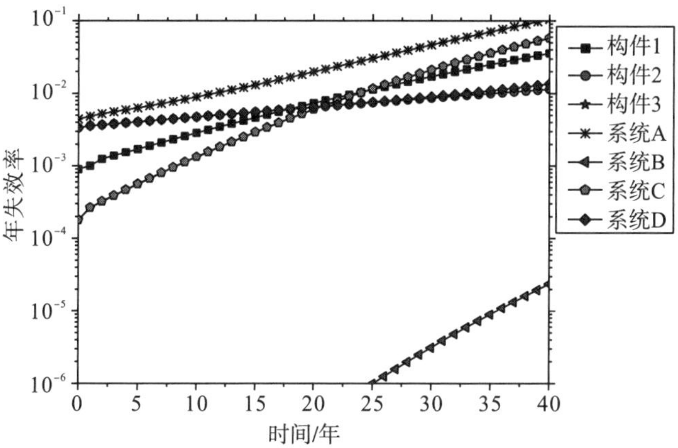

(c) 各构件与系统的失效概率

图 5.23　各构件和各配置系统的年失效率

图 5.23 中，(a) 中三个构件的年失效率随时间的推移不断增长，在服役时间达到 40 年时构件 3 的年失效率最高。图(b)中，系统 B 为并联系统，在 0 到 25 年时，年失效率 $h_{sys}(t_n)<10^{-6}$，对于整个体系的年失效率来说贡献很小，所以可忽略不计。图(b)中并联系统 B 的年失效率最小，串联系统 A 的年失效率最大，所以在四个系统中，最容易失效的是串联系统 A，最可靠的是并联系统 B。图(c)将 3 个构件和 4 个系统的年失效率进行比较，在 3 个构件和 4 个系统的年失效率中可见，系统 B 的年失效率最小，系统 A 的年失效率最大，系统 C 和构件 3、系统 D 和构件 2 年失效率的曲线图几乎是重合在一起的，而系统 C 和系统 D 均为混联系统，系统 C 的年失效率取决于构件 3，系统 D 的年失效率取决于构件 2，可见构件 3 和构件 2 对控制两个系统的年失效率至关重要。提升构件 3 和构件 2 的可靠性则可直接提高系统 C 和系统 D 的可靠性，降低系统的年失效率。在由多个构件组成的混联系统中，为提高体系的可靠性和减少成本，可集中注意力解决体系中处于关键位置的构件，对其采取不同的维修策略，提高其可靠性。

对于体系的不同分支的年失效率，在 $t=21$ 年时，对各系统的每个构件进行一次检测。每个构件有三种不同的维修方式(预防性维修、必要性维修、无维修)，则每个系统有 27 种不同维修活动的组合，维修活动的事件树模型如图 5.24 所示。

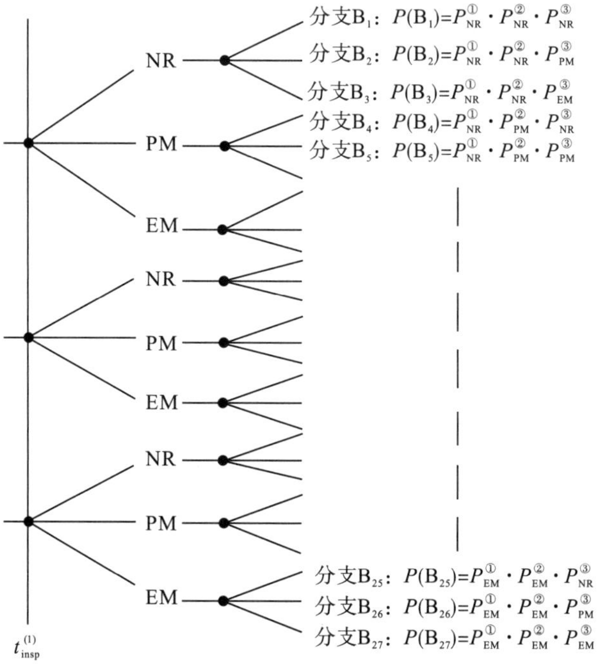

图 5.24 不同配置系统维修活动的事件树

各构件的极限状态函数中的随机变量在$t=21$年的均值、标准差如表5.7所示。

表 5.7 横截面面积和轴力的均值和标准差

变量	$A(t)$		$L(t)$	
参数值	$\mu_A(t)$	$\sigma_A(t)$	$\mu_L(t)$	$\sigma_L(t)$
构件 1	2.877	0.093	60.253	3.013
构件 2	2.870	0.088	60.253	3.013
构件 3	2.911	0.099	60.253	3.013

构件 1、构件 2、构件 3 对预防性维修、必要性维修和无维修的年失效率至关重要，因为各个系统的分支年失效率都是由各构件在三种维修策略下的年失效率组合而成的。可求得各构件在预防性维修、必要性维修、无维修策略下各自的年失效率，按照前面的维修事件树模型共组合成 27 个不同分支，每一个维修分支对应有不同的年失效率，分别作出各配置系统分支的年失效率图，如图 5.25 所示。

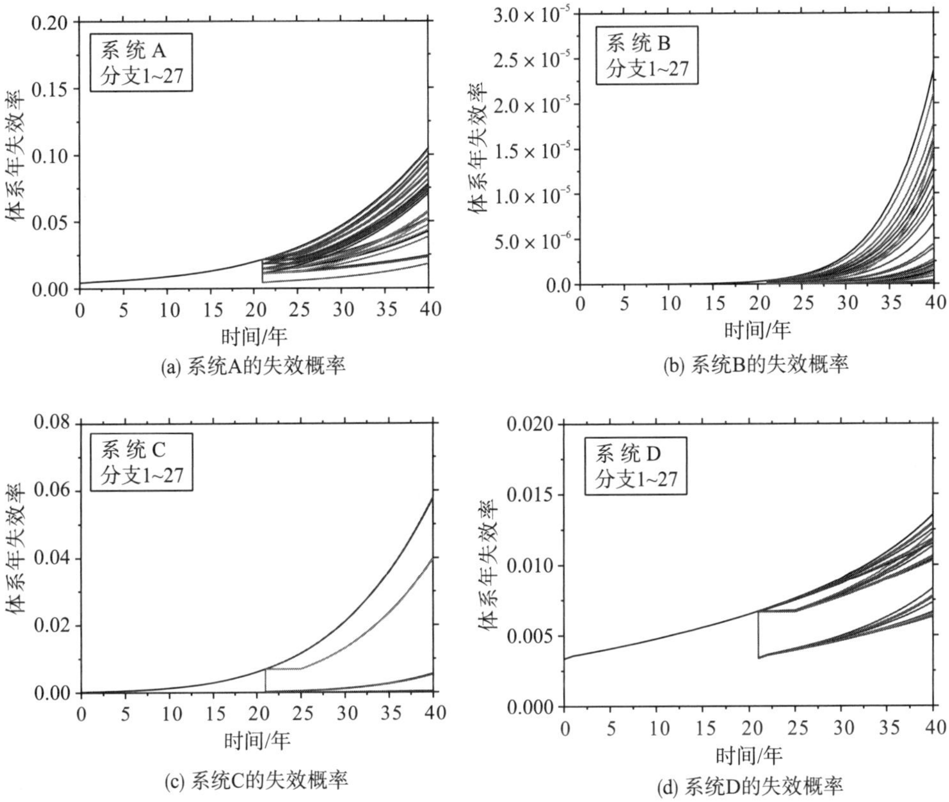

图 5.25　不同系统 27 个分支的体系年失效率

图 5.25 中，(a)、(b)为系统 A、系统 B 各分支的体系年失效率，在 $t=21$ 年对系统进行检测后，各分支的年失效率均有不同的变化，(a)与(b)图中难以区分各维修活动分支。(c)与(d)为系统 C、系统 D 各维修活动分支的年失效率，虽然系统 C 和系统 D 有 27 个不同维修活动的分支，但在两个系统中这 27 个分支的年失效率明显地形成了三种不同的组合线，从曲线图的规律中容易辨别各种维修组合，构件 3 和构件 2 各维修分支的年失效率见图 5.26。

图 5.26 中，(a)与(b)可看出虽然系统 C 和系统 D 共有 27 个不同的分支，在进行细部检测、维修后，依然容易辨别各分支起主导作用的维修计划。(a)和(b)分别为构件 3 和构件 2 三种不同维修活动分支的年失效率。进行维修后三种分支各自的年失效率各有较大的变化，预防性维修使得构件 3 和构件 2 在进行维修后 4 年内的可靠性能有一个比较稳定的状态，阻止了构件 3 和构件 2 进一步劣化。在系统 C 和系统 D 中，采用对构件 3 和构件 2 进行必要性维修时，可使两系统的可靠性回到初始性能。采用对构件 3 和构件 2 进行预防性维修时，系统的可靠性

能在进行维修 4 年内有一个比较稳定的性能。那么可以得出，在混联系统中，虽然分支数随构件数呈指数增加，但是在这两个混联系统中起主导、控制作用的构件是构件 3 和构件 2。构件 3 和构件 2 各维修分支的年失效率决定着整个系统的年失效率。在对系统 C 和系统 D 进行维修时，着重对构件 3 和构件 2 进行维修。在降低系统的年失效率时，对构件 3 和构件 2 采用不同的维修活动，降低或阻止构件 3 和构件 2 失效，从而优化系统的年失效率，提高系统的可靠性能。

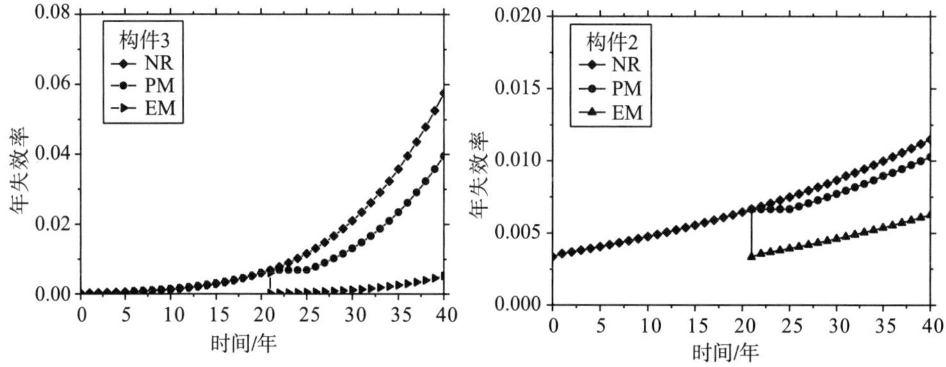

(a) 构件3的失效概率　(b)构件2的失效概率

图 5.26 构件 3 和构件 2 各维修分支的年失效率

在计算各配置系统的预期年失效率时，依然采用三组不同的 δ_{EM}。计算各系统的预期年失效率关键是求出各系统分支的维修概率及各分支的年失效率。构件 2 和构件 3 在预防性维修、必要性维修、无维修策略下的维修概率可分别在 MATLAB 中计算出。

对系统在 $t = 21$ 年时进行检查，由 MATLAB 计算出各构件在不同阈值 T 下的维修策略的概率，如表 5.8 所示。

表 5.8 不同阈值下各维修策略的概率

维修活动概率	T_1			T_2			T_3		
	构件 1	构件 2	构件 3	构件 1	构件 2	构件 3	构件 1	构件 2	构件 3
P_{EM}	0.3889	0.0480	0.0488	0.0300	0.0004	0.0004	0.0003	2.9×10^{-7}	3.0×10^{-7}
P_{PM}	0.3618	0.2050	0.2068	0.7210	0.2526	0.2556	0.7510	0.2530	0.2556
P_{NR}	0.2493	0.7470	0.7444	0.2493	0.7470	0.7440	0.2493	0.7470	0.7444

体系各分支的维修概率根据维修事件树模型可以分别求出，体系的预期年失效率为 27 个分支的概率与其相对应的年失效率总和。绘制出各系统在 T_1、T_2、T_3

不同 δ_{EM} 下的预期年失效率，如图 5.27 所示。

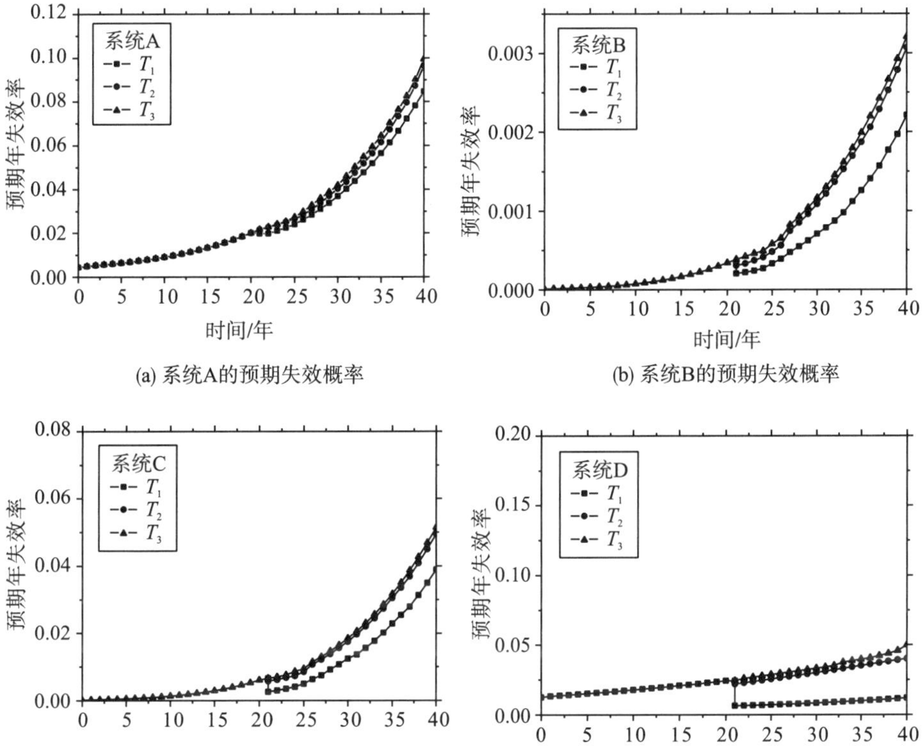

(a) 系统A的预期失效概率　　(b) 系统B的预期失效概率

(c) 系统C的预期失效概率　　(d) 系统D的预期失效概率

图 5.27　各系统在不同阈值下的预期年失效率

图 5.27 分别表示四个系统在不同 δ_{EM} 值下体系的预期年失效率。在各系统中，体系的预期年失效率在 T_1 下最低，这表明实施维修活动前，在固定进行预防性维修极限值 δ_{PM} 的情况下，适当提高用来调控进行必要性维修活动的阈值 δ_{EM}，可提高进行必要性维修的概率，减少体系的预期年失效率。

5.7.3　结构系统的预期年失效率和累计成本的维修优化

双目标优化程序可以用来决定在多构件组成的结构系统中，最优的检测和维修时间。目标函数分别为系统的最大预期年失效率和预期的累计成本。拟定一个对系统的观察时间 t_{tot}，对结构系统总的检测次数 N_{insp}，预防性维修成本（$C_i^{(PM)}$），必要性维修成本（$C_i^{(EM)}$），以及检测成本（$C^{(insp)}$），在这些假设的基础上，Pareto

最优维修可用下面的数学模型表示：

$$\min \begin{cases} f_1(t) = h_{\max} = \max\{E[h_{\text{sys}}(t)]\} \\ f_2(t) = E(C_{\text{tot}}) \end{cases} \quad (0 \leqslant t \leqslant t_{\text{tot}}) \tag{5.51}$$

$$t_{\text{insp}}^{(k+1)} - t_{\text{insp}}^{(k)} \geqslant \Delta T, \quad k = 1, \cdots, N_{\text{insp}} \tag{5.52}$$

式中，$h_{\max}$ —— 最大预期年失效率；

$E(C_{\text{tot}})$ —— 预期累计成本；

$t_{\text{insp}}^{(k)}$ —— k 次检测时间；

$t_{\text{insp}}^{(k+1)}$ —— $k+1$ 次检测时间；

ΔT —— 最小的两次连续检测的间隔时间。

对结构系统进行两次检测，第一次检测的时间为 t_1，第二次检测的时间为 t_2，最小的两次连续检测的间隔时间取 5 年，最大预期年失效率和累计成本由前面的 MATLAB 程序可以求出，不同于一般的函数，这两个目标函数并不是两个显示函数，使用 MATLAB 全局优化工具箱中的 fminmax 函数可以求出结构系统的最优检测和维修时间。

对于构件 1、构件 2、构件 3，假定进行检测的单位成本费用为 10C 元，预防性维修的单位成本费用为 100C 元，必要性维修的单位成本费用为 1000C 元，将构件的检测成本、预防性维修成本、必要性维修成本的比例设为 1∶10∶100，其中 C 为某一值。对每个系统计算最优检测和维修的时间，取初始种群数为 100，最大迭代次数为 200，变异概率为 0.05，得到四个系统的 Pareto 最优曲面图，如图 5.28 所示。

在四个系统中，存在着多个 Pareto 最优检测和维修时间，同时使得系统的最大预期年失效率和累计成本达到最小。四个系统中，如果固定预期的累积成本，各个系统的最大预期年失效率有不同的变化。系统 A 的最大预期年失效率比其他四个系统的预期年失效率大。预期年失效率是由维修分支的概率和维修分支的年失效率乘积而得，四个系统维修分支的概率都是相同的，所以预期年失效率的高低就取决于各系统维修分支的年失效率。系统 A 为串联系统，那么系统 A 的各分支的年失效率为各个构件分支的年失效率并集，所以相比于其他三个系统，系统 A 的最大预期年失效率较大。恰恰相反，系统 B 为并联系统，并联系统的年失效率为各构件分支的年失效率交集，年失效率在四个系统当中必定最小，所以系统 B 的最大预期年失效率较小。而系统 C、系统 D 同为混联系统，如果固定预期累计成本，各自的最大预期年失效率在图中就不容易区分了。

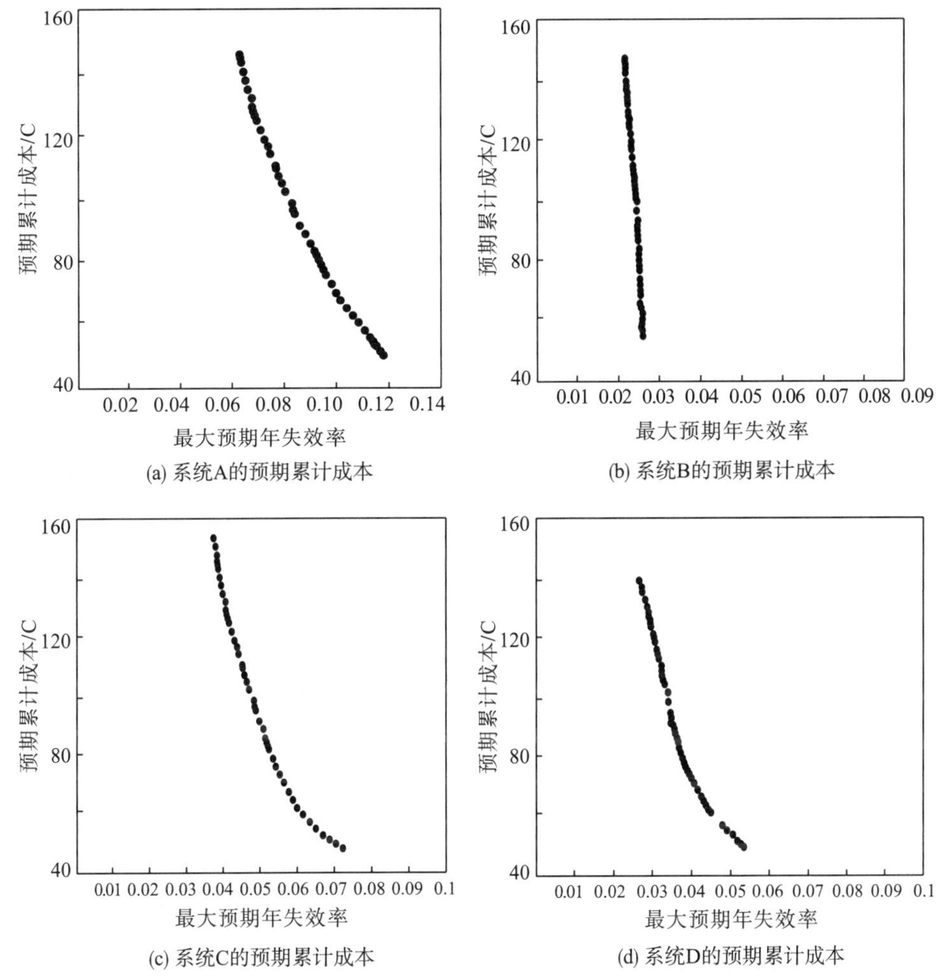

(a) 系统A的预期累计成本　(b) 系统B的预期累计成本

(c) 系统C的预期累计成本　(d) 系统D的预期累计成本

图 5.28　系统的最优曲面

接下来分析各个系统的预期累计成本，也就是说在四个系统中取相同的预期累计成本，来研究四个系统的最大预期年失效率减少的百分比，和预期累计成本的增长百分比。在四个系统中分别取 Pareto 最优检测和维修解，输出结果如下：

$$(t1,\ t2,\ f1(t),\ f2(t))=(11,\ 31,\ 4.58e\text{-}2,\ 105)$$

$$(t1,\ t2,\ f1(t),\ f2(t))=(23,\ 29,\ 1.23e\text{-}2,\ 105)$$

$$(t1,\ t2,\ f1(t),\ f2(t))=(18,\ 26,\ 2.67e\text{-}2,\ 105)$$

$$(t1,\ t2,\ f1(t),\ f2(t))=(25,\ 36,\ 2.13e\text{-}2,\ 105)$$

四种最优解对应的参数如表 5.9 所示。

表 5.9 各结构系统的最优检测和维修汇总表

系统	最优解	$t_{insp}^{(1)}$ /年	$t_{insp}^{(2)}$ /年	$\max\{E[h_{sys}(t)]\}/(年^{-1})$	$E(C_{tot})$
系统 A	X1	11	31	4.58e-2	105
系统 B	X2	23	29	1.23e-2	105
系统 C	X3	18	26	2.67e-2	105
系统 D	X4	25	36	2.13e-2	105

四个系统的最优解中，第二次检测时间都出现在 20 年之后，也就是说在系统的后半段全寿命周期中，两次连续检测的间隔时间由维修者进行预先假定，检测的间隔时间影响着最优解的结果。同样，检测成本、预防性维修成本、必要性维修成本也影响、制约着最优解的结果，维修者须根据成本对各参数进行定义，以取得较为满意的最优解。

在四个配置系统的 Pareto 最优前沿曲面中，相对应地都有一个最大的预期累计成本和最小的累计成本，那么累计成本增加的百分比用下面数学式来表达：

$$\Delta C = \left| \frac{\max[E(C_{tot})] - \min[E(C_{tot})]}{\min[E(C_{tot})]} \right| \tag{5.53}$$

式中，$[E(C_{tot})]$ 是预期累计成本；ΔC 是预期累计成本增加的百分比。

最大预期年失效率减少的百分比为

$$\Delta h = \left| \frac{\max(h_{max}) - \min(h_{max})}{\max(h_{max})} \right| \tag{5.54}$$

式中，h_{max} 为最大预期年失效率；Δh 为最大预期年失效率减少的百分比。

各系统的最大预期年失效率和预期累计成本的极值如表 5.10 所示。

表 5.10 最大预期年失效率和累计成本极值

系统	$\min[E(C_{tot})]$	$\max[E(C_{tot})]$	$\max(h_{max})$	$\min(h_{max})$
A	30	140	0.13	0.07
B	40	150	0.031	0.016
C	35	157	0.08	0.03
D	42	149	0.065	0.033

那么最大预期年失效率减少的百分比和累计成本增加的百分比如表 5.11 所示。

表 5.11　累计成本和最大预期年失效率百分比

系统	ΔC /%	Δh /%
A	367	46
B	275	48
C	349	63
D	255	49

系统 A 的 ΔC 在四个系统中最大，而 Δh 最小，系统 A 由三个构件串联而成，如果任何一个构件失效，那么整个系统就失效。要保证系统 A 的可靠性能，需对每个构件进行不同的维修，这就需要花费维修成本，所以 ΔC 在四个系统中最大。Δh 最小是由于系统 A 的年失效率相对较大，那么预期的年失效率就较大，这提高了最大预期年失效率的最大值，因此系统 A 的 Δh 表现为最小。相反的是，系统 C 的 Δh 最大，这是因为在三个构件中，构件 3 的年退化率最大，这在构件 3 的后半段全寿命周期当中，失效概率就相应最大。系统 C 的年失效率主要由构件 3 决定，Δh 变化较小，所以系统 C 的 Δh 最大。系统 D 的年失效率主要由构件 2 决定，但是构件 2 的年退化率较小，Δh 比系统 C 小。

参 考 文 献

陈君，2016. 基于预期年失效率和累计成本的混凝土桥梁维修策略优化分析[D]. 重庆：重庆交通大学

陈稳，2017. 基于不同失效准则的混凝土桥梁构件的最优维修时机研究[D]. 重庆：重庆交通大学

江伟，2016. 钢筋混凝土梁桥维修优化研究[D]. 重庆：重庆交通大学

李沙，2016. 基于概率的钢筋混凝土桥梁最优维修方案研究[D]. 重庆：重庆交通大学

刘扬，张建仁，2001. 钢筋混凝土桥梁服役期间的可靠度评价[J]. 中国公路学报，14(2)：61-65

牛荻涛，2003. 混凝土结构耐久性与寿命预测[M]. 北京：科学出版社

田浩，陈艾荣，陈亮，2011. 基于概率的退化钢筋混凝土桥梁加固措施优化[J]. 同济大学学报（自然科学版），39(12)：1732-1738

吴海军，2007. 桥梁结构耐久性设计方法研究[D]. 上海：同济大学

张宇贻，秦权，2001. 基于可靠度的混凝土桥梁构件最优检测维修规划[J]. 清华大学学报，12(41)：68-71

曾勇，于福，邹晓勇，等，2014. 桥梁失效成本组成的定量研究[J]. 重庆交通大学学报(自然科学版)，33(3): 32-37

曾勇，2009. 大跨度悬索桥设计寿命期内的监测、维护与管理策略研究[D]. 上海：同济大学

Barone G，Frangopol D M，2011. Reliability risk and lifetime distributions as performance indications for life-cycle maintenance of deteriorating structures[J]. Structure and Infrastructure Engineering，7(6)：389-413

Bocchini P, Frangopol D M, 2011. A stochastic computational framework for the joint transportation network fragility analysis and traffic flow distribution under extreme events[J]. Probabilistic Engineering Mechanics, 26(2): 182-193

Enright M P, Frangopol D M, 1999. Maintenance planning for deteriorating concrete bridges[J]. Journal of Structural Engineering, 125(12):1407-1414

Fiorillo G, Ghosn M, 2019. Risk-based importance factors for bridge networks under highway traffic loads[J]. Structure & Infrastructure Engineering, 15: 113-126

Frangopol D M, 2011. Life-cycle performance, management, and optimisation of structural systems under uncertainty: accomplishments and challenges[J]. Structure & Infrastructure Engineering, 7(6): 389-413

Frangopol D M, Dong Y, Sabatino S, 2017. Bridge life-cycle performance and cost: analysis, prediction, optimisation and decision-making[J]. Structure & Infrastructure Engineering, 13:1-19

Frangopol D M, Soliman M, 2016. Life-cycle of structural systems: recent achievements and future directions[J]. Structure & Infrastructure Engineering, 12: 1-20

Frangopol D M，1999. Life-cycle cost analysis for bridge[J]. Journal of Structural Engineering，66(6)：210-236

Frangopol D M，Lin K Y，1997. Life-cycle cost design of deteriorating structures[J]. Journal of Structural Engineering，36(10)：1390-1401

Kallen M J，van Noortwijk J M，2005. Optimal maintenance decisions under imperfect inspection[J]. Reliability Engineering and System Safety，90：177-185

Kong J S，Frangopol D M，2003. Life-cycle reliability-based maintenance cost optimization of deteriorating structures with emphasis on bridges[J]. Journal of Structural Engineering，129(6)：818-828

Li Y，2004. Effect of Spatial Variability on Maintenance and Repair Decisions for Concrete Structures[D]. Netherland：Technische Universiteit Delft

Liu L, Frangopol D M, Mondoro A, et al, 2018. Sustainability-informed bridge ranking under scour based on transportation network performance and multi-attribute utility[J]. Journal of Bridge Engineering, 23(10): 04018082

Mori Y, Ellingwood B R, 2006. Reliability assessment of RC walls degraded by aggressive operating environments[J]. Computer-Aided Civil and Infrastructure Engineering, 21(3): 157-170

van Noortwijk J M，Frangopol D M，2004. Two probabilistic life-cycle maintenance models for deteriorating civil infrastructures[J]. Probabilistic Engineering Mechanics，19(3)：345-359

第 6 章　钢筋混凝土梁桥维修优化

6.1　基于马尔可夫链与风险的维修优化

6.1.1　桥梁状况预测

在桥梁全寿命周期内，结构劣化是一个不可避免的过程，存在着大量的不确定性。桥梁结构的劣化预测关系到维护计划的制定，具有十分重要的意义。为了科学地确定维修方案和维修时机，维持桥梁可靠度和状况指标在可接受的水平，这就需要合理的桥梁结构劣化模型。

桥梁结构预测主要有两种方法：一种通过模拟结构各因素劣化的时变情况来预测结构的状态，这种方法需要科学的理论基础，难度系数和工作量都很大，因此现在还不够成熟。另一种是通过之前结构劣化的统计数据来预测结构将来的状态，这种方法是国内外常用的方法。

1. 人工智能模型

随着计算机技术的普及，人工智能模型应用得越来越广，充分利用计算机技术，使模拟过程智能化。人工智能系统分为专家系统和神经网络系统。专家系统有很大的主观局限性，因为专家根据经验给桥梁结构评分，充分利用的是自己的知识和积累，难免会有误差。人工神经网络发展迅速，在桥梁劣化的研究中得到较多的应用。

2. 确定性模型

用数学和统计的方法来描述结构的状态，主要分为直线外推预测法和回归分析预测法。直线外推预测法假设桥梁将来的外部条件与过去的外部条件一样。回归分析预测法是以回归分析为基础，收集大量的历史数据分析出桥梁技术状况与影响因子之间的统计拟合关系。

早期计算机技术不够成熟，应用也不普遍，所以确定性模型以其使用简单的优点得到了广泛的关注。然而，确定性模型忽略了在全寿命周期内的随机性对桥梁状态的影响，预测了桥梁结构的平均水平而忽略了每个桥梁结构个体的差异，也没有考虑各个构件退化机理之间的内在联系。

3. 概率性模型

将结构的退化过程看作成一个随机的变量，以便获取这一过程的概率性和不确定性。主要包括马尔可夫模型和灰色系统预测。状态转移概率矩阵是马尔可夫模型的关键，其意义是在一定时间段内，桥梁状态指标转移的概率。然而在一般的预测模型中，假定这个转移矩阵是不随桥龄而发生变化的。关于马尔可夫模型的研究，国外学者做了大量的工作。概率性模型基本是通过已有的数据来预测桥梁将来的状态，但是也存在很多局限。马尔可夫模型不能有效地考虑桥梁不同构件之间的退化机理，但马尔可夫模型的数据能方便地从桥梁检测数据中获取，在国内外得到了广泛的应用。

6.1.2 马尔可夫过程介绍

早在 20 世纪，俄国著名数学家马尔可夫(A.A.Markov)就提出了“马尔可夫过程”，它是全部随机过程的一个子集，适用于离散的随机过程。

其数学定义为：设 $\{X(t),\ t\in T\}$ 是一随机过程，如果对于时间 t 的任意 n 个值，$t_1<t_2<\cdots<t_n(n\geqslant 3)$，在 $X(t_i)=X_i, i=1,2,\cdots,n-1$ 的情况下，$X(t_n)$ 的分布函数恰好等于在 $X(t_{n-1})=X_{n-1}$ 的条件下 $X(t_n)$ 的分布函数，即满足式(6.1)：

$$\begin{aligned}&P\{X(t_n)\leqslant X_n|X(t_1)=X_1,X(t_2)=X_2,\cdots,X(t_{n-1})\leqslant X_{n-1}\}\\&=P\{X(t_n)\leqslant X_n|X(t_{n-1})\leqslant X_{n-1}\}\end{aligned}\tag{6.1}$$

则称随机过程 $X(t)$ 为马尔可夫过程。

假设随机过程 $\{X_n,n=0,1,2,3,\cdots,N\}$，若 X_n 只依赖于 X_{n-1} 而不依赖于 $X_{n-2},X_{n-3},\cdots,$ 即

$$\begin{aligned}&P\{X_n=j_n|X_{n-1}=j_{n-1},X_{n-2}=j_{n-2},\cdots,X_0=j_0\}\\&=P\{X_n=j_n|X_{n-1}=j_{n-1}\}\end{aligned}\tag{6.2}$$

上述就是离散状态及离散参数的马尔可夫过程，也叫马尔可夫链(Markov Chain)。马尔可夫链最关键的内容是状态转移矩阵，其可以假设为

$$\begin{cases}\boldsymbol{P}=\begin{bmatrix}p_{11} & \cdots & p_{1k}\\ \vdots & & \vdots\\ p_{k1} & \cdots & p_{kk}\end{bmatrix}\\ 0\leqslant p_{ij}\leqslant 1,\ i,j=1,2,\cdots,k, \text{且}\sum_{j=1}^{k}p_{ij}=1\end{cases}\tag{6.3}$$

式中，p_{ij}—— 状态 i 一步转移到状态 j 的概率。

对于 n 步转移概率，有：$P_n = P_{n-1} \cdot P = P_0 \cdot P^n$。

在实际运用马尔可夫理论来预测桥梁劣化时，往往有两个假设：

(1) 马尔可夫假设：以后桥梁的状态，只与现在有关，而与之前的桥梁状态无关。因此，不用知道这一时刻以前的桥梁状态，就可以估计出未来的桥梁状态。

(2) 稳定性假设：即状态转移概率矩阵是不随桥龄的增长而变化的。

6.1.3　马尔可夫预测模型的建立

1. 定义状态向量及主体空间状态

确定桥梁状态是定义马尔可夫链的前提。根据我国规范《公路桥涵养护规范》(JTG H11—2004)，桥梁评分将桥梁技术状况分为 5 类，在定义马尔可夫状态向量时，可以参考规范，将桥梁状态值也分为 5 类，如表 6.1 所示。

表 6.1　马尔可夫状态定义表

分类		一类	二类	三类	四类	五类
规范规定	评分	Dr≥88	60≤Dr<88	40≤Dr<60	Dr<40	
	状况描述	完好、良好状态	较好状态	较差状态	差的状态	危险状态
马尔可夫状态值		1	2	3	4	5

桥梁状态向量可以定义为 $\boldsymbol{P}_n = \{a_n, b_n, c_n, d_n, e_n\}$，其中 a_n, b_n, c_n, d_n, e_n 分别表示桥梁状态值为 1～5 的概率。对于新建桥梁，处于完好状态，其状态值为 1，状态向量可以表示为：$\boldsymbol{a}_0 = \{1,0,0,0,0\}$；对于已知状态值为 2 的桥梁，状态向量可表示为：$\boldsymbol{a}_0 = \{0,1,0,0,0\}$。

2. 状态转移概率矩阵计算

应用马尔可夫模型的关键是状态转移概率矩阵 $\boldsymbol{P}$ 的确定。国内外计算状态转移概率矩阵 $\boldsymbol{P}$ 常用的方法如表 6.2 所示。

表 6.2　计算状态转移概率矩阵 $\boldsymbol{P}$ 的方法

研究者	计算方法
Jiang 和 Sinha (1989)	动态马尔可夫模型
Cesare 等 (1992)	静态马尔可夫模型
吕颖超和贺拴海 (2005)	基于逆阵的改进的马尔可夫模型
耿波等 (2007)	基于灰色模型的改进的马尔可夫模型
季云峰 (2003)	基于统计转换频率的权马尔可夫模型

续表

研究者	计算方法
戴宇文(2004)	基于统计数据的齐次马尔可夫模型
陈晨(2002)	基于牛顿迭代法的马尔可夫模型

基于统计的状态转移概率矩阵的计算如下：

$$p_{ij} = \frac{n_{i,j}}{n_i} \tag{6.4}$$

式中，p_{ij}—— 状态i转移到状态j的概率；

n_i—— 状态i出现的次数；

$n_{i,j}$—— 状态i转移到状态j的次数。

3. 状态预测值计算

目前由状态概率分布向量计算状态值的方法有很多，常用的有加权平均法、模糊贴近度法、最大隶属度法等。其中最大隶属度法只重视最大值而忽略其他值的影响；模糊贴近度法工作量大，不便计算；而加权平均法通俗易懂、直观简单。下面介绍加权平均法。

桥梁n年后的状态转移概率分布向量计算如下：

$$\boldsymbol{P}_n = \{a_n, b_n, c_n, d_n, e_n\} = \boldsymbol{P}_0 \cdot \boldsymbol{P}^n = \{a_0, b_0, c_0, d_0, e_0\} \cdot \boldsymbol{P}^n \tag{6.5}$$

式中，$\{a_n, b_n, c_n, d_n, e_n\}$—— n年后的状态向量；

$\{a_0, b_0, c_0, d_0, e_0\}$—— 初始状态向量；

$\boldsymbol{P}$—— 转移概率矩阵。

利用加权平均法，则n年后的状态值V_n可表示为

$$V_n = a_n + 2b_n + 3c_n + 4d_n + 5e_n \tag{6.6}$$

假设某桥梁单片梁的状态转移概率矩阵为

$$\boldsymbol{P} = \begin{bmatrix} 0.96 & 0.04 & 0 & 0 & 0 \\ 0 & 0.92 & 0.08 & 0 & 0 \\ 0 & 0 & 0.88 & 0.12 & 0 \\ 0 & 0 & 0 & 0.84 & 0.16 \\ 0 & 0 & 0 & 0 & 1 \end{bmatrix}$$

对于新建桥梁，其初始状态向量$\boldsymbol{a}_0 = \{1,0,0,0,0\}$。经过30年，其状态向量为

$$\boldsymbol{a}_{30} = \boldsymbol{a}_0 \cdot \boldsymbol{P}^{30} = \{0.2939, 0.2119, 0.1515, 0.1074, 0.2353\}$$

按照加权平均法，根据式(6.6)可计算其状态值为

$$V_{30}=0.2939\times1+0.2119\times2+0.1515\times3+0.1074\times4+0.2353\times5=2.778$$

到第 30 年时，桥梁状态的预测值为 2.778，属于三类桥。同理，可预测该桥 70 年内的状态变化情况，如图 6.1 所示。其状态值大小在 70 年内不断地上升，到 70 年时其状态值为 4.45，属于四类桥。

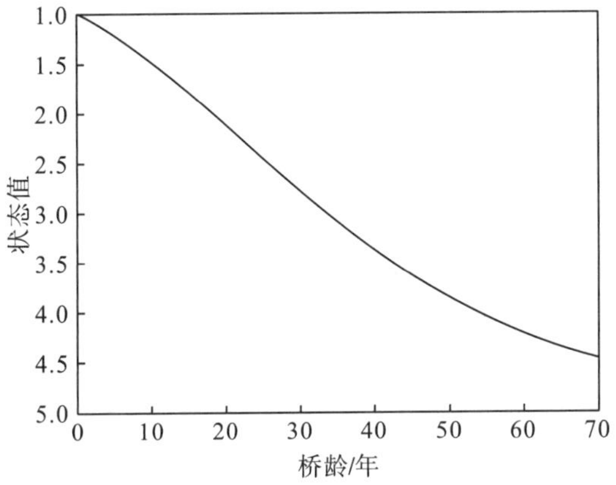

图 6.1　状态值预测

风险的性能指标，是基于桥梁构件与系统的失效概率考虑的。在全寿命周期下量化风险是一项艰巨的任务，包括对构件与系统的失效概率的估计，以及失效以后所带来的损失的量化。国外学者 Saydam 提出了基于桥梁上部构件的失效概率来评估整个桥梁系统在全寿命周期内的风险。风险的量化，可以由桥梁失效损失期望值这一具体数值来体现。基于马尔可夫链与风险的维修优化，就是通过马尔可夫链来预测桥梁的失效概率，然后量化失效风险。通过对比不同维修方案的维修成本现值与失效损失现值的期望值来选择合理的维修方案。

6.1.4　维修效果

桥梁构件在整个生命周期内要经历几个主要的维修活动，桥梁构件的寿命周期性能不仅仅取决于初期性能水平和退化的速率，而且与后期的维护类型和维修时机有关。当维修发生在某个特定的时间点时，就会在性能上有一个突然的提高。在传统的方法中，其中的性能指示(如可靠性指标、功能函数、条件状态)在不同的时间点是已知的，维护动作后的性能指标值可以很容易地估计出来。维护可以被描述为改变当前状态使其恢复到更好的活动。当马尔可夫链被用于评估构件未来的状态时，在特定的时间和条件下状态不是一定的，因此，用概率来表示。利用马尔可夫

链可以预测桥梁 n 年后的状态概率分布向量，见式(6.7)：

$$\boldsymbol{P}_n=\{a_n,b_n,c_n,d_n,e_n\}=\boldsymbol{P}_0\cdot\boldsymbol{P}^n=\{a_0,b_0,c_0,d_0,e_0\}\cdot\boldsymbol{P}^n \tag{6.7}$$

式中，a_n,b_n,c_n,d_n,e_n—— 桥梁或构件状态值处于 1、2、3、4、5 的概率。

维修效果可以用目标状态来表示，即提高构件状态值的概率。图 6.2 和图 6.3 分别是某构件无维修和有维修时的状态概率变化曲线，主要是通过马尔可夫链预测得到的。从图中可以看出，无维修时，构件状态值为 1 的概率随桥龄的增长在持续下降，而状态值为 5 的概率在逐渐增大。

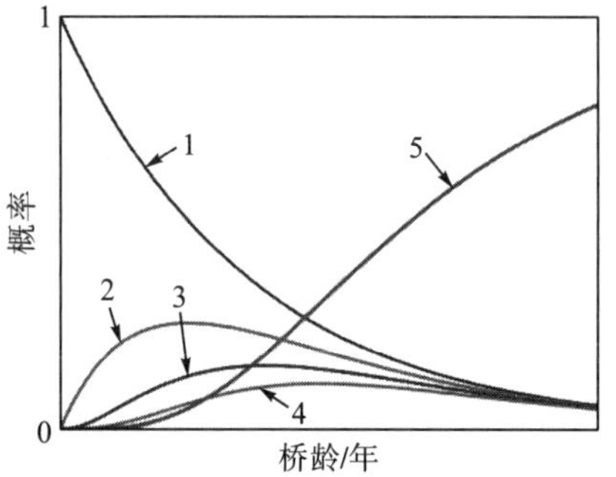

图 6.2　无维修时状态概率变化曲线

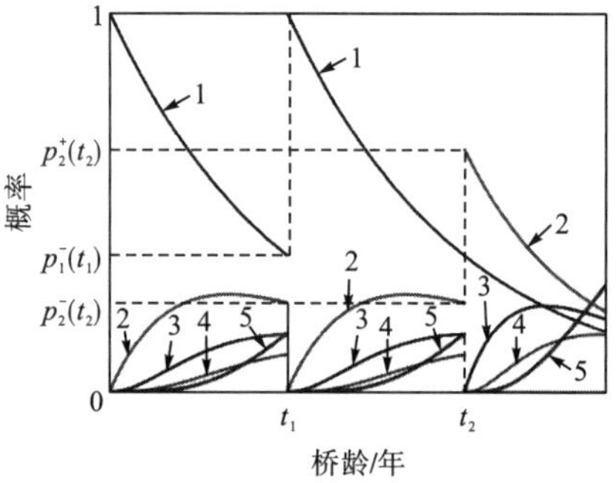

图 6.3　有维修时状态概率变化曲线

如图 6.3，在 t_1 时刻，施加第一次维修措施，目标状态 $m=1$，即让构件状态值为 1 的概率从 $p_1^-(t_1)$ 提高到 1，状态值在 1 以上的概率都变成 0；在 t_2 时刻，施加第二次维修措施，目标状态 $m=2$，即让构件状态值为 2 的概率从 $p_2^-(t_2)$ 提高到 $p_2^+(t_2)$，状态值在 2 以上的概率都变成 0，状态值在 2 以下的概率不变。

则维修后的状态向量根据目标状态的不同表达式也不一样，如式(6.8)：

$$\boldsymbol{S}^+(t)=\begin{cases}[1\ 0\ 0\ 0\ 0] & (m=1)\\ [p_1^-(t)\ \ 1-p_1^-(t)\ \ 0\ \ 0\ \ 0] & (m=2)\\ [p_1^-(t)\ \ p_2^-(t)\ \ 1-p_1^-(t)-p_2^-(t)\ \ 0\ \ 0] & (m=3)\\ [p_1^-(t)\ \ p_2^-(t)\ \ p_3^-(t)\ \ 1-p_1^-(t)-p_2^-(t)-p_3^-(t)\ \ 0] & (m=4)\\ [p_1^-(t)\ \ p_2^-(t)\ \ p_3^-(t)\ \ p_4^-(t)\ \ p_5^-(t)] & (m=5)\end{cases} \tag{6.8}$$

式中，$p_i^-(t)$—— t 时刻维修前构件状态值为 i 的概率；

m—— 目标状态，m=5 即不采取任何维修措施。

6.1.5　风险量化

构件的状态值不一样，其失效概率也不一样。国外文献研究了单片梁的失效概率 $P(\mathrm{CF}i)$ 与状态值 i 之间的关系随桥龄的变化，如图 6.4 所示。

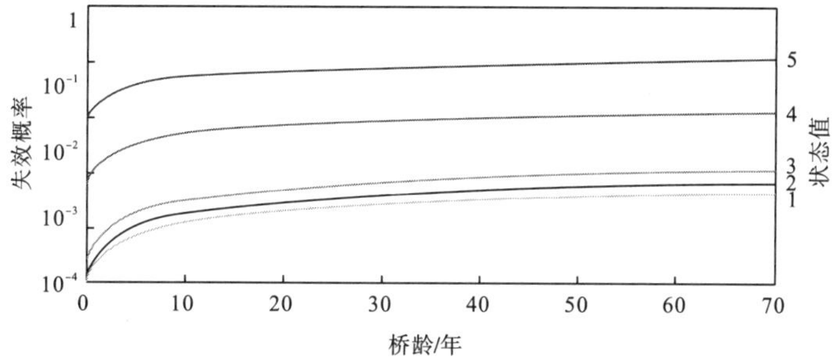

图 6.4　失效概率与状态值之间的关系随桥龄的变化曲线

(1) 根据构件的状态概率可以计算构件的失效概率，如式(6.9)：

$$P(\mathrm{CF}) = P(k=i) \cdot P(\mathrm{CF}i|k=i) \tag{6.9}$$

式中，$P(k=i)$ —— 第 k 个构件状态值是 i 的概率，维修前后的状态值概率是不一样的；

$P(\mathrm{CF}i|k=i)$ —— 第 k 个构件状态值是 i 时构件的失效概率。

(2) 构件失效引起的损失期望值：

$$\begin{aligned} L_k &= \sum_{i=1}^{5} P(\mathrm{CF}) \cdot \frac{C_k(t)}{(1+r)^t} \\ &= \sum_{i=1}^{5} P(k=i)(t) \cdot P(\mathrm{CF}i|k=i) \cdot \frac{C_k(t)}{(1+r)^t} \end{aligned} \tag{6.10}$$

式中，L_k —— 第 k 个构件失效引起的系统损失期望值；

$C_k(t)$ —— 第 k 个构件失效引起的损失。

(3) 系统的失效损失期望值：

$$L = \sum_{k=1}^{m} L_k \tag{6.11}$$

式中，L —— 系统的损失期望值；

m —— 构件总数。

6.1.6　维修成本计算

根据维修的目标状态不一样，可定义相应的维修成本矩阵 $\boldsymbol{W}$，如式(6.12)：

$$\boldsymbol{W} = \begin{bmatrix} 0 & 0 & 0 & 0 & 0 \\ c_{21} & 0 & 0 & 0 & 0 \\ c_{31} & c_{32} & 0 & 0 & 0 \\ c_{41} & c_{42} & c_{43} & 0 & 0 \\ c_{51} & c_{52} & c_{53} & c_{54} & 0 \end{bmatrix} \tag{6.12}$$

式中，c_{ij}—— 把构件的状态值从 i 提升到 j 所耗费的维修成本。

如果在 t 时刻采取某种措施提高构件的状态值，构件在维修前的状态概率可表示为：$\boldsymbol{P}_t=\left\{p_1^-,p_2^-,p_3^-,p_4^-,p_5^-\right\}$。则根据维修效果目标状态不一样，单构件的单次维修成本现值 C_i 的计算公式也不一样，如式(6.13)所示。m=5 即表示不采取任何维修措施。

$$C_i=\begin{cases}\dfrac{p_2^-\cdot c_{21}+p_3^-\cdot c_{31}+p_4^-\cdot c_{41}+p_5^-\cdot c_{51}}{(1+r)^t}, & m=1\\ \dfrac{p_3^-\cdot c_{32}+p_4^-\cdot c_{42}+p_5^-\cdot c_{52}}{(1+r)^t}, & m=2\\ \dfrac{p_4^-\cdot c_{43}+p_5^-\cdot c_{53}}{(1+r)^t}, & m=3\\ \dfrac{p_5^-\cdot c_{54}}{(1+r)^t}, & m=4\\ 0, & m=5\end{cases} \tag{6.13}$$

则系统总的维修成本现值可由下式计算：

$$C=\sum_{k=1}^{m}\sum_{i=1}^{z}C_{ki} \tag{6.14}$$

式中，z—— 构件维修的总次数；

m—— 构件总数。

不同的维修方案维修效果不一样，所带来的损失现值期望值和成本现值期望值也不一样。通过对比就可以找出各个维修方案的差异，确定更加合理的维修策略。

6.2 基于桥梁可靠度与状况指标的维修优化

6.2.1 桥梁劣化模型

钢筋混凝土桥梁的劣化存在大量的不确定性，包括混凝土的碳化和氯离子入侵引起的钢筋锈蚀。桥梁所处的环境千差万别，种类繁多，不同的结构形式存在着不同的劣化模型，准确地模拟桥梁的劣化模型是一个巨大的挑战。桥梁的性能可以用状况指标和可靠度指标体现。可靠度指标是结构承载力的一种体现，表征的是安全性，而状况指标表征的是结构的耐久性。国内外很多学者把状况劣化模型视为线性或非线性模型。Jiang 和 Sinha(1989)提出了混凝土桥梁上部结构的非线性状况劣化模型：

$$\mathrm{CS}(t) = 9.0 - 0.28877329t + 0.0093685t^2 - 0.00008877t^3 \tag{6.15}$$

式中，$\mathrm{CS}(t)$—— t 年时的状况值得分。

Jiang 和 Sinha(1989)采用统计回归理论得到了水泥混凝土桥面板的多项式确定性状况回归方程：

$$R = 9 - 0.3498t - 0.0104t^2 - 0.0001t^3 \tag{6.16}$$

式中，R—— 状况指标；

t—— 桥梁运营年限。

我国湖南大学邵旭东教授为了更加精确模拟高次非线性劣化模型，提出了非线性劣化的指数模型，如图 6.5 和式(6.17)所示。

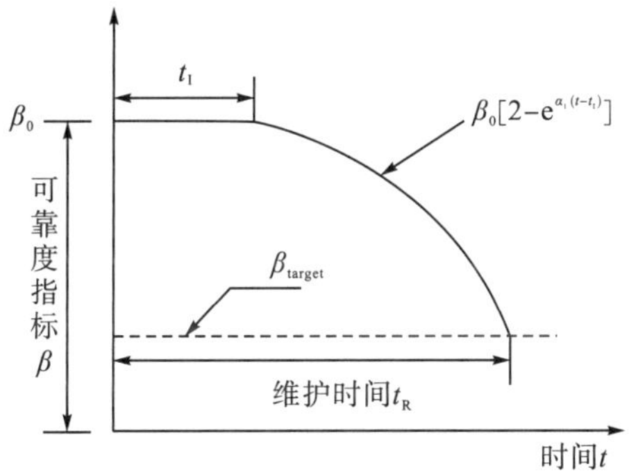

图 6.5　指数劣化模型

$$\beta(t)=\begin{cases}\beta_0, & 0 \leqslant t \leqslant t_{\mathrm{I}} \\ \beta_0\left[2-\mathrm{e}^{\alpha_1(t-t_1)}\right], & t > t_{\mathrm{I}}\end{cases} \tag{6.17}$$

式中，β_0—— 初始可靠度指标，服从对数正态分布；

t_{I}—— 初始劣化时间，服从对数正态分布；

α_1—— 劣化率参数，服从均匀分布。

对于劣化模型的参数，可以通过大量的桥梁统计数据获得，也可以通过计算或者专家经验确定。Hearn 等(1995)基于钢筋混凝土下部结构和钢筋混凝土桥面的研究成果，包括统计结果和专家经验，得出了如表 6.3 所示的状态劣化率。

由表可知：状态劣化率一般为 0.10 ～ 0.22a^{-1} 。所以，无预防维修时，若劣化率取 0.15a^{-1} ，则从“完好状态(9 分)”退化到“严重状态(3 分)”只需要 40 年，即需要重大维修。

表 6.3 钢筋混凝土下部构件和钢筋混凝土桥面劣化率研究结果

研究者及时间	基础	构件	劣化率/a^{-1}
Chen 和 Johnston，1987 年	统计数据	RC 下部构件	0.114
		RC 桥面	0.123
Stukhart，1991 年	专家	RC 下部构件	0.143
		RC 桥面	0.152
Abedalrahim 和 Johnston，1991 年	统计数据	RC 下部构件	0.119
		RC 桥面	0.104
James，1993 年	统计数据	RC 下部构件	0.219
		RC 桥面	0.21
Morrow 和 Johnston，1994 年	统计数据	RC 下部构件	0.119
		RC 桥面	0.111

维修优化的桥梁劣化模型将采用 Kong(2001)提出的包含三个随机变量的两阶段线性模型。哈尔滨工业大学的曹明兰(2007)曾经利用两阶段线性模型，建立了延迟重大维修时机的维修优化框架。

由于可靠度指标和状况指标都采用两阶段线性劣化模型，以可靠度指标 β 为例，建立桥梁劣化模型，将可靠度指标 β 替换状态指标，即可得到桥梁状况指标的劣化模型，所以不再赘述。见式(6.18)与图 6.6。

$$\beta(t)=\begin{cases}\beta_0, & 0\leqslant t\leqslant t_{\mathrm{I}}\\ \beta_0-\alpha(t-t_{\mathrm{I}}), & t>t_{\mathrm{I}}\end{cases} \tag{6.18}$$

式中，β_0—— 初始可靠度指标；

α—— 可靠度指标劣化率；

t_{I}—— 劣化开始时间。

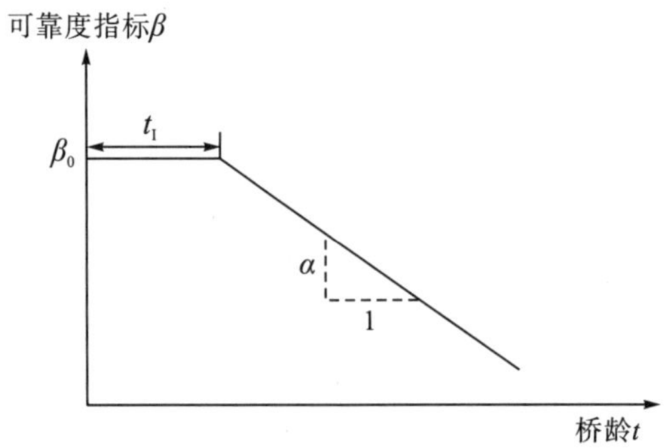

图 6.6 可靠度指标两阶段线性劣化模型

β_0是桥梁新建成时的初始可靠度指标，受设计施工等各个环节的影响。不同规模、不同结构、不同施工方法以及不同复杂程度的桥，初始可靠度指标β_0都会不一样。维修优化计算中，假定初始可靠度指标β_0是可以估算或者计算出来的。对于钢筋混凝土桥梁劣化维修，关于劣化率和劣化开始时间的取值，可以根据混凝土桥梁劣化的机理，结合混凝土桥梁结构整体寿命的历史统计资料得到。

6.2.2 桥梁维修措施效果模型

桥梁维修可以使桥梁结构或构件的使用性能得到提高，满足桥梁的使用要求。但是桥梁维修有各种各样的措施，它们产生的维修效果和对使用性能提高的程度却是千差万别的。常用的防护措施有重涂防腐涂层措施和硅烷浸渍防腐措施。因此，分析维修效果和优化的前提工作是必须建立合理的维修效果模型。

通过提高桥梁的状况指标，来增强结构的耐久性，降低构件或结构的老化速率，提高其使用寿命，提高桥梁可靠度水平，增强结构的安全性。从承载力的角度提高桥梁的使用寿命。

由于桥梁无维修劣化模型与维修效果模型可以运用效果叠加法，所以这里建立的维修效果模型，单从维修措施对于改善结构性能的效果出发，不考虑劣化等其他因素。单段线性维修是最基本的维修模型，其维修效果模型如图 6.7 所示。

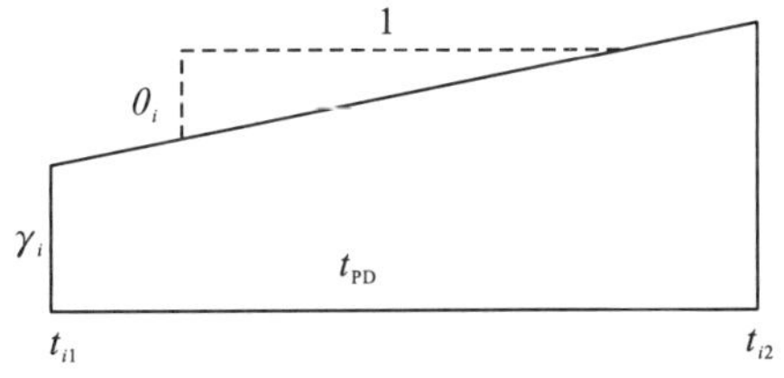

图 6.7 单段线性维修效果模型图

假如有维修措施a_i，维修有效期为$t_{PD}=t_{i2}-t_{i1}$，有效区间为$[t_{i1},t_{i2}]$，维修效果参数是发生于t_{i1}时刻的陡升效果参数γ_i和发生在有效区间内的效果持续增长参数$\theta_{it}=\theta_i$，则a_i在其有效区间$[t_{i1},t_{i2}]$的维修效果如式(6.19)：

$$b_i(t)=\gamma_i+\theta_i(t-t_{i1}) \tag{6.19}$$

6.2.3 桥梁维修优化模型

1. 参数定义

与维修有关的参数如图 6.8 所示。

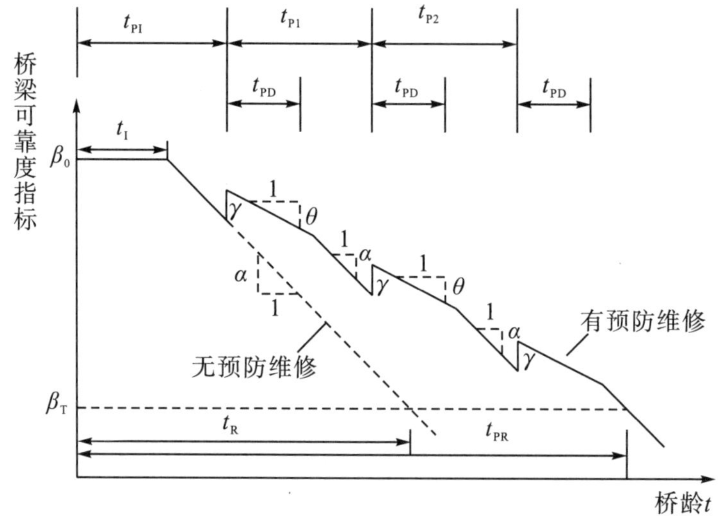

图 6.8 维修参数图

图中，t_{PI}—— 预防维修开始时间；

t_{P1}、t_{P2}—— 预防维修间隔时间；

t_{PD}—— 预防维修有效期；

t_I—— 劣化开始时间；

α—— 无维修时的桥梁可靠度劣化率；

θ—— 预防维修有效期内的实际可靠度劣化率，$\theta=\alpha-\theta_i$；

θ_i—— 维修措施可靠度改善率；

γ—— 维修措施完成时桥梁可靠度跃升值；

t_R—— 无预防维修时桥梁首次重大维修发生时间；

t_{PR}—— 有预防维修时桥梁首次重大维修发生时间；

β_0—— 初始可靠度指标；

β_T—— 目标可靠度水平，当桥梁可靠度水平低于或小于 β_T 时需重大维修。

2. 劣化与维修效果叠加模型

劣化与维修的效果叠加法，指的是分别考虑无维修时劣化对可靠度指标的影响 $\beta_\alpha(t)$ 与各项维修措施对可靠度指标的改善效果 $\sum\beta_i(t)$，然后相加就是实际的可靠度水平的模型，如图 6.9 所示。

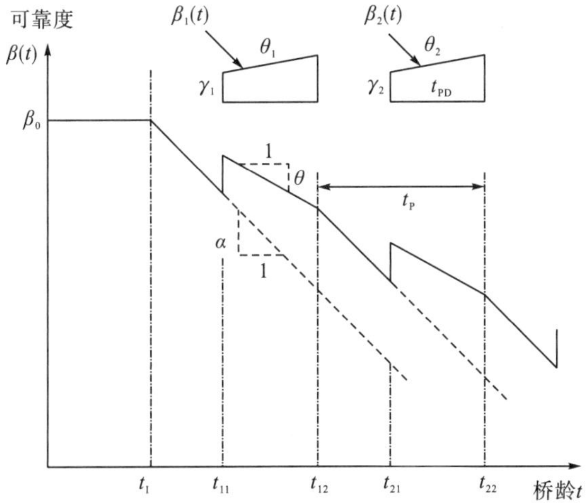

图 6.9　桥梁维修优化效果叠加模型图

由上图可知，桥梁维修的可靠度水平可表示为

$$\beta(t) = \beta_\alpha(t) + \sum \beta_i(t) \tag{6.20}$$

3. 维修类型

维修，就是通过措施人为改善结构的状态，降低结构退化速率，让结构在服役过程中具有足够的可靠安全度和实用性。

关于维修的分类有很多。外国学者 Frangopol 和 Kececioglu 将维修分为预防性维修和修正性维修两大类，后在此基础上建立了三种维修模型，即修正性模型、基于使用的模型和基于状态的模型。van Noortwijk 等(2004)建议将预防维修分为两大类，即基于使用的维修和基于状态的维修。基于使用的维修，就是有计划地每隔一段时间去实施某种措施，来改善结构的性能。而基于状态的维修是，平时一般不采取什么措施，依赖于桥梁监控与检测的结果，发现桥梁病害很严重后才去采取有效的措施。维修可分为三类，即重大维修、预防维修和日常维修。日常维修主要是平时的一些清理工作，而预防维修和重大维修主要是通过提高结构的可靠度指标，降低其劣化速率。预防维修和重大维修的区别在于，预防维修是在结构的可靠度大于目标可靠度时所采取的措施；而重大维修一般是指结构的可靠度小于或等于目标可靠度时所采取的措施。

基于上述观点，可以将维修措施分为以下几类：

1) 预防维修和重大维修

将桥梁维修分为两类：预防维修和重大维修。重大维修指的是：如果不采取维修措施，桥梁结构的安全性将不再满足使用要求，也就是说，重大维修是为了保持桥梁结构安全或正常运营所必需的维护措施。

预防维修一般发生在可靠度指标大于最低可接受水平，如果不实施预防维修，那么在桥梁后续的服役阶段，为了维持构件状态在可接受的水平内，将往往要采取更多的措施，耗费更多的资源。换言之，预防维修是指能够防止由于桥梁安全状况向更坏的方向发展而使后续的维修成本增加的维修工作。图 6.10 显示了预防维修和重大维修的显著区别。

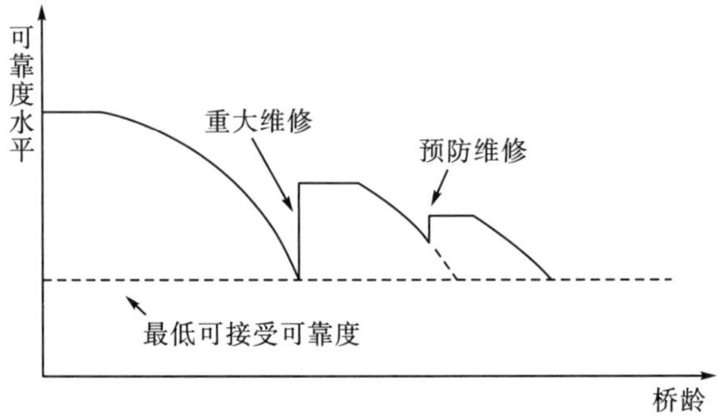

图 6.10 预防维修与重大维修对桥梁可靠度影响

维修类型与国内公路桥梁养护规范对应关系如下：

加固工程，大修工程—— 重大维修；

小修工程，中修工程—— 预防维修；

保养工程—— 日常维修。

2) 积极预防维修和消极预防维修

根据维修时间 t_{PI} 与劣化开始时间 t_I 的关系可以将维修分为积极预防维修和消极预防维修。即当 $t_{PI} \geqslant t_I$ 时，为消极预防维修；当 $t_{PI} < t_I$ 时，为积极预防维修。

4. 有预防维修时的桥梁劣化模型

根据维修时机的不同，可以将维修后桥梁劣化模型分为三类，如图 6.11 所示。

情形 1—— 消极预防维修，即预防维修在劣化开始之后。

情形 2—— 积极预防维修，即预防维修在劣化之前，而且劣化发生在维修有效期之内。

情形 3—— 积极预防维修，即预防维修在劣化之前，然而劣化发生在维修有效期之后。

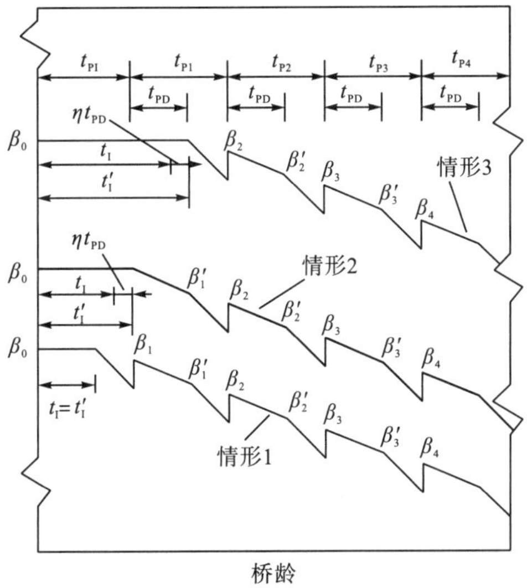

图 6.11　劣化开始时间不同的三种情形的可靠度示意图

三种情形结构可靠度的计算方式如下。

情形 1：

$$\beta(t)=\begin{cases}\beta_0, & 0\leqslant t\leqslant t_{\mathrm{I}}\\ \beta_0-(t-t_{\mathrm{I}})\alpha, & t_{\mathrm{I}}<t\leqslant t_{\mathrm{PI}}\\ \beta_1-(t-t_{\mathrm{PI}})\theta, & t_{\mathrm{PI}}<t\leqslant t_{\mathrm{PI}}+t_{\mathrm{PD}}\\ \beta_1'-\left[t-(t_{\mathrm{PI}}+t_{\mathrm{PD}})\right]\alpha, & t_{\mathrm{PI}}+t_{\mathrm{PD}}<t\leqslant t_{\mathrm{PI}}+t_{\mathrm{P1}}\\ \beta_n-\left[t-(t_{\mathrm{PI}}+\sum_{i=1}^{n-1}t_{\mathrm{P}i})\right]\theta, & t_{\mathrm{PI}}+\sum_{i=1}^{n-1}t_{\mathrm{P}i}<t\leqslant t_{\mathrm{PI}}+\sum_{i=1}^{n-1}t_{\mathrm{P}i}+t_{\mathrm{PD}}\\ \beta_n'-\left[t-(t_{\mathrm{PI}}+\sum_{i=1}^{n-1}t_{\mathrm{P}i}+t_{\mathrm{PD}})\right]\alpha, & t_{\mathrm{PI}}+\sum_{i=1}^{n-1}t_{\mathrm{P}i}+t_{\mathrm{PD}}<t\leqslant t_{\mathrm{PI}}+\sum_{i=1}^{n}t_{\mathrm{P}i}\end{cases}\tag{6.21}$$

情形 2：

$$\beta(t)=\begin{cases}\beta_0, & 0\leqslant t\leqslant t_{\mathrm{I}}'\\ \beta_0-(t-t_{\mathrm{I}}')\theta, & t_{\mathrm{I}}'<t\leqslant t_{\mathrm{PI}}+t_{\mathrm{PD}}+\sum_{i=1}^{m-1}t_{\mathrm{P}i}\\ \beta_1'-\left[t-(t_{\mathrm{PI}}+t_{\mathrm{PD}}+\sum_{i=1}^{m-1}t_{\mathrm{P}i})\right]\alpha, & t_{\mathrm{PI}}+t_{\mathrm{PD}}+\sum_{i=1}^{m-1}t_{\mathrm{P}i}<t\leqslant t_{\mathrm{PI}}+\sum_{i=1}^{m}t_{\mathrm{P}i}\\ \beta_n-\left[t-(t_{\mathrm{PI}}+\sum_{i=1}^{n-1}t_{\mathrm{P}i})\right]\theta, & t_{\mathrm{PI}}+\sum_{i=1}^{m}t_{\mathrm{P}i}<t\leqslant t_{\mathrm{PI}}+\sum_{i=1}^{n-1}t_{\mathrm{P}i}+t_{\mathrm{PD}}\\ \beta_n'-\left[t-(t_{\mathrm{PI}}+\sum_{i=1}^{n-1}t_{\mathrm{P}i}+t_{\mathrm{PD}})\right]\alpha, & t_{\mathrm{PI}}+\sum_{i=1}^{n-1}t_{\mathrm{P}i}+t_{\mathrm{PD}}<t\leqslant t_{\mathrm{PI}}+\sum_{i=1}^{n}t_{\mathrm{P}i}\end{cases}\tag{6.22}$$

情形 3：

$$
\beta(t)=\begin{cases}\beta_0, & 0\leqslant t<t_{\mathrm{I}}' \\ \beta_0-(t-t_{\mathrm{I}}')\alpha, & t_{\mathrm{I}}'\leqslant t<t_{\mathrm{PI}}+\sum_{i=1}^{m}t_{\mathrm{P}i} \\ \beta_n-\left[t-(t_{\mathrm{PI}}+\sum_{i=1}^{n-1}t_{\mathrm{P}i})\right]\theta, & t_{\mathrm{PI}}+\sum_{i=1}^{m}t_{\mathrm{P}i}\leqslant t<t_{\mathrm{PI}}+\sum_{i=1}^{n-1}t_{\mathrm{P}i}+t_{\mathrm{PD}} \\ \beta_n'-\left[t-(t_{\mathrm{PI}}+\sum_{i=1}^{n-1}t_{\mathrm{P}i}+t_{\mathrm{PD}})\right]\alpha, & t_{\mathrm{PI}}+\sum_{i=1}^{n-1}t_{\mathrm{P}i}+t_{\mathrm{PD}}\leqslant t<t_{\mathrm{PI}}+\sum_{i=1}^{n}t_{\mathrm{P}i}\end{cases} \tag{6.23}
$$

式中，m—— 桥梁劣化开始之前维修次数，$m\geqslant 1$；

n—— 维修总次数；

t_{I}'—— 桥梁劣化的实际开始时间，由于维修导致的劣化延迟。t_{I}'可以由式 $t_{\mathrm{I}}'=t_{\mathrm{I}}+\eta t_{\mathrm{PD}}m$ 计算，η 为维修对劣化时间延迟的影响系数。

6.2.4 桥梁维修策略优化模型

在桥梁维护的过程中，会有很多不同的维修策略，如果采用不同的维修方案或者是不同的维修时机，将会产生不同的维修效果和维修费用，所以，要合理地选择维修方案。在选择维修方案时，一定在满足桥梁的使用前提下，在整个周期内使维修费用最低。

维修策略优化模型按满足桥梁使用要求的不同分为两类：

(1) 基于桥梁可靠度指标控制的维修优化

基于桥梁可靠度指标控制的维修优化是每次维修时以可靠度指标为控制变量，在桥梁可靠度水平满足要求的情况下使得维修费用现值最低。维修策略优化模型可表示为式(6.24)：

$$
\begin{cases}\min: C_{\mathrm{P}}=\sum_{i=1}^{n}\dfrac{C_i}{(1+r)^i} \\ \mathrm{s.t.}\ \beta_i\geqslant\beta_{\mathrm{target}}\end{cases} \tag{6.24}
$$

式中，C_i—— 第 i 年的维修成本，

r—— 贴现率；

C_{P}—— 总维修成本现值。

(2) 基于桥梁状况指标控制的维修优化

基于桥梁状况指标控制的维修优化是以桥梁状况指标为控制变量，仍旧以维修费用现值为目标函数。维修策略优化模型可表示为式(6.25)：

$$\begin{cases}\min: C_{\mathrm{P}}=\sum_{i=1}^{n}\dfrac{C_i}{(1+r)^i}\\ \mathrm{s.t.}\ V_i\geqslant V_{\mathrm{target}}\end{cases} \tag{6.25}$$

6.2.5 桥梁维修优化模型求解

求解优化模型的前提是确定优化模型中的参数，包括可靠度和桥梁状况劣化模型，以及维修效果模型中的参数。在此基础上确定不同维修时间和维修方法所产生的维修费用，然后通过对比分析，确定最优的维修方案。以 MATLAB 工具箱中的 GA 函数对优化模型进行求解，GA 函数是利用遗传算法寻找优化问题的最优点。

遗传算法(genetic algorithm，GA)的核心思想，是借鉴达尔文进化论里面的自然淘汰以及遗传选择，从而模拟出来的一种计算模型。1975 年，它由美国学者 John Holland 教授提出的。遗传算法有着一种效率很高的搜索方式，搜索的对象是种群中的所有个体。

选择、交叉和变异是遗传算法的基本操作。遗传算法的核心内容由 5 个要素组成：参数编码、初始种群的设定、适应度函数的设计、遗传操作设计、控制参数设定。遗传算法能适用于很多复杂问题的维修优化，而且操作简单，受到了人们的广泛应用。与传统的优化算法相比，遗传算法是以决策变量的某种编码作为优化对象，而且使用的搜索方式是随机搜索，可以同时使用多个点的搜索信息，通过目标函数值变换出来的适应度函数值确定下一步搜索的范围和方向。因此，遗传算法具有很好的适用性、并行性和灵活性，其精度和效率都要优于传统的优化算法。

常用的 GA 函数用法有：

x=GA(fitnessfcn，nvars，A，b，A_{eq}，b_{eq}，lb，ub，nonlcon)在满足线性不等式约束 Ax⩽b、线性等式约束 $A_{eq}\cdot x=b_{eq}$、边界约束 lb⩽x⩽ub 及非线性等式和不等式约束 C(x)⩽0 和 $C_{eq}(x)=0$ 的限制条件下，利用遗传算法求目标函数 fitnessfcn 的最优值。

GA 函数的参数及其含义如表 6.4 所示。

基于马尔可夫链与失效风险的维修优化主要是通过马尔可夫链预测桥梁状态，计算出桥梁构件的失效概率和失效损失期望值，并通过失效损失现值期望值与维修成本现值期望值的对比，来比较各个维修方案。

表 6.4 GA 函数的参数及其含义

参数	含义
fitnessfcn	适应度函数，即目标函数
nvars	涉及问题的维度，即未知变量个数
A，b	线性不等式约束，$Ax \leqslant b$
A_{eq}，b_{eq}	线性等式约束，$A_{eq} \cdot x=b_{eq}$
lb，ub	变量下界 lb 和变量上界 ub
nonlcon	非线性边界限制系数
rngstate	可选域，用来重设随机数种子
solver	求解器
options	利用 gaoptimset 或优化工具建立的优化相关设置

6.3 基于最优年均费用的维修优化

在某些不确定因素下对维修进行决策分析其目的是合理选择维修策略，以达到最优的效果。目前，有多种维修模型：总生产费用模型(TPM)、生命周期分析法(LCCA)和以可靠度为中心的养护模型。优化是科学研究，它广泛存在于各领域，对该问题的研究从未停止过，自从优化问题被提出以来，研究人员提出了各种各样的优化算法。目前对优化问题的求解研究有两个发展方向，一个是以分析与泛函为基础，对优化问题进行严格的理论证明，提出确切的求解算法，这种算法只要求解的问题满足一定的条件，保证能求出问题的最优解；另一个研究方向就是以自然界生物群体所表现出的智能现象为基础而设计的智能算法。采用两种不同的维修优化方法来计算结构构件的维修优化，一种是计算结构或构件在不同维修策略下的最优年均费用来进行优化，另一种则是采用遗传算法优化结构或构件。

最优年均费用的优化是一种确切的求解算法，在对结构进行优化时首先需要根据结构的可靠性以及可靠性失效指标确定结构的使用寿命，这里给出了基于使用维修的年均费用计算公式、基于状况维修的年均费用计算公式以及必要性维修年均费用的计算公式。通过确切的计算可求得构件分别在这三种维修策略下的最优年均费用以及最优年均费用下的最优检测维修时间，通过对比三种维修策略选取出最优的维修策略。当然在实际的工程中，还需要考虑实际工程结构维修的技术状况、经济状况、失效突发与否等情况来综合考虑维修策略的选取。

6.3.1　计算公式

基于使用维修也称作预防性维修、定期维修，是根据预先确定的时间间隔或指定标准执行的维修。采用该维修策略，可以在一定程度上降低桥梁发生故障的概率，延缓衰退。基于使用的维修年均费用可以用下式来计算：

$$C_A=\frac{C_R\left[1-P_F\left(T_R\right)\right]+C_F P_F\left(T_R\right)}{\int_0^{T_R} t\cdot f\left(t\right)\mathrm{d}t+T_R\left[1-P_F\left(T_R\right)\right]} \tag{6.26}$$

式中，T_R —— 更换间隔；

$f(t)$ —— 失效概率密度函数；

$P_F(T_R)$ —— 桥梁在 T_R 时刻的失效概率；

C_R —— 桥梁一次更换费用；

C_F —— 桥梁失效费用。

如果桥梁发生失效的概率比较小，那么可以将上式进行简化：

$$C_A=\left[C_R+C_F\cdot P_F(T_R)\right]/T_R \tag{6.27}$$

当维修间隔时间较短时，在全寿命期内花费的总费用将有所提高，但是可以有效地提高结构性能，降低失效的可能，与之相对应的长的维修间隔虽然能使总费用降低，但是却提高了失效的可能，因此，需要综合考虑各种情况，选择最优的维修间隔时间。

一般桥梁结构构件快要失效时都会出现一定的征兆，比如出现一定数量一定宽度的裂缝，或者出现位移差等。当观测到有这样的一些情况时就需要对桥梁进行专业的技术检测，根据检测的结果是否超过目标值来判断是否维修，这种维修便是基于状况的维修，它是介于必要性维修和基于使用维修之间的一种具有预防性的主动维修。

当结构失效的概率不大时，基于状况的维修年均费用可以近似表示为

$$C_A=C_I/\Delta t_{\text{ins}}+(C_R+C_F\cdot P_F)/\mu(t_L) \tag{6.28}$$

式中，Δt_{ins} —— 检测间隔；

$\mu(t_L)$ —— 桥梁的预期寿命。

必要性维修是在桥梁失效后再进行维修，主要针对的是该失效不会影响整体结构，并且失效的费用也不大的情况。必要性维修有如下两个特点：

(1) 当结构构件突然失效时，结构构件失效没有明显预兆，并且其失效后不影响整体的安全性；

(2) 结构构件失效是循序渐进的，但是失效后也不影响安全性，并且其维修费

用较其他维修费用要低。

对于必要性维修，年均预期费用为

$$C_A = (C_R + C_F) / \mu(t_L) \tag{6.29}$$

6.3.2 示例分析

以某钢筋混凝土结构中的钢筋锈蚀维护为例，分析钢筋的维修养护策略。对该钢筋混凝土结构取使用寿命期为 20 年。

钢筋锈蚀的极限状态方程可表示为

$$Z(t) = d_F - d_c(t) \text{ 或 } Z(t) = d_A - d_c(t) \tag{6.30}$$

$$d_c(t) = V_{\text{corr,a}} \cdot t - u \cdot b_v \cdot \sqrt{t} \tag{6.31}$$

式中，d_F —— 钢筋失效的腐蚀深度(凹坑腐蚀)，本示例中取为 5mm；

d_A —— 钢筋失效的直径损失(均匀腐蚀)，本示例中取为 2.5mm；

$d_c(t)$ —— t 时刻的钢筋腐蚀深度；

$V_{\text{corr,a}}$ —— 年腐蚀速率，本示例中取为 1mm/a；

b_v —— 年腐蚀速率的变异值，本示例中取为 $0.5\text{mm}/\sqrt{\text{a}}$；

u —— 标准正态分布。

各费用取值按表 6.5 选取，不考虑折现率的影响。

表 6.5 各费用取值

更换费用	失效费用	检测费用	折现率
1000C 元	9000C 元	1000C 元	0%

表 6.5 中，C 为某一参数。分别采用 3 种维修策略，并计算出对应的年均费用 C_A 以及最优的检测时间。

1) 策略 1：必要性维修策略

在钢筋失效后将被更换。对于必要性维修，钢筋在寿命期内的维修时间为

$$\mu(t_L) = d_F / V_{\text{corr,a}} = 5\text{a}$$

年均预期费用为

$$C_A = (C_R + C_F) / \mu(t_L) = (1000 + 9000) / 5 = 2000\text{ C 元}$$

2) 策略 2：基于使用维修策略

对于基于使用维修策略，则有

$$\mu(Z)=d_F-V_{\mathrm{corr,a}}\cdot T_R$$
$$\beta=\mu(Z)/\sigma(Z)$$
$$P_F(T_R)=P(Z<0)=\Phi(-\beta)$$

计算结果见图 6.12，最优更换间隔为 3 年，最优年均费用为 365C 元。

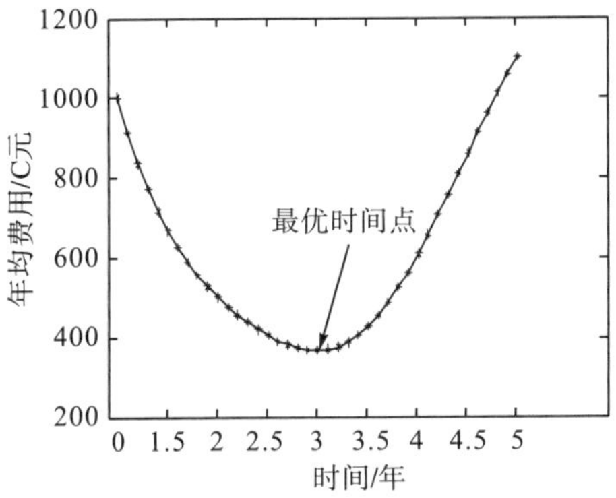

图 6.12　最优检测间隔

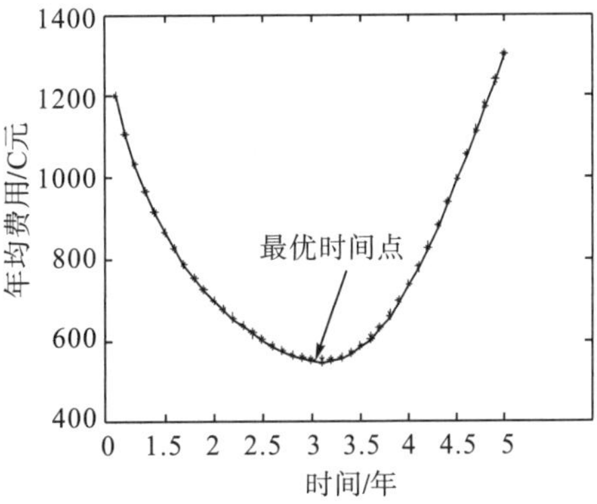

图 6.13　最优检测间隔

3) 策略 3：基于状况维修策略

计算结果如图 6.13 所示，从图中可以看出，当使用寿命为 3 年时年均费用最小，最小费用为 550C。在确定策略 2 与策略 3 的最优检测间隔与更换间隔之后，三种年均计算费用的比较如图 6.14 所示。很明显策略 2 的费用最小，但与策略 3 差别不大，而策略 1 的费用远远高于后两种费用。

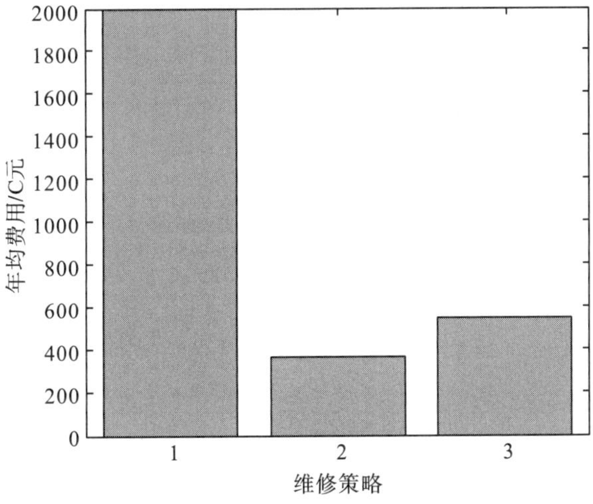

图 6.14　各更换策略的费用比较

6.3.3 参数分析

1. 折现率的影响

为了评估各种参数对构件的影响，有必要进行敏感性分析。折现率一般取值为0～10%，为研究基于使用的维修中不同折现率对维修费用的影响，折现率取为6%～10%，维修总费用如表6.6所示。

表6.6 折现率分析

序号	折现率/%	总费用/元	最优年均费用/元
1	6	1125.6C	306C
2	7	1079.9C	298C
3	8	1036.5C	290C
4	9	995.3C	281C
5	10	956.2C	274C

对于基于使用的维修，折现率对最优年均费用影响不是很大，对总费用影响较大一些。随着折现率的增长，总费用在不断减小，因此在实际的工程运用中要根据当时的实际情况选取合适的折现率，否则将会在总的维修费用中出现较大的误差。

2. 更换费用的影响

维修费用在必要性维修中所占比例较小，因此影响也较小，但是对于基于使用维修和基于状况维修其影响较大。这里以基于使用维修为例，假设更换费用为1000元、5000元、10000元、15000元，计算出最优年均费用如表6.7所示。

表6.7 更换费用分析

序号	更换费用/元	最优年均费用/元	最优维修时间/年
1	1000	365	3
2	5000	1564	3.5
3	10000	2847	4
4	15000	3900	5

从表中可以看出最优年均费用是随着维修费用的增加而增加，当然在实际的工程中不同的维修方法其维修费用便不同，较好的维修方法能够使得桥梁性能提

高较大，但是费用较高，而较次的维修方法虽然维修费用低，但却不能使桥梁性能提高较多。并且，还要考虑实际工程中的经济情况，根据经济情况合理选择维修方法不但能够使得桥梁性能提高而且使花费的费用最低。不同维修费用下的年均费用如图 6.15 所示。

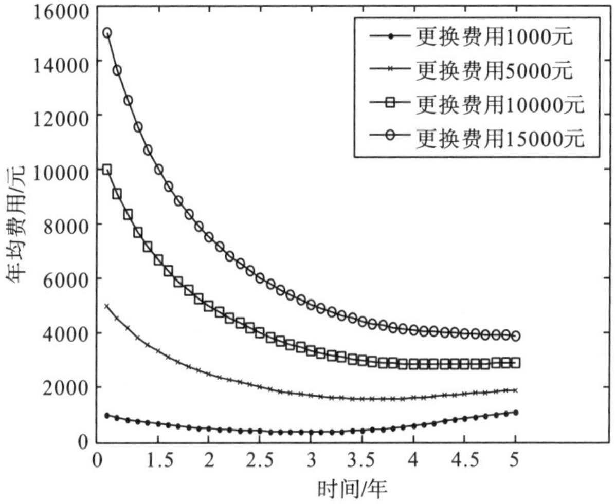

图 6.15　不同更换费用的影响

3. 失效费用的影响

在这里考虑基于使用维修策略下不同失效费用对最优年均费用的影响，具体计算见表 6.8，可以看出不同失效费用下其最优年均费用变化不大，主要是因为采用基于使用的维修时其失效概率不大，同理可以证明基于状况维修下不同失效费用影响也不大，但是对于必要性维修当失效费用变为 15000 元时，最优年均费用为 3200 元，与 9000 元的失效费用相比增加了 1200 元，可见不同的失效费用对必要性维修影响很大。

表 6.8　失效费用分析

序号	失效费用/元	最优年均费用/元	最优维修时间/年
1	9000	365	3
2	15000	380	3
3	20000	388	3
4	25000	384	3

4. 检测费用的影响

必要性维修是在结构失效时才采用，基于使用维修是定期维修，只有基于状况的维修需要通过检测来确定是否需要维修。表 6.9 是不同检测费用对基于状况维修策略最优年均费用的影响。图 6.16 是年均费用曲线，可以看出检测费用越高，基于状况维修策略的最优年均费用越大。

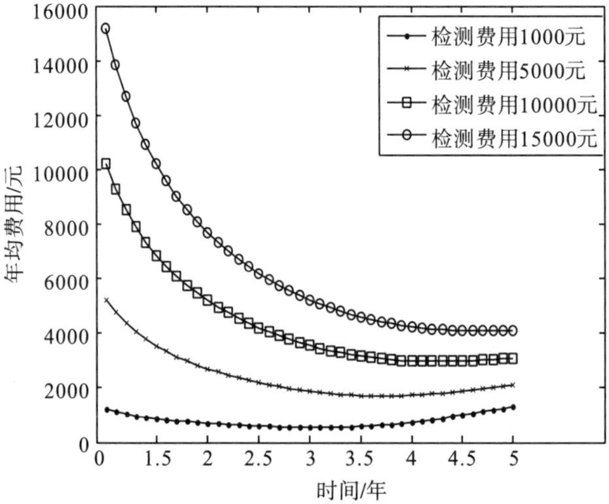

图 6.16 不同检测费用的影响

表 6.9 检测费用分析

序号	检测费用/元	最优年均费用/元	最优维修时间/年
1	1000	550	3
2	5000	1710	3.5
3	10000	2972	4
4	15000	4096	5

6.4 基于双目标遗传算法的维修优化

6.4.1 遗传算法分析

遗传算法最早是由美国的 Holland 教授提出的，是用来模拟生物在自然环境中的遗传和进化过程的一种自适应全局搜索算法。生物的遗传物质为 DNA，其主要载体是染色体。一定数量的基因组成染色体，染色体中基因的位置称作基因座，而基因所取的值又叫作等位基因。染色体有两种形式，即基因型和表现型。表现型就是生物所表现出来的性状，而基因型是与表现型密切相关的基因组成。在遗传算法中，染色体对应的是数据和数组，在标准遗传算法中，这通常是由一维的串结构数据来表现的。串上各个位置对应上述的基因座，而各位置上所取的值对应上述的等位基因。遗传算法处理的是染色体(也叫基因个体)。一定数量的个体组成了群体，群体中的个体数目称为群体规模。个体对应环境的适应程度叫适应值，决定以一定的概率从群体中选取若干对个体的操作称为选择，把两个染色体换组叫作重组，突然让遗传基因以一定的概率变化叫变异。选择、交叉、变异在遗传算法中十分重要。

在执行遗传算法时有两个必需的数据转换操作，其一是编码操作，就是把搜索空间中的参数或解转换成遗传空间中的染色体或个体，另一种叫解码操作，其操作过程与编码操作相反。其具体流程见图 6.17。

遗传算法具有以下几个特点：

(1) 在求解问题时，遗传算法首先要选择编码方式，它直接处理的对象是参数的编码集而不是问题参数本身，搜索过程既不受优化函数连续性的约束，也没有优化函数导数必须存在的要求。通过优良染色体基因的重组，遗传算法可以有效地处理传统上非常复杂的优化函数。

(2) 遗传算法具有本质的并行性，它按并行方式搜索一个种群数目的点，而不是单点。若遗传算法在每一代对群体规模为 n 的个体进行操作，实际上处理了大约 $o\left(n^3\right)$ 个模式，具有很高的并行性，因而具有显著的搜索效率。

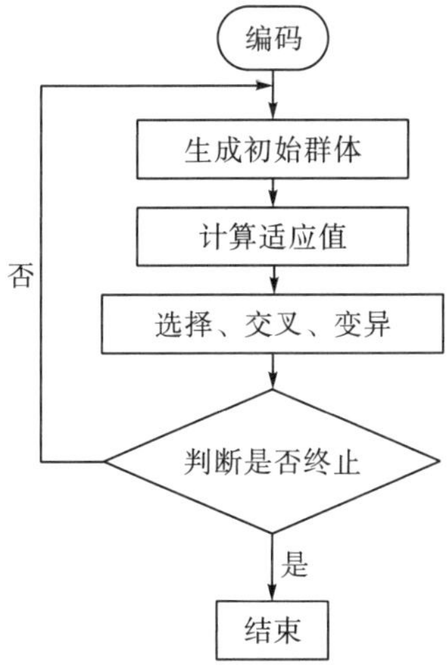

图 6.17　遗传算法流程图

(3) 在所求解问题为非连续、多峰以及有噪声的情况下，能够以很大的概率收敛到最优解或满意解，因而具有较好的全局最优解求解能力。

(4)对函数的性态无要求，针对某一问题的遗传算法经简单修改即可适应于其他问题，或者加入特定问题的知识领域，或者与已有算法相结合，能够较好地解决一类复杂问题，因而具有较好的普适性和易扩充性。

(5)遗传算法强调概率转换规则，而不是确定的转换规则。

(6)遗传算法对给定问题，可以产生许多的潜在解，最终选择可以由使用者确定(在某些特定情况下，如多目标优化问题不只存在一个解，而是有一组 Pareto 最优解)。

(7)遗传算法的基本思想简单，运行方式和实现步骤规范，便于具体使用。

在现实世界中多目标优化就是找一个决策向量，它满足约束条件且使一个向量函数优化，该函数中的每一个元素代表相应的目标函数，各目标函数之间通常是相互冲突的，它们组成一个执行判断规则的数学描述。一个多目标优化问题可以作如下描述：

$$\min f(\boldsymbol{x}) \tag{6.32}$$

$$\text{s.t. } g_j(\boldsymbol{x}) \leqslant 0, \quad j=1,2,\cdots,k \tag{6.33}$$

$$h_i(\boldsymbol{x}) = 0, \quad i=1,2,\cdots,l \tag{6.34}$$

式中，$\boldsymbol{x}$—— 由决策变量 $x_1,x_2,\cdots,x_n$ 组成的决策变量向量，即 $\boldsymbol{x}=(x_1,x_2,\cdots,x_n)$；

$g_j(\boldsymbol{x})$、$h_i(\boldsymbol{x})$——约束函数。

通常目标函数由多个函数组成，要使得所有目标函数同时达到最优是不可能的，需要做的是协调各目标函数之间关系以得到最优解，这里的最优是指找到一个给所有目标函数赋值并使决策者能认可的解。19 世纪 90 年代 Vilfredo Pareto 提出了 Pareto 最优解的概念，具体定义如下：

$x^* \in X$，其中 X 是满足式(6.32)的可行域，即 $X=\{x\in R^n \mid g_j(x)\leqslant 0, h_i(x)=0\}$，不存在 $x\in X$ $(x\neq x^*)$ 使得

$$f_i(x)\leqslant f_i(x^*) \quad (i=1,2,\cdots,m)\text{成立} \tag{6.35}$$

且其中至少存在一个是严格不等式，则 x^* 为多目标优化问题 Pareto 的一个最优解。通常情况下最优解不止一个，而是由多个最优解组成，称为最优解集。两个优化目标构成最优边界，三个优化目标的最优边界构成最优曲面，三个以上优化目标的优化边界构成超曲面。如图 6.18 所示为两个优化目标的最优边界。

如图中所示，粗线表示最优边界，其中 A、B、C、D、E、F 都是最优边界上的最优解，而 G、H、I 则是劣解。如何保证最优曲面距离真正的 Pareto 最优曲面最近是求解多目标优化问题的关键。

优化目标函数多种多样，常采用双目标优化程序。分别采用两种优化目标函

数来对系统的优化进行讨论分析，一种是以最大的预期失效概率和预期总成本为优化目标，另一种是以最大预期总风险和预期总成本为优化目标。

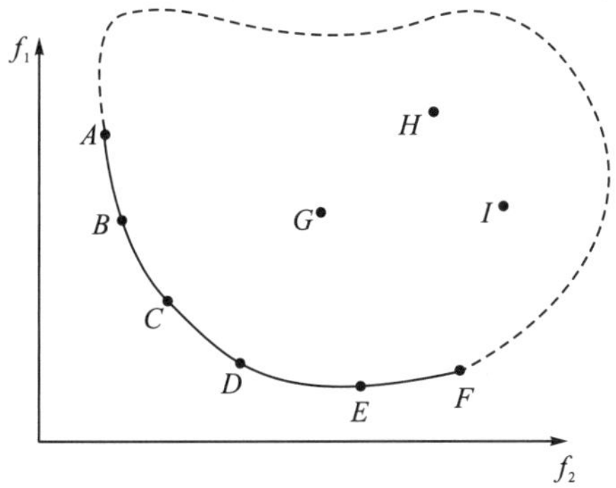

图 6.18　两个优化目标的 Pareto 最优曲面

遗传优化算法主要是结合 MATLAB 软件来实现的。MATLAB 是 matrix&laboratory 两个词的组合，意为矩阵工厂（矩阵实验室），是由美国 Mathworks 公司发布的主要面对科学计算、可视化以及交互式程序设计的高科技计算环境。它将数值分析、矩阵计算、科学数据可视化以及非线性动态系统的建模和仿真等诸多强大功能集成在一个易于使用的视窗环境中，为科学研究、工程设计以及必须进行有效数值计算的众多科学领域提供了一种全面的解决方案，并在很大程度上摆脱了传统非交互式程序设计语言（如 C、Fortran）的编辑模式，代表了当今国际科学计算软件的先进水平。其特点是：

(1) 高效的数值计算及符号计算功能，能使用户从繁杂的数学运算分析中解脱出来；

(2) 具有完备的图形处理功能，实现计算结果和编程的可视化；

(3) 友好的用户界面及接近数学表达式的自然化语言，使学者易于学习和掌握；

(4) 功能丰富的应用工具箱（如信号处理工具箱、通信工具箱等），为用户提供了大量方便实用的处理工具。

MATLAB 包含很多工具箱，其中优化工具箱的主要应用包括：

(1) 求解无约束条件下非线性极小值；

(2) 求解约束条件下非线性极小值，包括目标逼近问题、极大极小值问题；

(3) 求解二次规划和线性规划问题；

(4) 非线性最小二乘逼近和曲线拟合；

(5) 求解复杂结构的大规模优化问题。

优化工具箱中常用函数如表 6.10 所示。

表 6.10 MATLAB 优化工具箱常用函数

应用	函数
求解边界约束条件下的非线性最小化	fminbnd
求解多变量函数的最小化	fminunc
求解无约束下的非线性最小化	fminsearch
求解线性规划问题	linprog
求解二次规划问题	quadprog
求解有约束的非线性最小化	fmincon
求解多目标规划的优化问题	fgoalattain
求解最小、最大化问题	fminimax
求解单目标遗传优化	ga
求解多目标遗传优化	gamultiobj

MATLAB 优化工具箱中常用的是 gamultiobj 函数，该函数是基于 NSGA-ll 改进的一种多目标优化算法，在进行优化前需要对结构的初始种群、最大迭代次数、变异概率进行拟定，所求得的检测和维修时间并不是唯一解，而是由多个满意解组成，为 Pareto 最优解。

6.4.2 基于预期失效概率的优化分析

这里给出三个混凝土构件：混凝土构件 1、混凝土构件 2、混凝土构件 3，由三个混凝土构件可以组成不同的五个系统，如图 6.19 所示共有五个系统，分别为串联系统一、并联系统二，以及混联系统三、混联系统四和混联系统五。

结构的性能随时间的推移逐渐劣化，这里我们考虑构件承受着不断增加的轴力，则其混凝土失效概率的功能函数可用下式进行评估：

$$g(t)=A(t)f_c(t)-L(t) \tag{6.36}$$

式中，$A(t)$—— 构件随时间变化的截面面积，其均值和标准差为$\mu_A(t)$，$\sigma_A(t)$；

$f_c(t)$——混凝土的抗压强度；

$L(t)$—— 构件随时间变化的横向轴力，其均值和标准差为$\mu_L(t)$，$\sigma_L(t)$。

$$\mu_A(t)=(1-\mathrm{DR})^t A_0$$

$$\sigma_A(t)=0.03(1+\mathrm{DR})^t A_0$$

$$\mu_L(t)=(1+l)^t L_0$$

$$\sigma_L(t)=0.05\mu_L(t)$$

式中，A_0—— 构件的初始截面面积；

DR —— 截面的退化率；

l—— 横向轴力的增加率；

L_0—— 初始轴力。

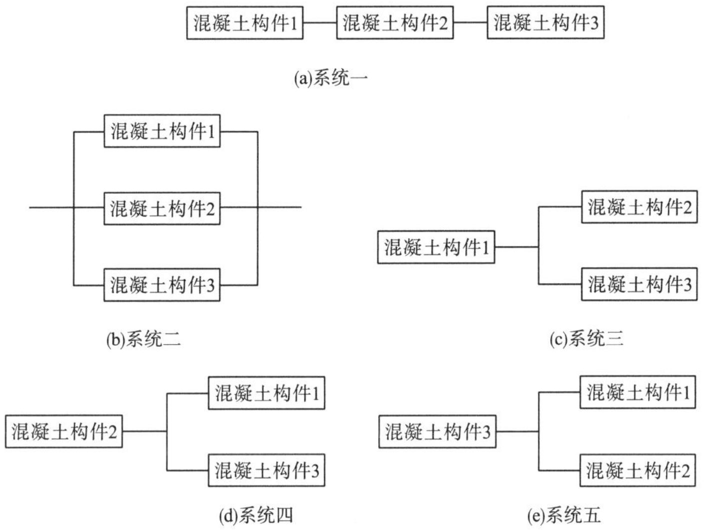

图 6.19　三个混凝土构件组成的系统

在本例中构件 1、2、3 的面积分别取 $15.0\times10^{-3}m^2$、$20.0\times10^{-3}m^2$、$25.0\times10^{-3}m^2$。各构件随机变量除了面积不同外其余都相同，DR 取 2×10^{-3}，L_0 为 10 kN，l 为 2×10^{-4}，混凝土初始强度的均值 $\mu_{f_{cv0}}$ 取 25MPa，混凝土初始强度的标准差 $\sigma_{f_{cv0}}$ 取 1MPa。

假定构件寿命期为 50 年，则通过 MATLAB 软件编写命令结合上述公式可求得该构件 1 在轴力作用下的时变可靠度以及失效概率如图 6.20 与图 6.21 所示。

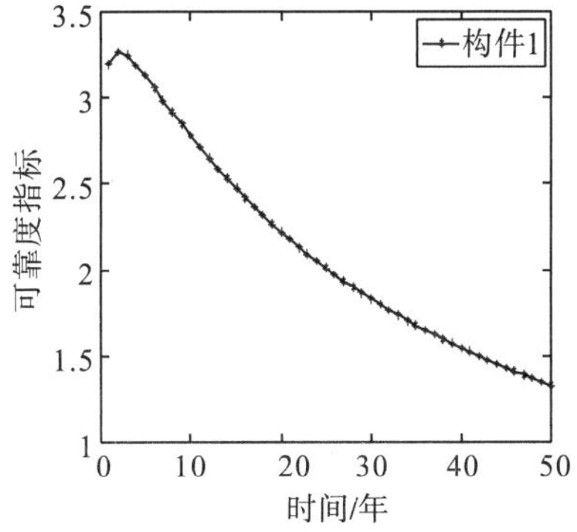

图 6.20　构件可靠度变化曲线

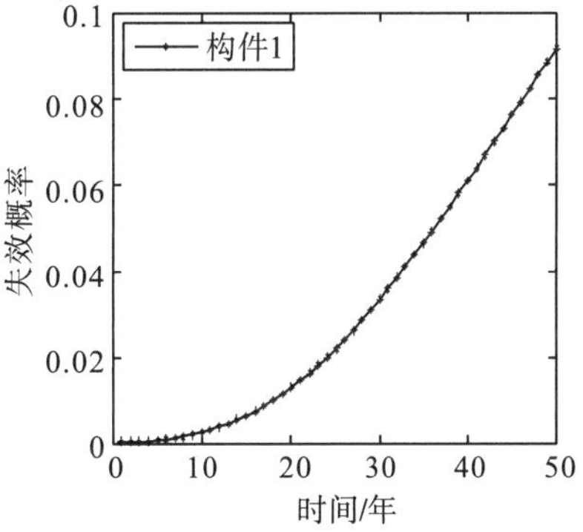

图 6.21　构件失效概率变化曲线

从图中可以看出，构件的可靠度与失效概率是随时间的变化而变化着的，可靠度随时间的增长而逐渐下降，而失效概率则为相反的过程，随着时间的增长逐渐提高。在构件刚开始投入使用的前几年，可靠度有所增加，那是由于刚投入使用的桥梁其混凝土的强度随时间推移有一个增长的阶段，当在无任何维修的前提下，前几年的时间里失效概率不大，此时的桥梁还未出现裂缝或者损害等，而之后，失效概率急剧增长，这主要是因为在受到不确定因素影响下，以及构件材料本身的退化，构件性能逐渐退化，以至开裂，在无任何维修下，开裂愈发严重，最后导致构件失效。

如果对单个混凝土构件进行两次检测，其维修事件树模型如图 6.22 所示，那么在第一次检测后就有 3 个维修分支，在第二次检测后就有 9 个维修分支。

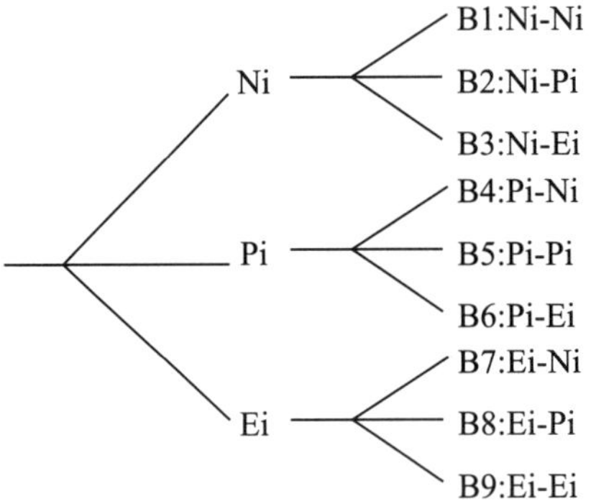

图 6.22 构件 i 进行两次检测的维修策略事件树模型

假设预防性维修可使构件的可靠性在 5 年内保持不变，而必要性维修可使构件的可靠性恢复到初始值，那么以构件 1 的 B1、B5、B9 分支为例，可作出三个分支在两次检测下的可靠性变化，如图 6.23 所示。

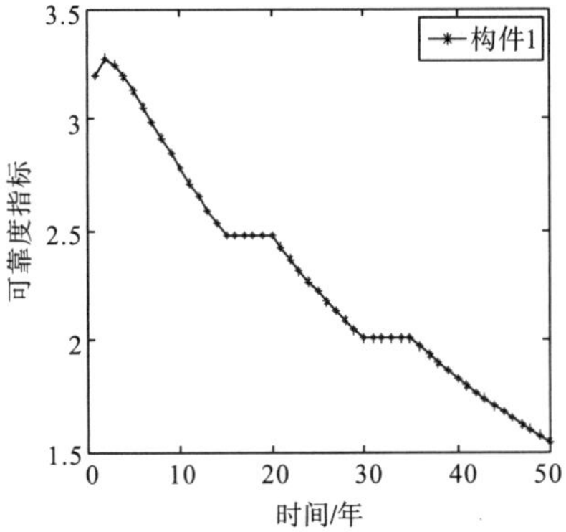

(a) B5分支

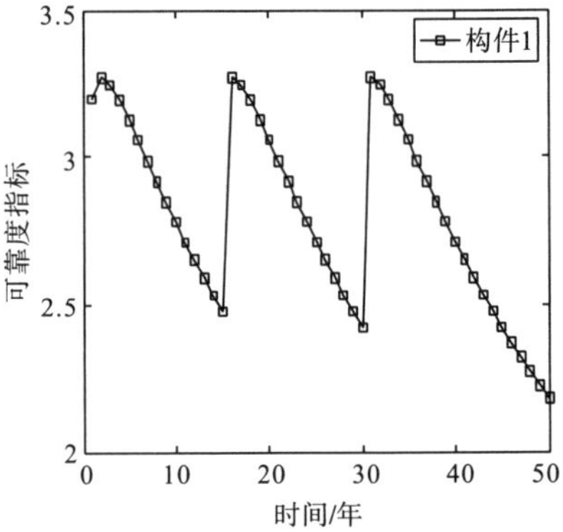

(b) B9分支

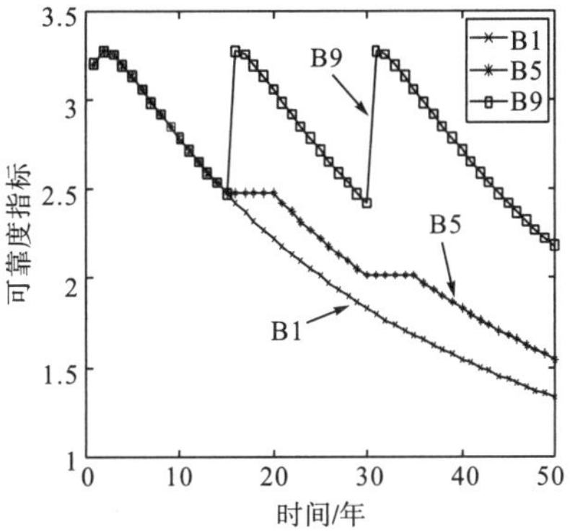

(c) 各分支的可靠度指标

图 6.23　各维修分支可靠度指标

对比三个不同分支的可靠度指标，B1 分支为两次检测中均无维修，B5 分支为两次检测都采用预防性维修，B9 分支为两次检测均采用必要性维修，各分支的可靠度指标在第一次检测后均发生了不同程度的变化。其中 B5 分支在两次检测维修后 5 年时间内保持在一个比较稳定的状态，B9 分支在两次检测维修后可靠度指标均回到了初始状态。想要大幅度地提高结构构件的可靠性，必要性维修是很好的方法，当然其产生的费用也是最高的。

各构件采取什么样的维修策略是根据检测前预先定义的某个标准来确定的，这里引入维修策略的概率，假设进行检测后得到构件的面积为 A_i，那么当构件的面积小于极限值 Δ_{EM} 时采用必要性维修；当检测的面积介于采用必要性维修的极限值和采用预防性维修的极限值 Δ_{PM} 之间时，则采用预防性维修；当检测的面积大于 Δ_{PM} 时构件处于安全状态，不需要进行维修。在这里分别取不同的三个极限值来研究构件 1 在 15 年和 30 年时的维修概率，如表 6.11 所示，对应的预期可靠度指标和预期失效概率如图 6.24 所示。

取 L_1：$\Delta_{EM}=0.85A(0)$，$\Delta_{PM}=0.98A(0)$；

取 L_2：$\Delta_{EM}=0.90A(0)$，$\Delta_{PM}=0.98A(0)$；

取 L_3：$\Delta_{EM}=0.95A(0)$，$\Delta_{PM}=0.98A(0)$。

表 6.11　不同极限值下的维修概率

维修策略	检测时间为 15 年			检测时间为 30 年		
	L_1	L_2	L_3	L_1	L_2	L_3
必要性维修	0.2545	0.0114	0.00005	0.6027	0.0952	0.002
预防性维修	0.3672	0.6104	0.645	0.2827	0.7901	0.8834
不维修	0.3783	0.3783	0.3783	0.1147	0.1147	0.1147

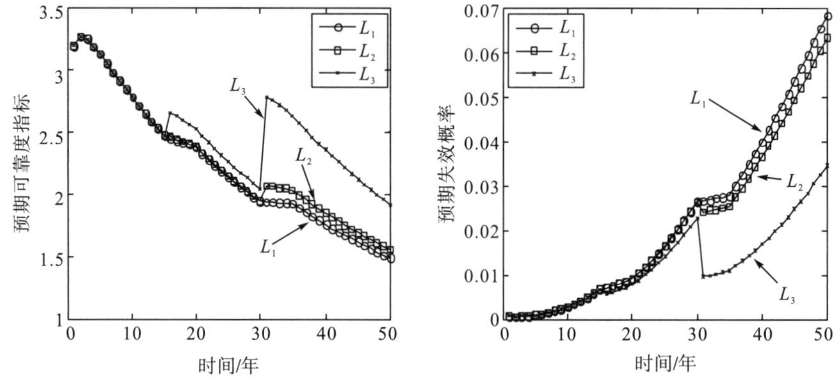

(a) 各构件的预期可靠度指标 (b) 各构件的预期失效概率

图 6.24 不同极限值下的预期可靠度指标和预期失效概率

图 6.24 中给出了在维修极限值 L_1、L_2、L_3 下构件在 15 年和 30 年检测维修的预期可靠度指标和预期失效概率。从图中可以看出 L_3 的可靠性最高，在 30 年的时候，L_3 的可靠性明显增大，这主要是因为 L_3 的必要性维修的极限值最大，也就是在相同情况下构件进行必要性维修的概率最大，必要性维修能显著地改善结构构件的可靠性，在进行检测时适当地提高结构必要性维修的极限值可以有效地增加进行必要性维修的可能性，从而增加结构的可靠度指标，降低失效概率。

对于由三个构件组成的系统而言，系统一的失效概率或可靠度为三个混凝土构件失效概率或可靠度的和；系统二的失效概率或可靠度为三个混凝土构件失效概率或可靠度的乘积；系统三的失效概率或可靠度为构件二和构件三的失效概率或可靠度乘积加上构件一的失效概率或可靠度；系统四的失效概率或可靠度为构件一和构件三的失效概率或可靠度乘积加上构件二的失效概率或可靠度；系统五的失效概率或可靠度为构件一和构件二的失效概率或可靠度乘积加上构件三的失效概率或可靠度。通过 MATLAB 计算出各构件及各系统的可靠度指标及失效概率，如图 6.25 所示。

从图 6.25 的(a)和(b)中可以看出构件 3 的可靠度指标大于构件 2 的可靠度指标，构件 2 的可靠度指标又大于构件 1 的可靠度指标，可以得出当增大截面面积时构件的可靠度指标增大，可靠性有所提高，相应的失效概率有所下降。由图 6.25 的(c)和(d)可以清楚地看到不同系统下不同的可靠度指标与失效概率，采用并联系统的系统二可靠度最高，采用串联系统即系统一的可靠度最低，混联系统的可靠度介于二者之间，系统五的可靠度大于系统四的可靠度大于系统三的可靠度。图 6.25 的(e)和(f)中构件 1 与系统三几乎重合，构件 2 与系统四几乎重合，构件

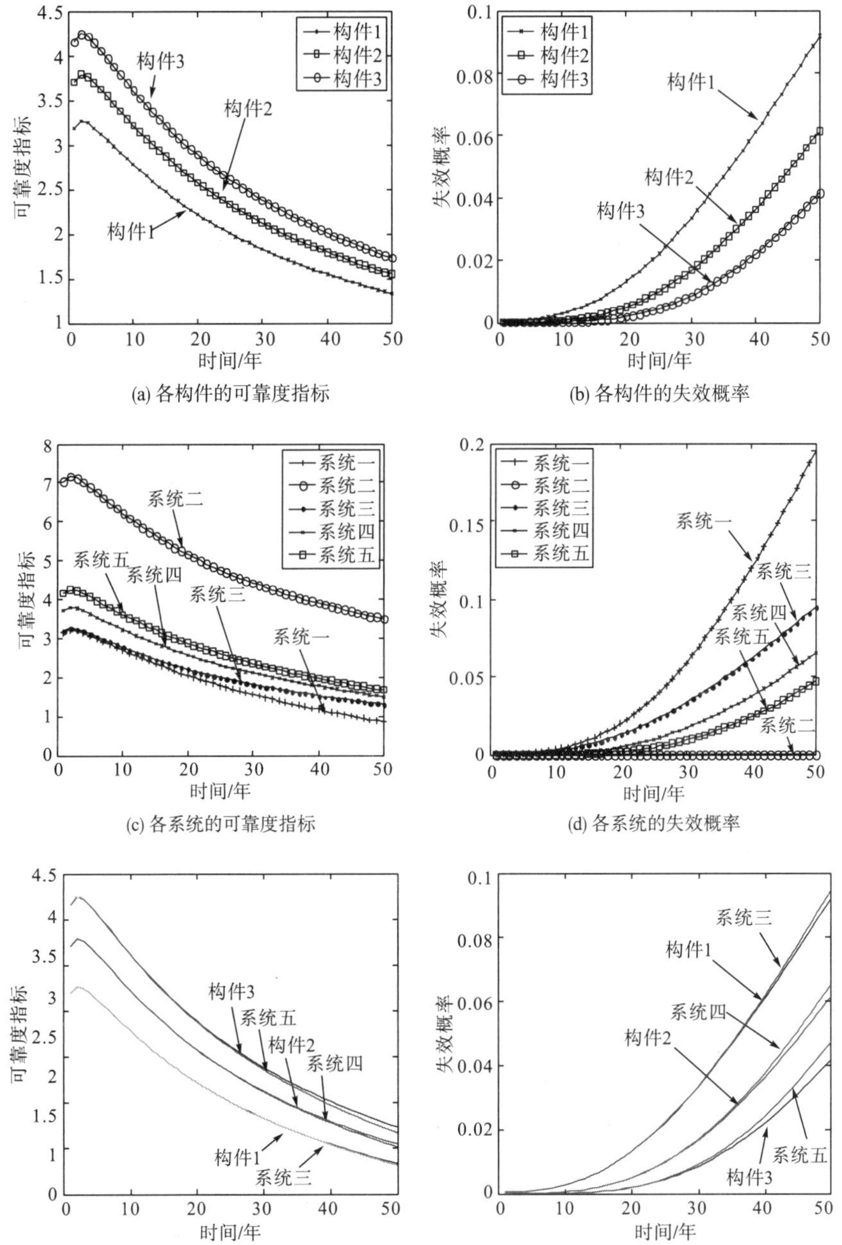

(a) 各构件的可靠度指标　(b) 各构件的失效概率

(c) 各系统的可靠度指标　(d) 各系统的失效概率

(e) 构件1~3与系统三~五的可靠度指标　(f) 构件1~3与系统三~五的失效概率

图 6.25　各构件及各系统的可靠度指标及失效概率

3 与系统五几乎重合，也就是说系统三中的关键构件为构件 1，系统三的可靠度主要是由构件 1 决定的，系统四中的关键构件为构件 2，系统五中的关键构件为构件 3，可以看出，系统中的关键构件在系统的可靠度中起到了很大的贡献，因此当提高系统中关键构件的可靠度时可以明显改善系统的可靠度。

对于系统的优化问题，假设系统进行一次检测，那么维修事件树就有 27 个分支，如图 6.26 所示。

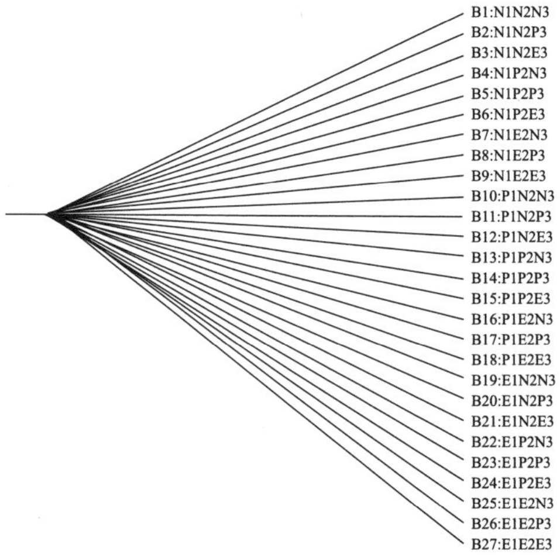

图 6.26 系统维修树

目标函数分别为最大的预期年失效概率和预期总成本，其遗传算法的数学模型表示如下：

$$\min\begin{cases} f_1(t)=E(C_L) \\ f_2(t)=\max\{E(P_f)\} \end{cases} \tag{6.37}$$

$$\text{s.t.}\quad t_{k+1}-t_k \geqslant \Delta T \qquad k=1,2,\cdots,N \tag{6.38}$$

式中，$E(C_L)$ —— 预期总成本，根据维修分支的概率和累计成本乘积之和求得；

$E(P_f)$ —— 预期失效概率，由维修分支的概率和维修分支的失效概率乘积之和求得；

t_{k+1} —— k+1 次检测时间；

t_k —— k 次检测时间；

ΔT —— 两次连续检测的最小间隔时间。

假定构件采用必要性维修的极限值为 $0.90A(0)$，预防性维修的极限值为 $0.98A(0)$，对于构件 1、构件 2、构件 3，假定进行检测的费用为 10000 元，进行预防性维修的费用为 40000 元，进行必要性维修的费用为 70000 元，使用 MATLAB 全局优化工具箱中的 gamultiobj 函数，在对每个系统计算最优检测和维修时间时，取初始种群为 100，最大迭代次数为 200，变异概率为 0.05，可以得到五个系统的 Pareto 最优曲面图，如图 6.27 所示。

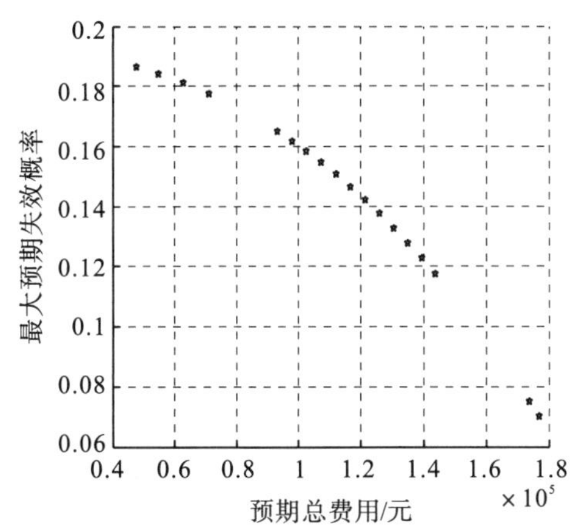

(a) 系统一

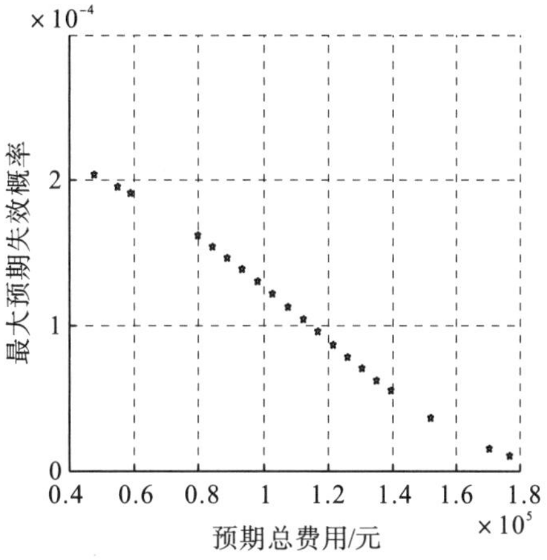

(b) 系统二

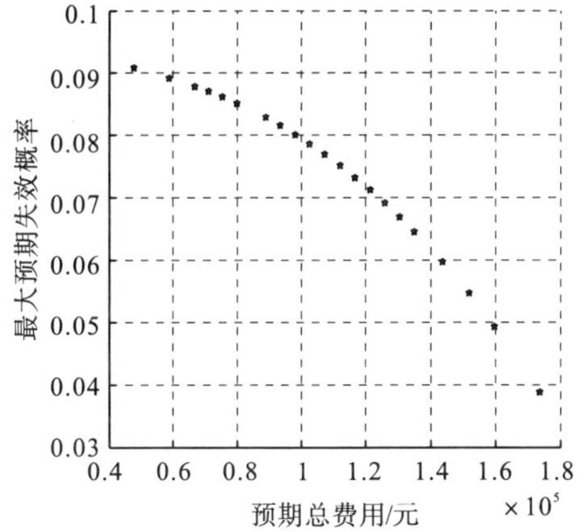

(c) 系统三

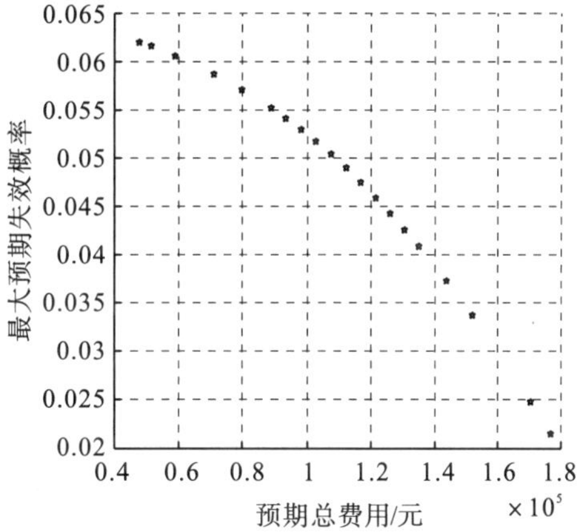

(d) 系统四

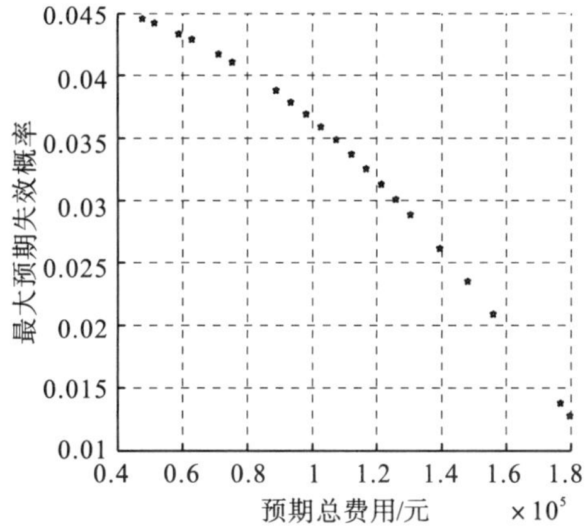

(e) 系统五

图 6.27　各系统 Pareto 优化曲面

五个不同的系统中存在多个 Pareto 最优检测和维修时间同时使得系统的最大预期失效概率和预期总成本达到最小，五个系统中若固定预期总费用，那么系统一的最大预期失效概率最大，系统二的最大预期失效概率最小，系统三、系统四、系统五介于中间，其中系统三的最大预期失效概率大于系统四的最大预期失效概率大于系统五的最大预期失效概率。出现这种情况主要是因为预期失效概率是由各维修分支的维修概率与对应的失效概率相乘之和得到，这里各系统维修分支的维修概率是相同的，所以预期失效概率的大小也就取决于各系统失效概率的大小。从上述各系统 Pareto 优化曲面中选取一个最优解，如表 6.12 所示。

表 6.12 各系统最优解

系统	检测时间/年	最大预期失效概率	预期总费用/元
系统一	21	0.127797	135084
系统二	21	6.23e-5	135084
系统三	21	0.064523	135084
系统四	21	0.040865	135084
系统五	21	0.027472	135084

从表中可以看出五个系统的最优解都是检测时间相同，预期总费用相同，唯一的区别是最大预期失效概率不同。系统一的最大预期失效概率最大，系统三、系统四、系统五次之，系统二的最大预期失效概率最小。作出各系统在最优检测时间 21 年时的预期失效概率，如图 6.28 所示。

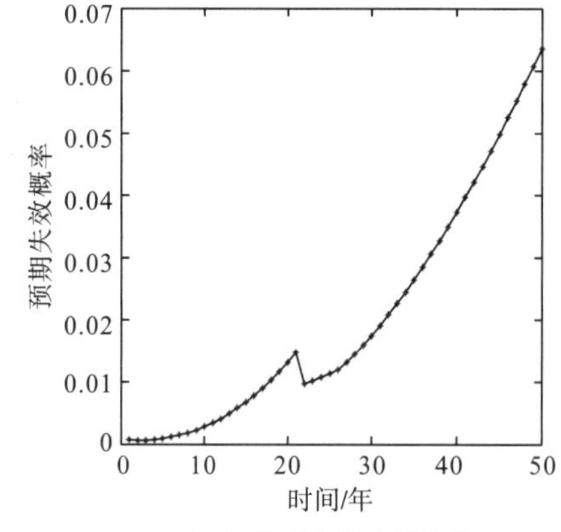

(a) 构件1的预期失效概率

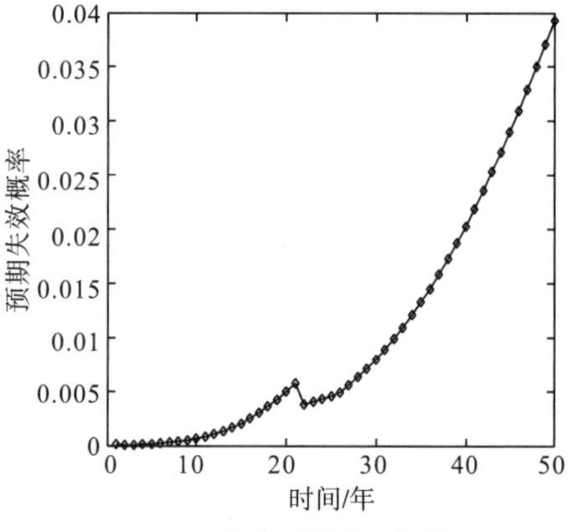

(b) 构件2的预期失效概率

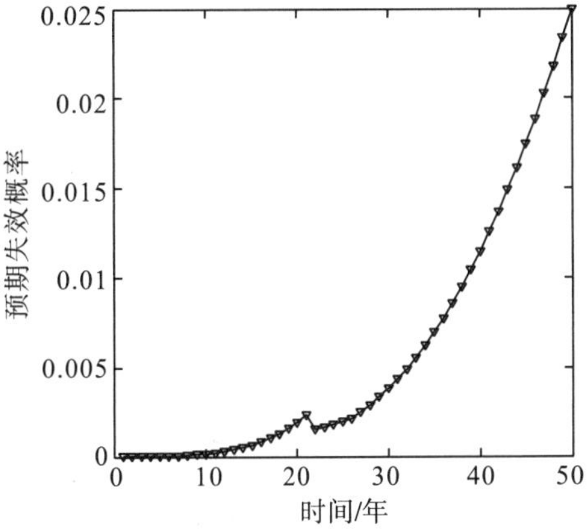

(c) 构件3的预期失效概率

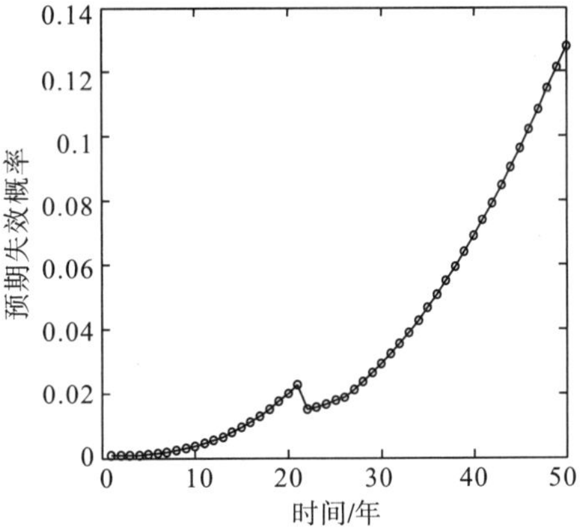

(d) 系统一的预期失效概率

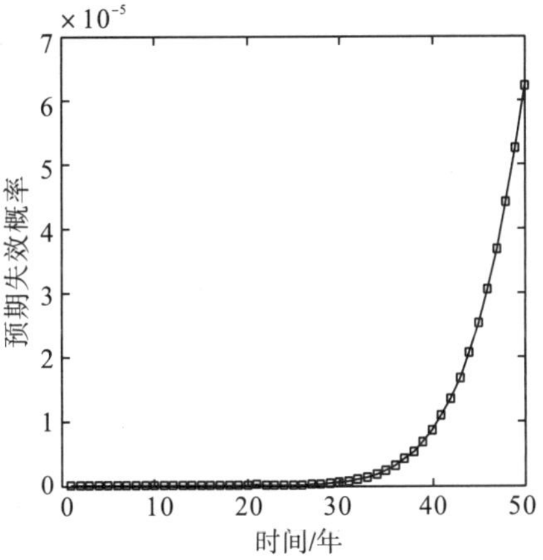

(e) 系统二的预期失效概率

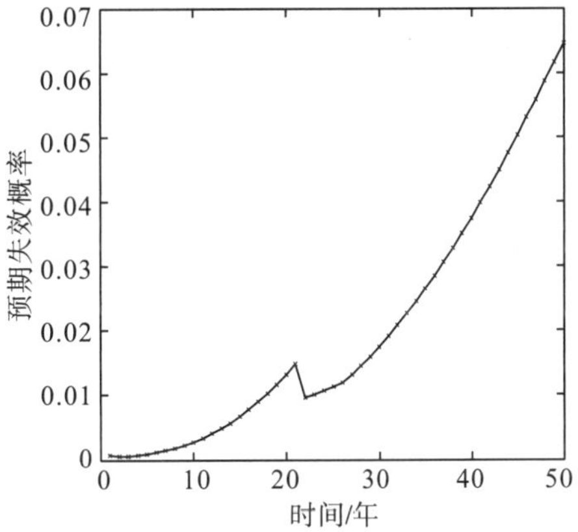

(f) 系统三的预期失效概率

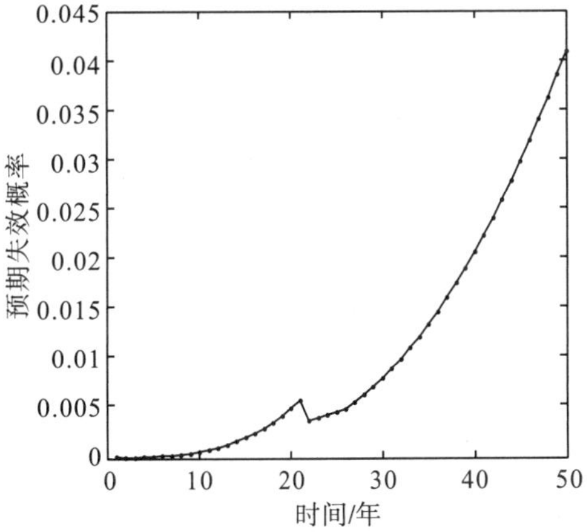

(g) 系统四的预期失效概率

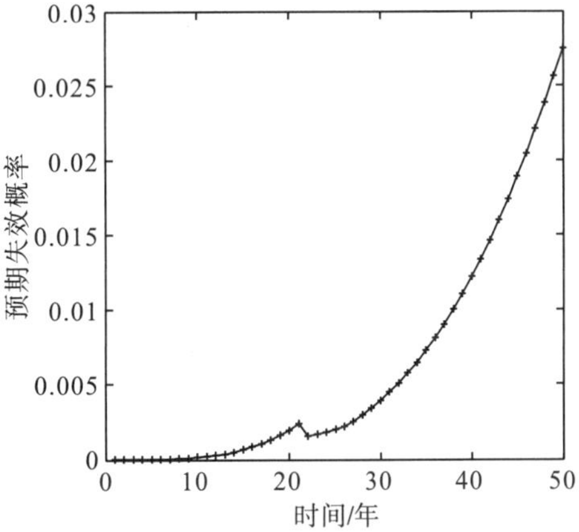

(h) 系统五的预期失效概率

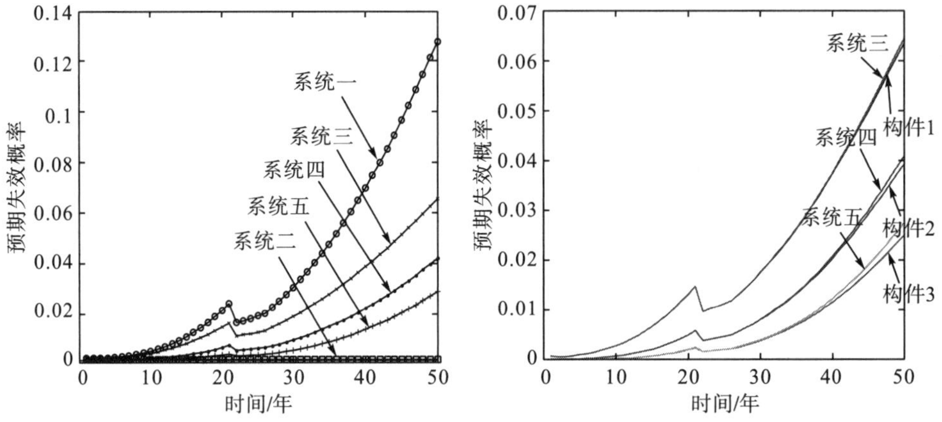

(i) 系统一~五的预期失效概率

(j) 构件1~3和系统三~五的预期失效概率

图 6.28　各系统的预期失效概率

图 6.28 中(a)、(b)、(c)为构件 1、构件 2、构件 3 在 21 年进行检测维修后的预期失效概率图，(d)、(e)、(f)、(g)、(h)是系统一、系统二、系统三、系统四、系统五在 21 年进行检测维修后的预期失效概率图，在 21 年进行检测维修后各构件和各系统均出现了不同程度的变化，其中系统二的变化最不明显，这主要是由于系统二是并联系统，其失效概率很低，维修检测后对系统的失效概率影响不大。从图(i)中可以清楚地比较五个系统的预期失效概率，系统一的预期失效概率大于系统三的预期失效概率大于系统四的预期失效概率大于系统五的预期失效概率大于系统二的预期失效概率，和其他系统的预期失效概率相比较而言，系统二的预期失效概率几乎可以忽略不计，可见对于结构系统，想要很好地提高其可靠性，可在结构的设计时多采用并联结构。(j)中构件 1 的预期失效概率和系统三的预期失效概率几乎重合，构件 2 的预期失效概率和系统四的预期失效概率几乎重合，构件 3 的预期失效概率和系统五的预期失效概率几乎重合，在系统三中构件 1 起主导作用，系统四中构件 2 起主导作用，系统五中构件 3 起主导作用，所以当想提高系统的可靠性时可以集中在对关键构件的维修上。

6.4.3　基于预期总风险的系统优化计算分析

本节在讨论风险时，均考虑仅由一个构件失效引起的风险并且各构件之间是相互独立的。对于上述的五个系统，可通过事件树模型来分析构件失效和系统失效所导致的风险。图 6.29 中显示了仅由一个构件失效所导致的风险。在图中，$E_i\overline{E_j}\,\overline{E_k}$ 表示的是 i 结构失效而 j 结构和 k 结构幸存；$F_i|E_i\overline{E_j}\,\overline{E_k}$ 和 $\overline{F_i}|E_i\overline{E_j}\,\overline{E_k}$ 表示的是 i 构件

失效，j、k 构件幸存的情况下系统失效的概率以及系统幸存的概率；$C_{\mathrm{DIR},i}$ 为仅构件 i 失效时所产生的直接费用；$C_{\mathrm{IND},i}$ 为仅构件 i 失效时所产生的间接费用。

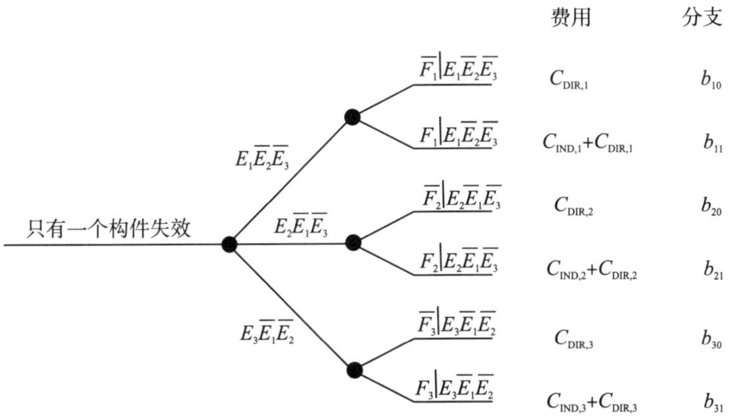

图 6.29　仅一个构件失效的风险事件树模型

对于相互独立的构件，事件 $E_i\overline{E_j}\,\overline{E_k}$ 发生的概率可表示为

$$P\left(E_i\overline{E_j}\,\overline{E_k}\right)=P\left(E_i\right)\cdot P\left(1-P\left(E_j\right)\right)\cdot P\left(1-P\left(E_k\right)\right) \tag{6.39}$$

式中，$P\left(E_i\right)$、$P\left(E_j\right)$ 和 $P\left(E_k\right)$ 分别表示构件 i、构件 j、构件 k 失效的概率。那么可以得出：

$$P\left(b_{i0}\right)=P\left(E_i\overline{E_j}\,\overline{E_k}\right)\cdot\left[1-P\left(F_i\middle|E_i\overline{E_j}\,\overline{E_k}\right)\right] \tag{6.40}$$

$$P\left(b_{i1}\right)=P\left(E_i\overline{E_j}\,\overline{E_k}\right)\cdot P\left(F_i\middle|E_i\overline{E_j}\,\overline{E_k}\right) \tag{6.41}$$

路径 b_{i0} 只有直接费用，因为只有构件 i 失效，系统没有失效；而 b_{i1} 路径既存有构件 i 失效，又有系统失效，因此该路径同时存在直接费用和间接费用。由此可得仅一个构件失效所造成的直接风险 $R_{\mathrm{DIR},i}$ 和间接风险 $R_{\mathrm{IND},i}$ 可表示为

$$R_{\mathrm{DIR},i}=P\left(b_{i0}\right)\cdot C_{\mathrm{DIR},i}+P\left(b_{i1}\right)\cdot C_{\mathrm{DIR},i}=P\left(E_i\overline{E_j}\,\overline{E_k}\right)\cdot C_{\mathrm{DIR},i} \tag{6.42}$$

$$R_{\mathrm{IND},i}=P\left(b_{i1}\right)\cdot C_{\mathrm{IND},i}=P\left(E_i\overline{E_j}\,\overline{E_k}\right)\cdot P\left(F_i\middle|E_i\overline{E_j}\,\overline{E_k}\right)\cdot C_{\mathrm{IND},i} \tag{6.43}$$

在这里，构件失效的直接费用为 7 万元，间接费用假设为 10 万元，通过事件树模型和上述方程可求得上述五个系统仅由一个构件失效而造成的直接风险和间接风险，如图 6.30 和图 6.31 所示。

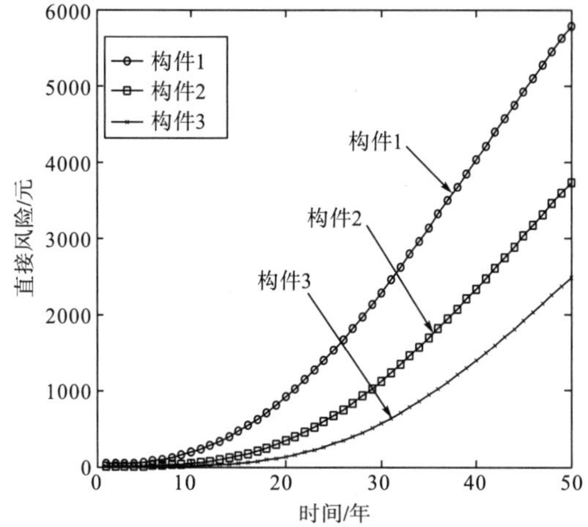

图 6.30　仅 1 个构件失效的直接风险

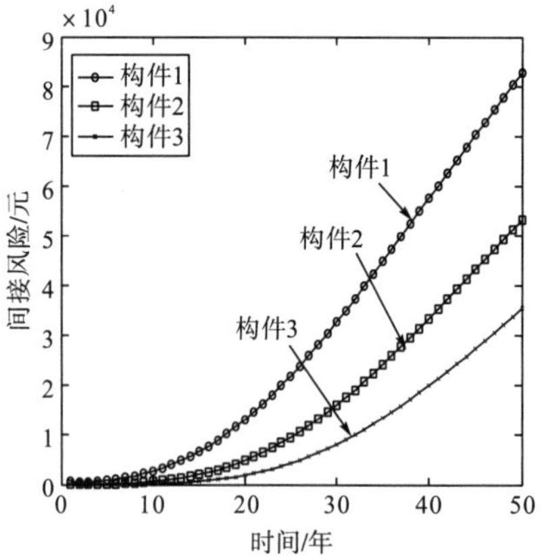

(a) 串联系统中构件1~3的间接风险

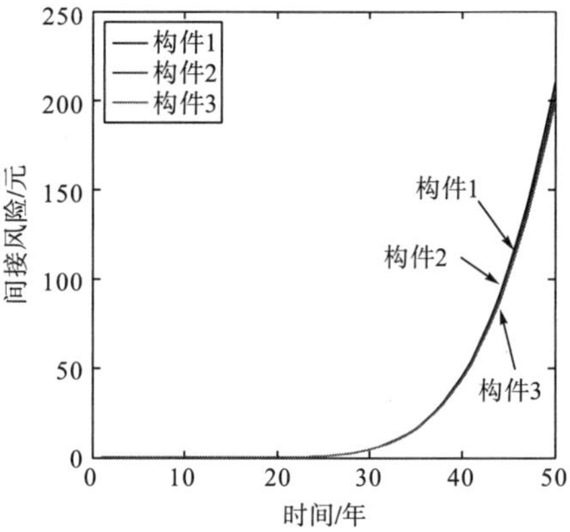

(b) 并联系统中构件1~3的间接风险

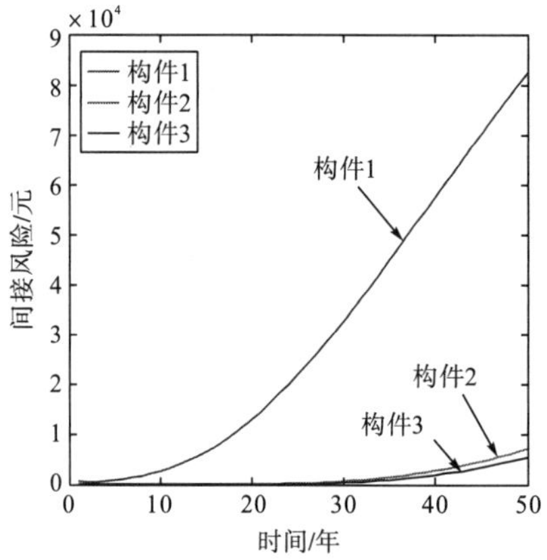

(c) 系统三中构件1~3的间接风险

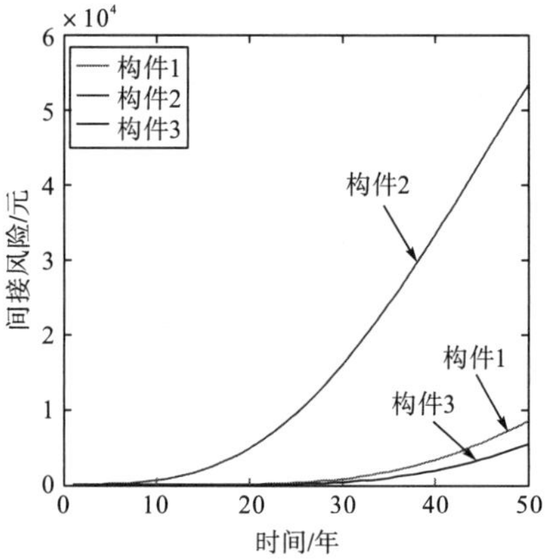

(d) 系统四中构件1~3的间接风险

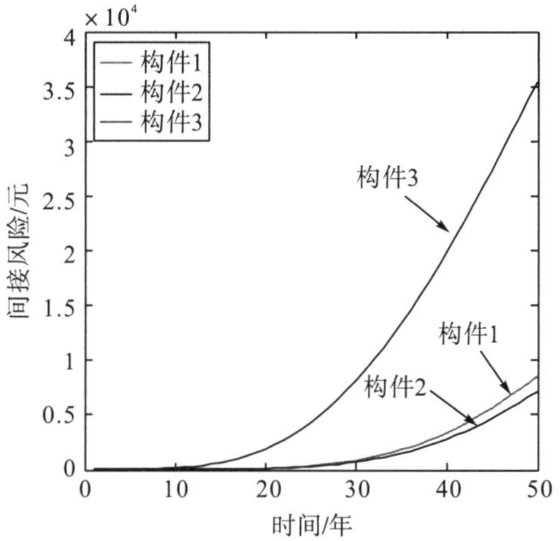

(e) 系统五中构件1~3的间接风险

图 6.31　不同系统仅一个构件失效的间接风险

从图中可以看出同一构件在不同系统下构件失效的直接风险是一样的，这是由于直接风险仅与构件本身有关，与系统无关；不同构件在同一系统下由于其失效概率不同因而直接风险有所差异；串联系统中单一构件一旦失效，则系统便失效，因此串联系统下构件的间接风险最大；并联系统下三个构件的间接风险几乎相同，这主要是由于串联系统中各构件失效对系统失效的影响不大；在混联系统中关键构件失效所带来的间接风险远远大于非关键构件失效所带来的间接风险。仅一个构件失效的情况下系统的总风险等于直接风险与间接风险之和，见图 6.32。

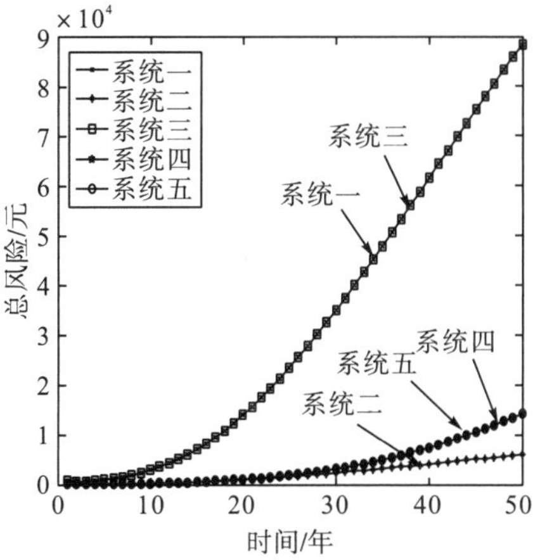

(a) 仅构件1失效的情况下各系统中的总风险

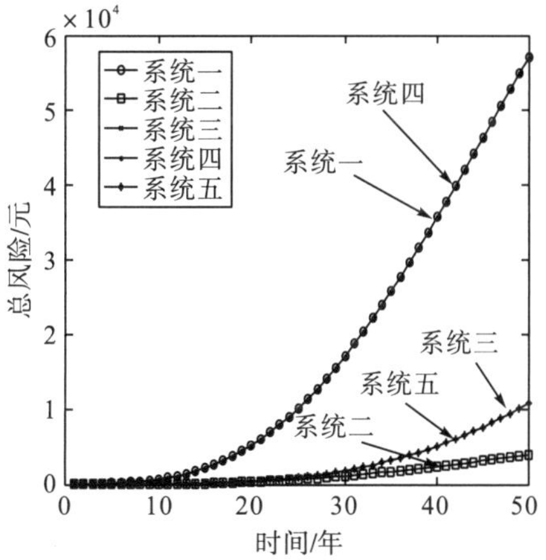

(b) 仅构件2失效的情况下各系统中的总风险

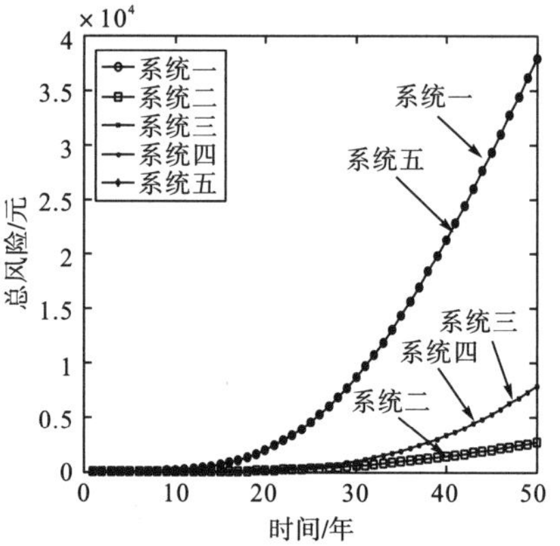

(c) 仅构件3失效的情况下各系统中的总风险

图 6.32 仅一个构件失效系统的总风险

从图中可以看出，当仅构件 1 失效时，系统一和系统三的风险相同，系统四和系统五的风险相同；当仅构件 2 失效时，系统一和系统四的风险相同，系统三和系统五的风险相同；当仅构件 3 失效时，系统一和系统五的风险相同，系统四和系统三的风险相同。这主要是因为当系统失效时即该构件退出工作，系统中相当于没有该构件，串联系统的失效概率是三个构件相加，任意一个构件失效则整个系统失效。而混联系统是其中两个构件并联再与第三个构件串联，当处在混联系统中的构件失效后，系统的失效概率就为另两个构件失效概率之和；当处于串联系统中的关键构件失效后，整个系统也失效。在所有的情况下，系统二的总风险一直处于最低状态，这主要是因为并联系统是由三个构件并联而成，其失效概率等于三个构件失效概率之积，因而并联系统的失效概率最低。当任意一个构件失效后，系统的另外两个构件仍然工作。

维修分支的概率和维修分支的风险乘积之和采用双目标优化程序，目标函数分别为最大的预期风险和预期总成本，采用的遗传算法的数学模型表示如下：

$$\min\begin{cases} f_1(t)=E(C_L) \\ f_2(t)=\max\{E(R(t))\} \end{cases} \tag{6.44}$$

$$\text{s.t.}\quad t_{k+1}-t_k \geqslant \Delta T\ ,\quad k=1,2,\cdots,N \tag{6.45}$$

式中，$E(C_L)$—— 预期总成本，根据维修分支的概率和累计成本乘积之和求得；

$E(R(t))$——预期风险，由维修分支的概率和维修分支的风险乘积之和求得；

t_{k+1}—— k+1 次检测时间；

t_k—— k 次检测时间；

ΔT—— 两次连续检测的最小间隔时间，这里仅考虑维修一次。

通过 MATLAB 优化得到五个系统的以预期风险和总成本为目标函数的 Pareto 优化曲线，如图 6.33 所示。

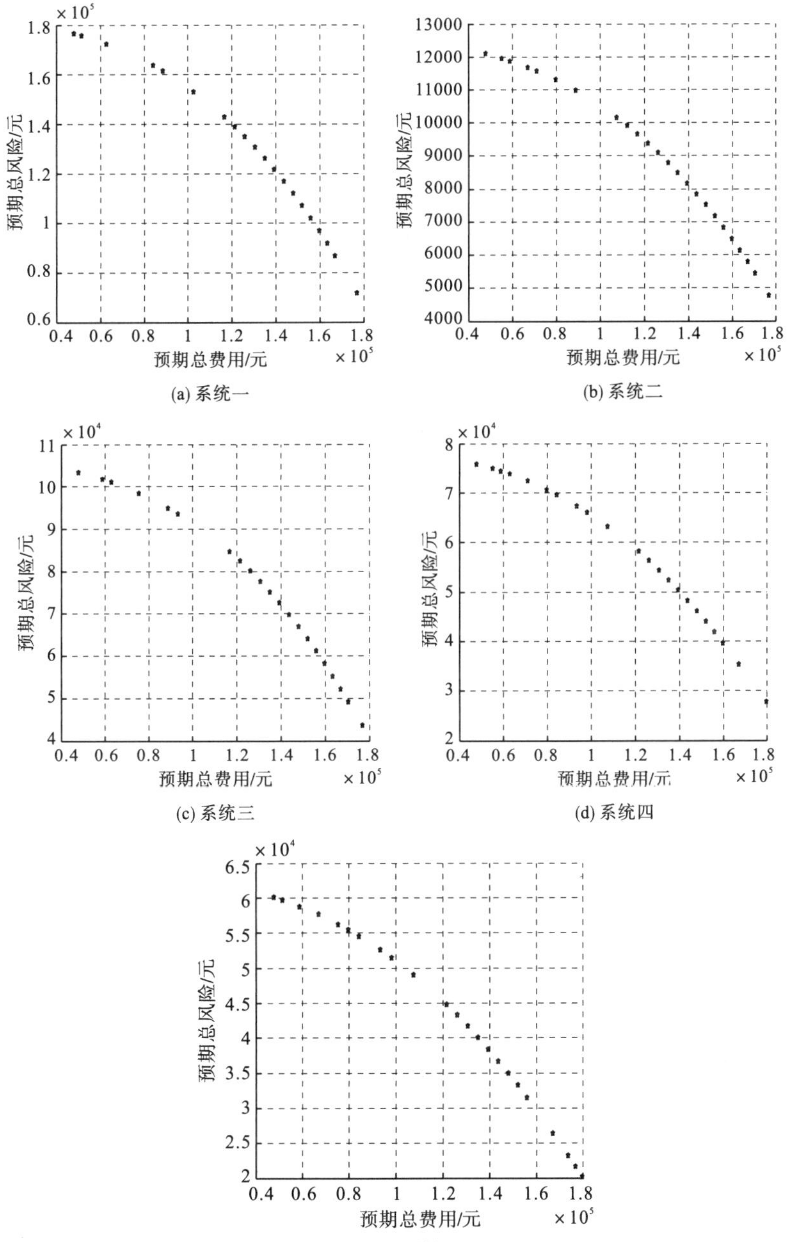

(a) 系统一　(b) 系统二　(c) 系统三　(d) 系统四　(e) 系统五

图 6.33　不同系统的 Pareto 曲线

从上述各系统 Pareto 优化曲面中选取一个最优解，如表 6.13 所示。

表 6.13 各系统最优解

	检测时间/年	最大总风险/元	预期总费用/元
系统一	21	126 106	135 084
系统二	21	8 491	135 084
系统三	21	75 133	135 084
系统四	21	52 415	135 084
系统五	21	40 029	135 084

比较以最大预期失效概率为目标函数和以最大预期风险为目标函数，在五个系统下进行一次维修的优化结果，当取两种目标函数优化下的预期总费用相同时，其检测时间相同，可见对于一次维修状态下，以最大预期失效概率为目标函数和以最大预期风险为目标函数的优化所得到的最优检测维修时间是相同的。

结构构件的可靠度指标随着时间的增长而不断减小，失效概率不断增大。系统的可靠性主要取决于构件和不同的配置系统，串联系统可靠性最低，并联系统可靠性最高，混联系统可靠性介于二者之间。对于混联系统可通过对系统关键构件进行维修来有效提高系统的可靠性。

折现率对全寿命期的总费用影响较大，失效费用的不同主要影响必要性维修，而对基于使用维修和基于状况维修影响较小。高的失效费用对应必要性维修中高的最优年均费用，检测费用和维修费用主要影响基于使用维修和基于状况维修。当检测维修费用较高时，对应的最优年均费用也就较高，最优的检测维修时间延后。对于基于双目标遗传算法的优化方法，在固定预防性维修极限值的情况下，必要性维修极限值越大，进行必要性维修的概率就越大，预期的失效概率也就越小。不同的系统优化得出的 Pareto 最优曲面不同，当固定预期总费用时，串联系统的最大预期失效概率最大，并联系统的最大预期失效概率最小。不同构件在同一系统下由于其失效概率不同因而直接风险有所差异；串联系统中单一构件一旦失效，则系统便失效，串联系统下单一构件失效的间接风险最大；并联系统下单一构件失效的间接风险最小；在混联系统中关键构件失效所带来的间接风险远远大于非关键构件失效所带来的间接风险。

6.5 基于检测的桥梁构件的维修

6.5.1 桥梁构件的检测与维修

检测可以分为目标检测和仪器检测。对于混凝土构件，无损检测的方法包括肉眼检测、超声波探测、红外线检测、雷达检测、回弹法探测等。测量内容包括裂缝尺寸测量、混凝土保护层厚度测量、钢筋的锈蚀策略、氯离子侵蚀程度、碳化深度测量等。

混凝土结构的检测是结构受损的因素和评价混凝土结构的健康情况与抗力的依据。检测里面的方法的精确性确定了对结构损伤的判断能力。针对钢筋混凝土结构，相应给出受损的函数为

$$\eta(t)=\begin{cases}0, & 0\leqslant t\leqslant t_1\\ \dfrac{A_0-A_s(t)}{A_0}, & t_1<t\end{cases} \tag{6.46}$$

式中，A_0—— 钢筋的初始截面积；

$A_s(t)$—— t 时刻钢筋的截面积；

t_1—— 钢筋锈蚀的时间。

检测的准确程度能够以检测能力函数 $d(\eta)$ 来定义，其公式为

$$d(\eta)=\text{Prob}\left[\text{探测到损伤}\middle|\eta\right] \tag{6.47}$$

假定检测的方法 50%是能够检测到的损伤程度表示为 $\eta_{0.5}$；能探测到的最小损伤程度被定义为 $\eta_{\min}$；100%可能探测到的损伤程度被定义为 $\eta_{\max}$。检测的能力函数现在用的是正态模型：

$$d(\eta)=\begin{cases}0, & 0\leqslant\eta<\eta_{\min}\\ \varPhi\left(\dfrac{\eta-\eta_{0.5}}{\sigma}\right), & \eta_{\min}\leqslant\eta\leqslant\eta_{\max}\\ 1, & \eta>\eta_{\max}\end{cases} \tag{6.48}$$

检测精度是检测费用的一个因素，精度越高，费用就越高。检测的费用是检测精度的函数：

$$C_{\mathrm{I}}=\alpha_1(1-\eta_{\min})^{20} \tag{6.49}$$

式中，α_1—— 被假定为失效损失 C_{F} 的百分比。

6.5.2　桥梁构件检测与维修的费用

采用维修措施后，系统的可靠度明显地上升，通过维修后的抗力水准一定达到起初值的 80%。针对结构的使用时间，维修一次使用的寿命非常短，也就是马上完成。如果检测的病害马上修复，构件的抗力值会回到刚开始的值。

桥梁的检测与维修的这个进程里，维修的效果决定了维修费用。针对钢筋混凝土梁，假定一次维修的费用为

$$C_{\mathrm{R}} = \alpha_{\mathrm{R}} \left[\frac{M_0 - M_r(t)}{M_0} \right]^{\gamma} \tag{6.50}$$

式中，α_{R} —— 失效损失 C_{F} 的百分比；

M_0 —— 初始抗力；

$M_r(t)$ —— 修理后的抗弯承载力；

γ —— 模型参数。

检测/维修的事件树可以用来阐述桥梁检测和维修所具有的各种情况。在第一次检测完以后，出现两种情况：维修和不维修；在第二次检测完以后会出现四种情况；在第 m 次检测完以后，会出现 2^m 种情况，如图 6.34 所示。

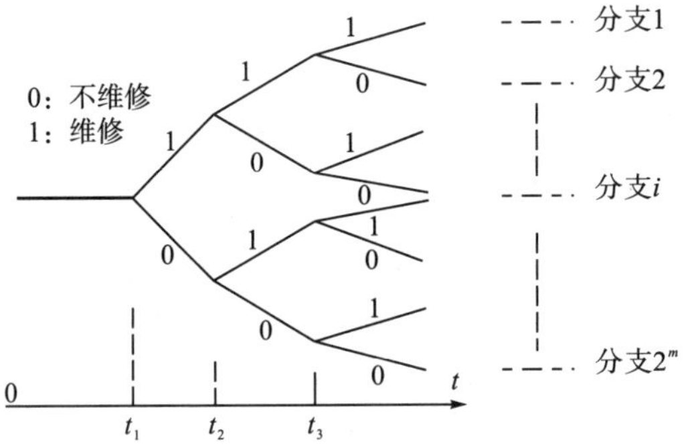

图 6.34 检测/维修事件树

$$\begin{cases} P(b_1^1) = \mathrm{Prob}[Z_b(t_1) > 0 \cap Z(t_1) > 0 \cap t_\omega(t_1) < t_{\omega cr}] \\ P(b_1^2) = 1 - P(b_1^1) \end{cases} \tag{6.51}$$

$$\begin{cases} P(b_2^1 | b_1^1) = \mathrm{Prob}[Z_b^1(t_2) > 0 \cap Z_s^1(t_2) > 0 \cap t_\omega^1(t_2) < t_{\omega cr} | b_1^1] \\ P(b_2^2 | b_1^1) = \mathrm{Prob}[Z_b^1(t_2) > 0 \cap Z_s^1(t_2) > 0 \cap t_\omega^1(t_2) \geqslant t_{\omega cr} | b_1^1] \end{cases} \tag{6.52}$$

式中，功能函数以及 t_ω 的上标表示维修后的新数值。

$$Z_b^1(t_2) = Z_b(t_2 - t_1),\ Z_s^1(t_2) = Z_s(t_2 - t_1),\ t_\omega^1(t_2) = t_\omega(t_2 - t_1) \tag{6.53}$$

相同的情况下，能够在维修事件树上得出 b_2^3、b_2^4 发生的概率，倘若是第 n 次检测完了以后，能够求出每一个分支的概率。

检测费用、维修费用和失效费用是桥梁的后期管理总费用的三个部分：

$$C_{\mathrm{T}} = C_{\mathrm{I}} + C_{\mathrm{R}} + C_{\mathrm{F}} \tag{6.54}$$

其期望值为

$$\mathrm{EC}_{\mathrm{T}} = \mathrm{EC}_{\mathrm{I}} + \mathrm{EC}_{\mathrm{R}} + \mathrm{EC}_{\mathrm{F}} \tag{6.55}$$

式中，EC_T —— 后期管理总费用期望值；

EC_I —— 检测费用期望值；

EC_R —— 维修费用期望值；

EC_F —— 失效费用期望值。

考虑了第 i 次检测时的折现率 r_i，将所有的费用折算成现值。根据上述有关桥梁检测与维修的假设，可得

$$\begin{cases} EC_T = \sum_{i=1}^{m} \frac{C_T}{1+r_i t_i}\left[1-P_f(t_i)\right] \\ EC_R = \sum_{i=1}^{m}\sum_{j=1}^{2^i} \frac{C_{R,j}}{(1+r_i t_i)} P(b_i^j) \end{cases} \tag{6.56}$$

式中，m —— 检测次数；

t_i —— 第 i 次检测时间；

$C_{R,j}$ —— 事件树第 j 分支对应的维修费用，当不维修时，取零值；

$P(b_i^j)$ —— 第 i 次检测后对应的事件树第 j 分支的概率。

失效损失期望为

$$EC_F = C_F \sum_{t_i=0}^{T_L} \frac{P_f(t_i) - P_f^1(t_{i-1})}{(1+r_i t_i)} \tag{6.57}$$

式中，C_F —— 失效损失；

$P_f(t_i)$ —— t_i 时刻的失效概率；

$P_f^1(t_{i-1})$ —— t_{i-1} 时刻的失效概率，如结构在 t_{i-1} 时刻维修，则 $P_f^1(t_{i-1})$ 为 t_{i-1} 时刻维修后的失效概率(假定维修瞬间完成)。

6.5.3　最优维修时机的确定

和传统的优化算法比较，遗传算法的优化对象是把决策变量看作某种编码，并且运用的搜索方式是随机搜索，能够运用很多个点的搜索信息，经过目标函数变出来的适应度函数的值来得到下一步搜索的范围与方向。所以，遗传算法有良好的适用性、并行性与灵活性，它的精度与效率都比传统的优化算法要好。

曹明兰(2007)运用两阶段线性模型，研究了延迟重大维修时机的维修优化框架，本节在这个理论上继续研究。因为两阶段线性劣化模型被运用，因此在接下来的内容中，将可靠度指标 β 为例子分析，得到桥梁的优化模型，从而基于可靠度计算总的费用最低，如图 6.35 和式(6.58)所示。

$$\beta(t)=\begin{cases}\beta_0, & 0\leqslant t\leqslant t_{\mathrm{I}}\\ \beta_0-\alpha(t-t_{\mathrm{I}}), & t>t_{\mathrm{I}}\end{cases} \tag{6.58}$$

式中，β_0—— 初始可靠度指标；

α—— 可靠度指标劣化率；

t_{I}—— 劣化开始时间。

β_0是新建桥梁的初始可靠度指标，由于设计与施工方面的影响，不一样规模、不一样结构、不一样施工方法和不一样复杂程度的桥，初始可靠度指标β_0不一样。在这次分析的维修优化中，设初始可靠度指标β_0是能够估计或者计算得到的。

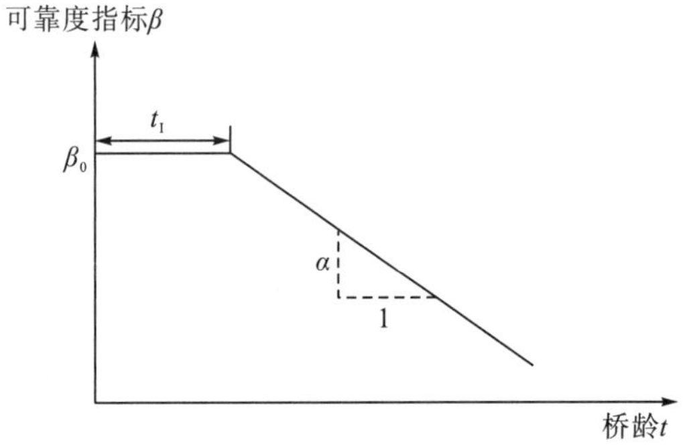

图 6.35 可靠度指标两阶段线性劣化模型

钢筋混凝土桥梁构件劣化维修是研究的重点，所以劣化率和劣化开始时间的值，可以由混凝土桥梁劣化的原理，根据混凝土桥梁结构整体寿命的历史统计资料求得。

分析维修效果和优化的前提条件是建立维修效果模型。桥梁维修活动主要是提高桥梁的可靠度水平，增强结构的安全性能，从桥梁的承载力方面增强桥梁的服役时间。桥梁无维修裂化模型与维修效果的模型可以采用效果的叠加法原理，单条线段维修效果是最基本的维修模型，它的维修效果模型如图 6.36 所示。

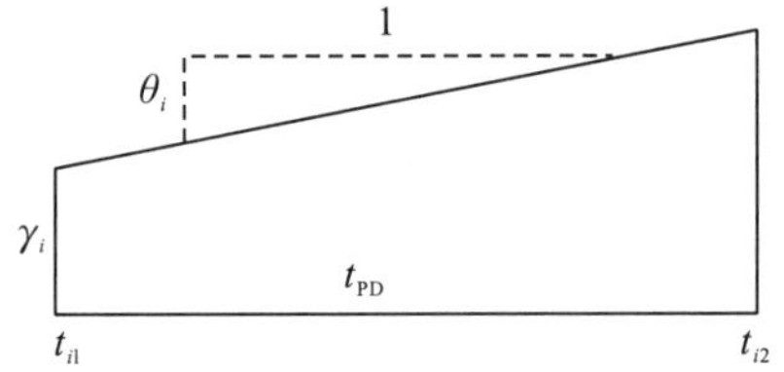

图 6.36 单条线段的维修效果模型

如果有一个维修方案α_i，维修的有效期为$t_{\mathrm{PD}}=t_{i2}-t_{i1}$，维修的有效区间为

$[t_{i1},t_{i2}]$，它的维修效果的参数是发生于 t_{i1} 时刻的效果陡升参数 γ_i 和发生在有效区间内的效果持续增长参数 $\theta_{it}=\theta_i$，则 α_i 在其有效区间 $[t_{i1},t_{i2}]$ 的维修效果如式(6.59)所示：

$$\beta_i(t)=\gamma_i+\theta_i(t)(t-t_{i1}) \tag{6.59}$$

与维修有关的参数如图 6.37 所示。

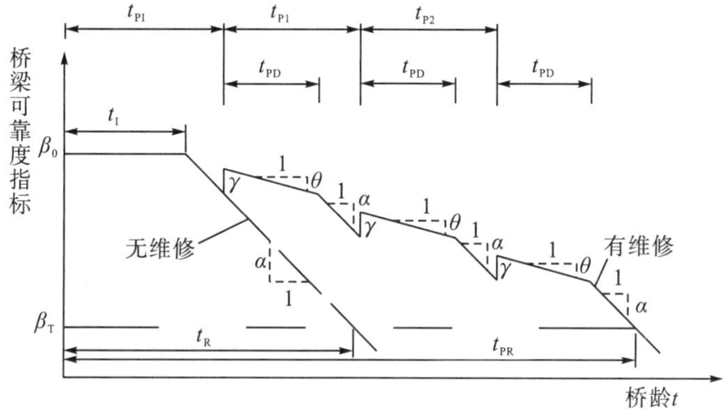

图 6.37　维修的参数图

图中的参数如下所示：

t_{PI}—— 维修开始的时间；

t_{P1}、t_{P2}—— 维修的间隔时间；

t_{PD}—— 维修的有效时间；

t_I—— 劣化开始时间；

α—— 没有维修的情况下可靠度的劣化率；

θ—— 有维修情况下实际可靠度劣化率，$\theta=\alpha-\theta_i$；

θ_i—— 维修可靠度的改善率；

γ—— 维修过后可靠度的陡升值；

t_R—— 没有维修情况下达到目标可靠度的时间；

t_{PR}—— 维修情况下达到目标可靠度的时间；

β_0—— 桥梁构件的初始可靠度；

β_T—— 目标可靠度。

图 6.38 就是劣化与维修的叠加效果图，在没有维修的情况下劣化对可靠指标的影响为 $\beta_\alpha(t)$ 与各种维修措施对可靠指标的改善结果为 $\sum\beta_i(t)$，把两者相加就可以得到实际情况下的可靠度水平模型，它的表达式如式(6.60)所示：

$$\beta(t)=\beta_\alpha(t)+\sum\beta_i(t) \tag{6.60}$$

桥梁可靠度指标控制的维修优化每次维修时可以以可靠度指标为控制的变量，桥梁结构的可靠度满足在允许的范围内使总费用最低，它的维修优化模型如下式所示：

$$\begin{cases} \min: C_{\mathrm{P}} = \sum_{i=1}^{n} \dfrac{C_i}{(1+r)^i} \\ \mathrm{s.t.}: \beta_i \geqslant \beta_{\mathrm{T}} \end{cases} \tag{6.61}$$

式中，C_i—— 第 i 年的维修成本；

r —— 贴现率；

C_{P} —— 总维修成本现值。

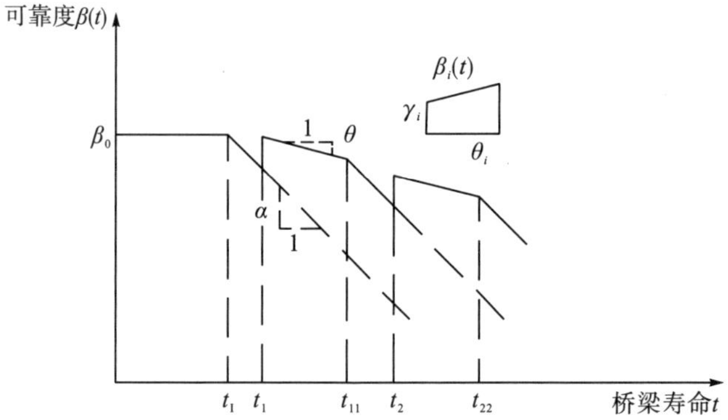

图 6.38 桥梁的维修与劣化的叠加模型图

参 考 文 献

曹明兰，2007. 桥梁维修全寿命经济分析与优化的理论框架研究[D]. 哈尔滨：哈尔滨工业大学

陈晨，2002. 桥梁管理系统研究与开发的理论基础初探[D]. 广州：华南理工大学

陈君，2016. 基于预期年失效率和累计成本的混凝土桥梁维修策略优化分析[D]. 重庆：重庆交通大学

陈稳，2017. 基于不同失效准则的混凝土桥梁构件的最优维修时机研究[D]. 重庆：重庆交通大学

陈曦，2015. 马尔可夫链：模型、算法与应用[M]. 北京：清华大学出版社

戴宇文，2004. 桥梁管理系统开发若干问题的研究与探索[D]. 广州：华南理工大学

耿波，王君杰，张谢东，2007. 桥梁技术状况预测的灰色马尔可夫链模型研究[J]. 武汉理工大学学报，31(1)：107-110

季云峰，2003. 桥梁管理系统的研究[D]. 上海：同济大学

江伟，2016. 钢筋混凝土梁桥维修优化研究[D]. 重庆：重庆交通大学

李东方，2008. 混凝土桥梁构件的可靠性修正与检测维修决策[D]. 哈尔滨：哈尔滨工业大学

李沙，2016. 基于概率的钢筋混凝土桥梁最优维修方案研究[D]. 重庆：重庆交通大学

吕颖超，贺拴海，2005. 在役桥梁承载力模糊可靠性的马尔可夫预测[J]. 长安大学学报，25(4)：39-43

邵旭东，彭建新，晏班夫，2006. 桥梁全寿命设计方法框架性研究[J]. 公路，26(1)：44-49

孙晓燕，黄承逵，赵国藩，2004. 基于动态可靠度和经济优化相结合的服役桥梁维修加固风险决策[J]. 工程力学，21(5)：5-10

曾勇，谭红梅，孙士成，等，2013. 基于概率的钢桥焊接构件疲劳养护策略优化方法[J]. 中国铁道科学，34(1)：29-34

Akgül F，2002. Lifetime system reliability prediction for multiple-structure types in a bridge network[D]. Boulder：University of Colorado

Bocchini P, Frangopol D M, 2011. A probabilistic computational framework for bridge network optimal maintenance scheduling[J]. Reliability Engineering & System Safety, 96(2): 332-349

Cesare M A，Santamarina C，Turkstra C，1992. Modeling bridge deterioration with Markov chains[J]. Journal of Transportation Engineering，118(6)：820-833

Chang L, Peng F, Ouyang Y, et al, 2012. Bridge seismic retrofit program planning to maximize postearthquake transportation network capacity[J]. Journal of Infrastructure Systems, 18: 75-88

Christou V, Bocchini P, Iranda M J, et al, 2018. Effective sampling of spatially correlated intensity maps using hazard quantization: application to seismic events[J]. ASCE-ASME Journal of Risk and Uncertainty in Engineering Systems, Part A: Civil Engineering, 4(1):1-13

Decò A, Frangopol D M, 2013. Life-cycle risk assessment of spatially distributed aging bridges under seismic and traffic hazards[J]. Earthquake Spectra, 29: 127-153

Frangopol D M, 1999. Life-cycle cost analysis for bridge[J]. Journal of Structural Engineering, 66(6): 210-236

Hearn G，Frangopol D M，Szabyi T，1995. Report on bridge management practices in the United States[D]. Boulder：University of Colorado

Jiang Y, Sinha K C, 1989. Bridge service life prediction model using the Markov chain[J]. Transportation Research Board, Washington D.C.

Kong J S，2001. Life time maintenance strategies for deteriorating structures[D]. Boulder：University of Colorado

Li Y，2004. Effect of spatial variability on maintenance and repair decisions for concrete structures[D]. Netherland：Technische Universiteit Delft

Saydam D, Frangopol D M, 2015. Risk-based maintenance optimization of deteriorating bridges[J]. Journal of Structural Engineering, 141(4): 04014120-1-10

van Noortwijk J M，Frangopol D M，2004. Two probabilistic life-cycle maintenance models for deteriorating civil infrastructures[J]. Probabilistic Engineering Mechanics，19(3)：345-359

第 7 章　钢筋混凝土梁桥维修优化示例

7.1　基于马尔可夫链与风险的维修优化示例

7.1.1　工程概况

本节以某 4 跨钢筋混凝土简支 T 梁桥为例，来说明基于马尔可夫链与风险的维修优化方法的运用。该桥为跨径为 2×25.6m+2×21.5m 的钢筋混凝土简支 T 梁桥，桥面全宽 9.0m，横向布置为 1.0m(人行道)+7.0m(车行道)+1.0m(人行道)，桥梁全长为 108.2m。桥台为重力式“U”形桥台，桥墩为重力式桥墩，上部结构由 5 片预制 T 梁组成，梁端各设 1 道横隔板，T 梁间无湿接缝连接，全桥通过桥面铺装完成横向联系，桥面为 15.5cm 钢筋混凝土铺装。桥梁结构如图 7.1 与图 7.2 所示。

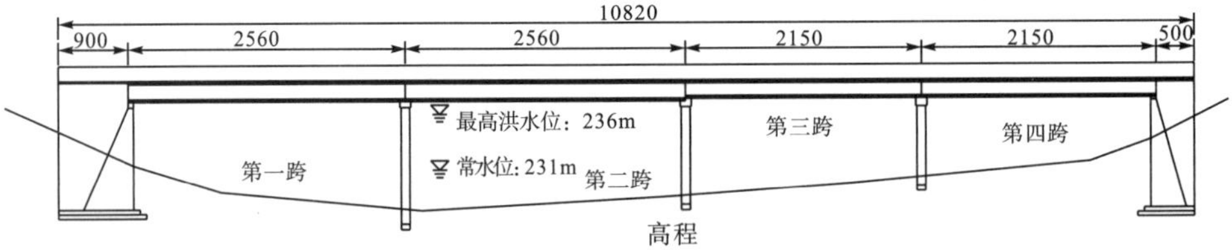

图 7.1　桥梁立面图(cm)

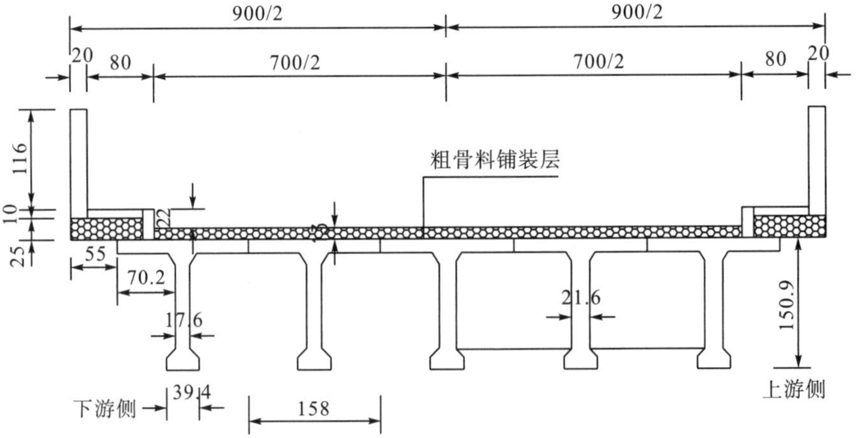

图 7.2　跨中 T 梁断面图(cm)

7.1.2　基本参数取值

假设该桥的维修优化周期为 70 年。把每一片 T 梁看成最基本的构件，假定该桥是由每片 T 梁串联在一起，即假设每一片 T 梁失效后所造成的损失是一样的，忽略各片 T 梁之间的耦合影响，认为各片 T 梁之间的参数是独立的。

(1) 构件的失效概率。T 梁在桥龄 35 年时的失效概率如表 7.1 所示。

表 7.1　状态值对应失效概率取值

状态值	1	2	3	4	5
失效概率	6×10^{-4}	7×10^{-4}	9×10^{-4}	10^{-2}	10^{-1}

(2) 概率转移矩阵。参考 Frangopol 的研究成果以及该桥的实际桥检资料，T 梁的概率转移矩阵 $\boldsymbol{P}$ 取为下式，并假定在 70 年内 T 梁的概率转移矩阵是不变的。

$$\boldsymbol{P}=\begin{bmatrix}0.96 & 0.04 & 0 & 0 & 0\\ 0 & 0.92 & 0.08 & 0 & 0\\ 0 & 0 & 0.88 & 0.12 & 0\\ 0 & 0 & 0 & 0.84 & 0.16\\ 0 & 0 & 0 & 0 & 1\end{bmatrix}$$

(3) 维修成本矩阵和构件失效引起的损失。根据桥梁造价以及桥对当地经济的影响，假定单片 T 梁失效引起的损失为 400 万元；根据单片 T 梁的造价，假设维修成本矩阵 $\boldsymbol{W}$，矩阵中的单位为万元；本节及下一节计算使用贴现率 r 的取值参照 0，取偏大值 r=7%。

$$\boldsymbol{W}=\begin{bmatrix}0 & 0 & 0 & 0 & 0\\ 5 & 0 & 0 & 0 & 0\\ 10 & 15 & 0 & 0 & 0\\ 25 & 20 & 15 & 0 & 0\\ 30 & 25 & 20 & 10 & 0\end{bmatrix}$$

(4) 假定现在有三种维修方案，即将桥梁状态通过维修措施提高到目标状态，维修时机与目标状态如表 7.2 所示。现在用基于马尔可夫链与风险的维修优化方法对这三种维修方案作出评价并选择合理的方案。

表 7.2 三种维修方案维修时机与目标状态

方案一	桥龄 t/年	8	16		
	目标状态	2	2		
方案二	桥龄 t/年	10	15	30	45
	目标状态	1	1	2	2
方案三	桥龄 t/年	20	30	40	55
	目标状态	1	1	2	2

7.1.3 计算结果

1. 无维修状态

当桥梁不采取任何维修措施时，单片 T 梁的状态概率变化曲线如图 7.3 所示。桥梁状态值为 1 的概率 P_1 在逐步下降，而状态值为 5 的概率在逐渐上升。当桥龄 $t=70$ 时，$P_1=0.0574$，$P_5=0.7874$。

单片 T 梁的失效概率变化曲线如图 7.4 所示，其失效概率 $P(\mathrm{CF})$ 一直在稳定上升，当桥龄 $t=70$ 时，$P(\mathrm{CF})=0.079$。

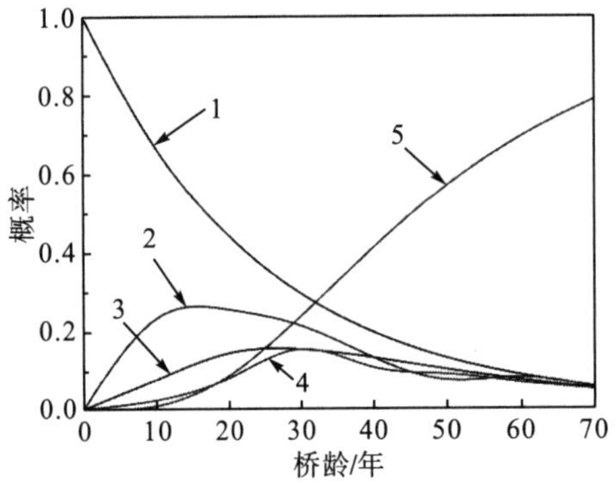

图 7.3 单片 T 梁的状态概率变化曲线

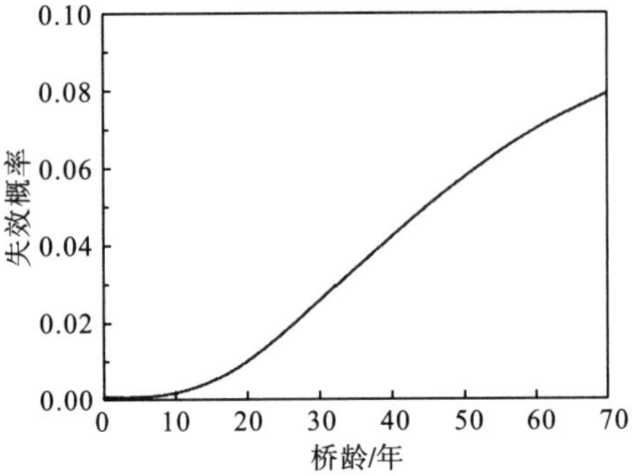

图 7.4 单片 T 梁的失效概率变化曲线

2. 状态概率与失效概率对比

采用 3 种不同的维修方案，单片 T 梁的状态概率和失效概率计算结果的变化曲线如图 7.5～图 7.10 所示。当桥龄 $t=70$ 时，各个维修方案实施后单片 T 梁状态概率和失效概率如表 7.3 所示。

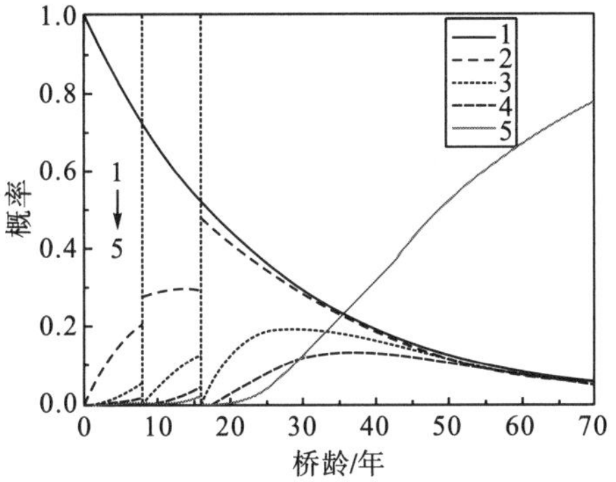

图 7.5　方案一单片 T 梁状态概率变化曲线

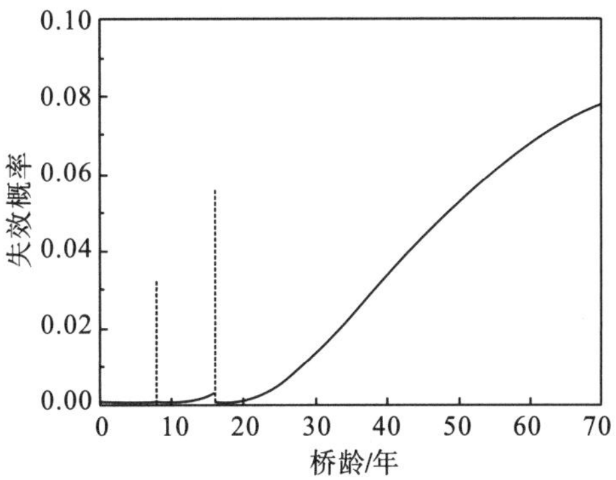

图 7.6　方案一单片 T 梁失效概率变化曲线

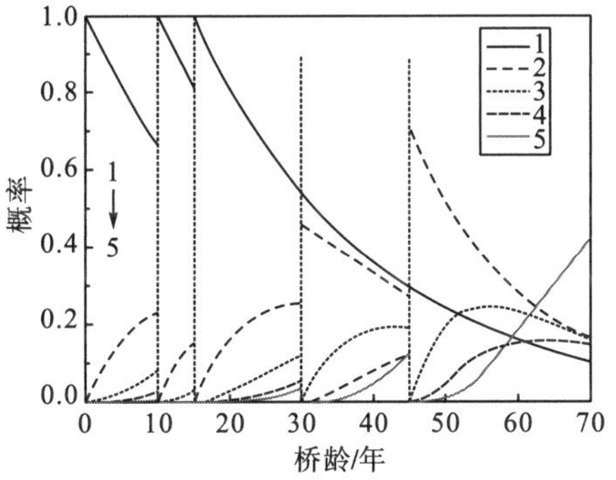

图 7.7　方案二单片 T 梁状态概率变化曲线

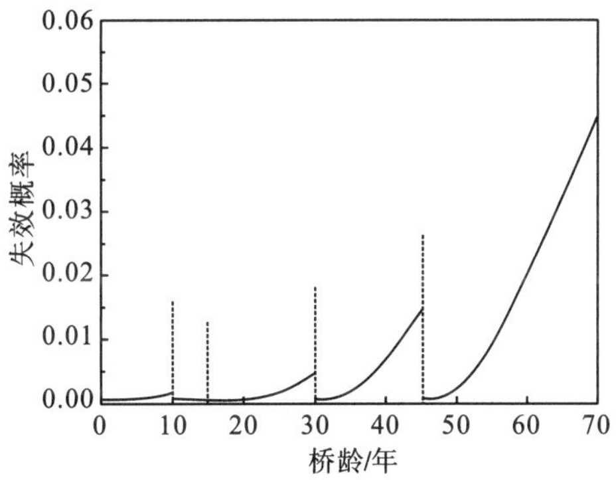

图 7.8　方案二单片 T 梁失效概率变化曲线

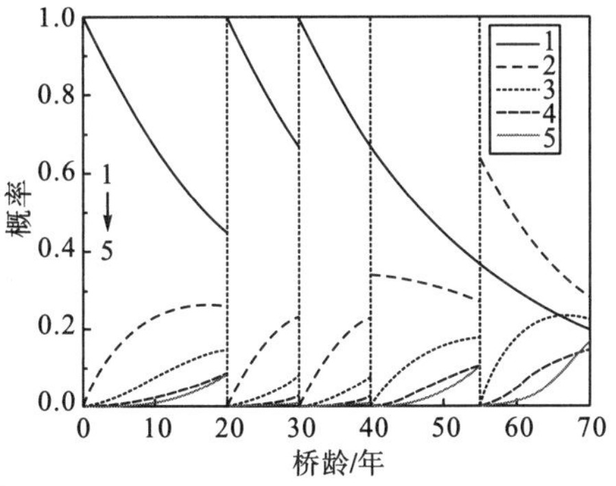

图 7.9　方案三单片 T 梁状态概率变化曲线

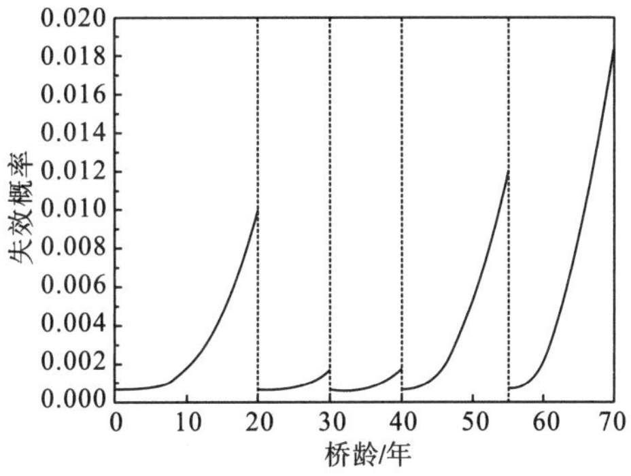

图 7.10　方案三单片 T 梁失效概率变化曲线

表 7.3　各维修方案 70 年后单片 T 梁状态概率与失效概率表

	1	2	3	4	5	失效概率 P(CF)
无维修	5.740E-02	5.450E-02	5.170E-02	4.900E-02	7.874E-01	7.935E-02
方案一	5.740E-02	5.700E-02	5.610E-02	5.480E-02	7.749E-01	7.816E-02
方案二	6.350E-05	1.100E-04	1.460E-04	1.458E-03	4.286E-02	4.464E-02
方案三	1.170E-04	1.930E-04	1.980E-04	1.440E-03	1.651E-02	1.846E-02

从以上各图中可以看出，维修措施能明显地降低 T 梁的失效概率，延缓 T 梁失效概率的增长趋势。

方案一的维修时间是桥龄第 8 年和第 16 年，主要集中在桥梁成桥前期，因此，单片 T 梁的失效概率在前 20 年很小，如图 7.5 所示，20 年后由于没有任何维修措施，其失效概率开始稳步增长，到 70 年时其失效概率是 7.816×10^{-2}，基本上接近无维修时的失效概率 7.935×10^{-2}。

方案二的维修时间分布比较均匀，分别是桥龄的第 10、15、35、45 年，T 梁的失效概率在整个寿命周期内都保持较低的水平，如图 7.8 所示。但是在最后 25 年，无任何维修措施，失效概率持续增长，70 年时，T 梁的失效概率是 4.464×10^{-2}，是方案一的 57%。

方案三相比于方案二，维修时间要延后，分别是桥龄的第 20、30、40、55 年。从 T 梁失效概率的角度看，方案三是最合理的。整个寿命周期内 T 梁的失效概率都保持在较低的水平，70 年时，T 梁失效概率最小，是 1.846×10^{-2}，是方案一的 24%。

3. 失效损失与维修成本对比

各个维修方案的全桥失效损失现值期望值和累计失效损失现值期望值的变化曲线如图 7.11～图 7.14 所示。

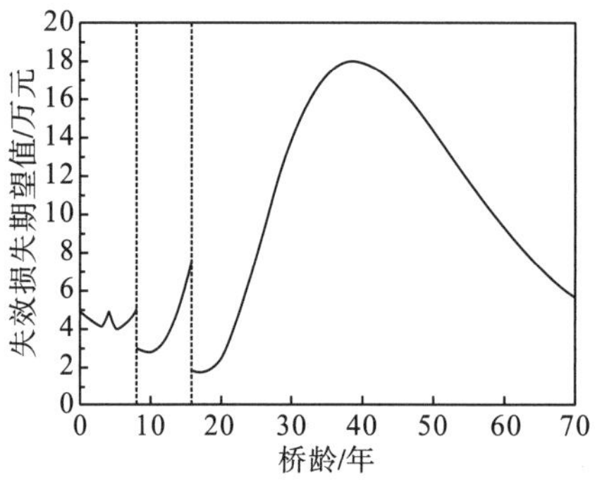

图 7.11　方案一全桥失效损失期望值

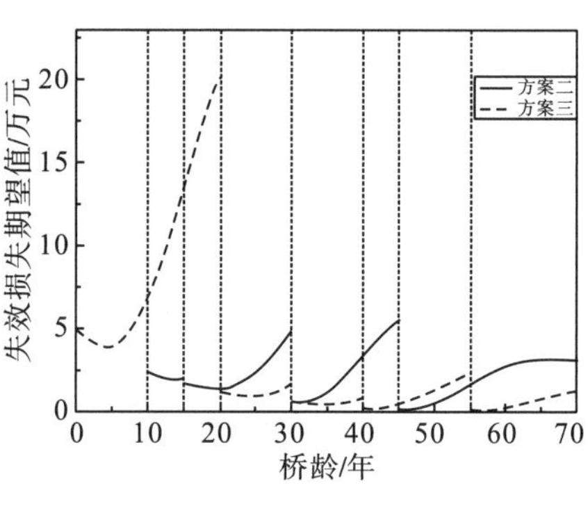

图 7.12　方案二和三全桥失效损失期望值

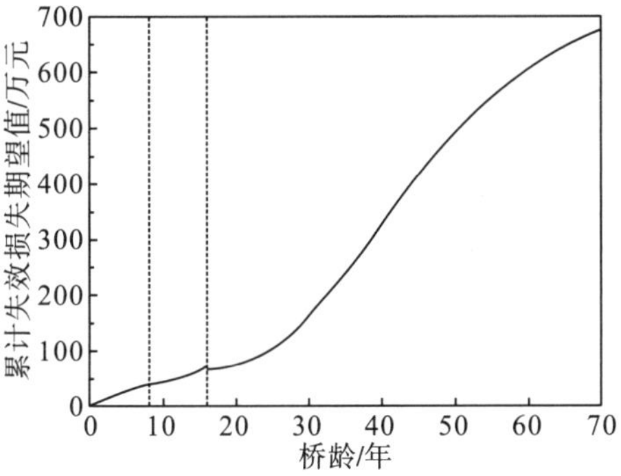

图 7.13　方案一全桥累计失效损失期望值

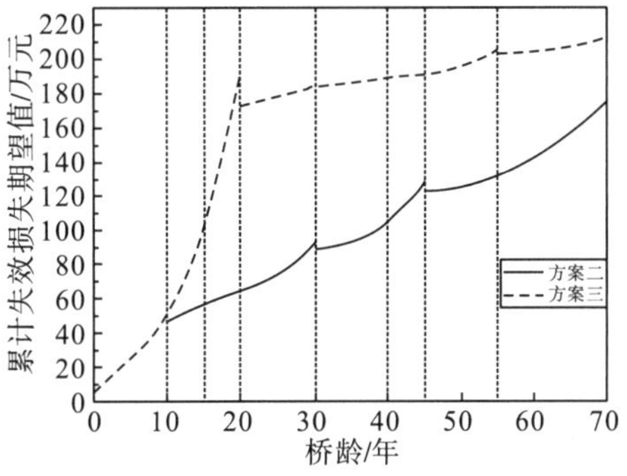

图 7.14　方案二和三全桥累计失效损失期望值

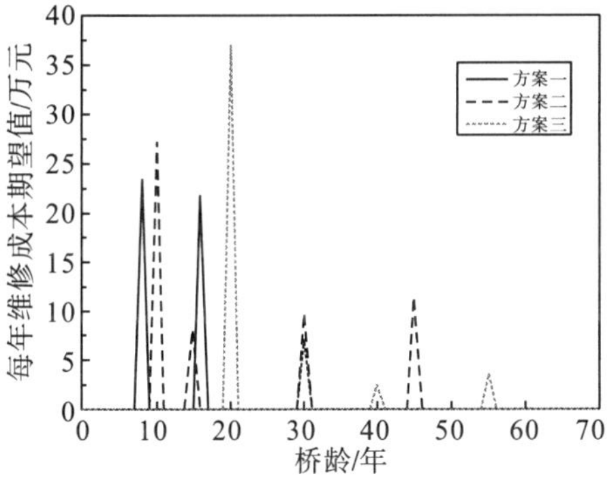

图 7.15　全桥每年维修成本期望值

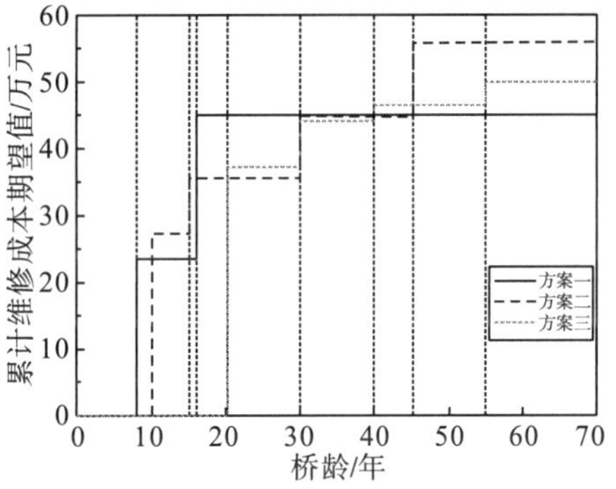

图 7.16　全桥累计维修成本期望值

各个维修方案的全桥每年维修成本现值期望值见图 7.15，累计维修成本现值期望值见图 7.16。各个维修方案的现值期望值对比见表 7.4。

表 7.4　各维修方案现值的期望值对比表

	方案一	方案二	方案三
最大失效损失现值期望值/万元	18.04	5.5	20.0
最大失效损失现值期望值发生桥龄/年	39	45	20
最大维修成本现值期望值/万元	23.2	27.1	37.0
最大维修成本现值期望值发生桥龄/年	8	10	20
累计失效损失现值期望值/万元	677.8	174.4	212.7
累计维修成本现值期望值/万元	44.9	56.0	49.9

从上面的表和图可以看出：

(1)方案一的最大失效损失现值的期望值为18.04万元，出现在桥龄的第39年，如图7.11所示，39年后，失效损失期望值开始下降。而从表7.4中可知，39年时T梁的失效概率并不是最大的。在计算中发现，这主要是由于贴现率作用引起的。失效损失现值的期望值，除了和失效概率有关，还和贴现率有关。无维修措施时，随着桥龄的增长，失效概率的增大会引起失效损失现值的增大，而贴现率存在，会引起失效损失现值随桥龄的增长而减小。表7.4就很好地说明了这个问题。

(2)方案二的最大失效损失现值的期望值为5.5万元，在三种方案中最小，出现在桥龄的第45年，从表7.4中可以看出，这是一个失效概率的极大值点。

(3)方案三的最大失效损失现值的期望值为20万元，出现在桥龄的第20年，从表7.4中可以看出，这也是一个失效概率的极大值点。在控制失效概率的效果上，方案三是最好的。但是其失效损失现值的期望值是最大的。主要原因是方案三忽略了桥梁前期的维修，使得桥梁前期失效概率较大，而前期现值计算受贴现率影响较大。

(4)三种维修方案的最大失效损失现值的期望值差别不大，但是导致的累计失效损失现值相差很大。其中，方案一为677.8万元，比方案二多了503.4万元，比方案三多了465.1万元。究其原因是其失效概率在整个维修优化周期内都保持很高的值，从而导致其失效损失也在整个周期内保持很高的值，特别是30～50年内。虽然方案一的最大失效概率不大，但是在整个寿命周期内都使桥梁持续处于较高的失效水平，因此方案一是不合理的。

(5)三个维修方案的成本现值最大值分别是23.2万元、27.1万元、37.0万元，都与各自的第一次维修措施相对应，这也符合贴现率的影响。但是，对比方案二和方案三，方案三第一次维修比方案二晚，同样目标状态都是1，成本现值却多了6.1万元，是因为方案三下T梁状态值水平处于4、5的概率较方案二大，所以提升状态值的成本更大。

(6)三种维修方案的累计维修成本现值的期望值都相差不大，但是从上面的分析中综合考虑失效损失的影响，方案二更合理。

7.2 基于桥梁可靠度与状况指标的维修优化案例

7.2.1 基本参数取值

1. 可靠度劣化模型参数取值

目标可靠指标按照“校准法”并结合工程经验和经济优化原则判断确定。本次可靠度劣化模型，维修决策用目标可靠度指标参照规范，取 $\beta_{\mathrm{T}}=4.2$ 。

新桥初始可靠度指标一般为 7.5～8.5，为了安全保守考虑，本次模型取 $\beta_0=7$ 。劣化开始时间取 $t_{\mathrm{I}}=15\mathrm{a}$ 。劣化率参照 0，取 $\alpha=0.13\mathrm{a}^{-1}$ 。

如图 7.17 所示，无预防维修时的首次重大维修时间为：$t_{\mathrm{R}}=36.5\,\mathrm{a}$。

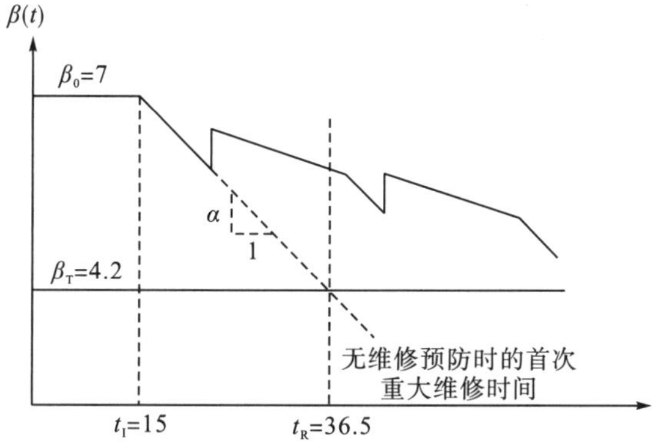

图 7.17　可靠度线性劣化模型

2. 桥梁技术状况劣化模型参数取值

《公路桥涵养护规范》(JTG H11—2004) 规定，桥梁技术状况综合评定采用下式计算：

$$D_{\mathrm{r}}=100-\frac{1}{5}\sum_{i=1}^{n}R_iW_i \tag{7.1}$$

式中，R_i—— 各部件的评定标度，分为 1～5 类；

W_i—— 各部件的权重，$\sum W_i=100$；

D_{r}—— 全桥结构技术状况评分 (0～100 分)，评分高表示结构技术状况好，缺损少。

根据 D_{r} 的得分，桥梁可分为以下几类：

$D_{\mathrm{r}}\geqslant 88$，一类，良好完好状态；

$88>D_{\mathrm{r}}\geqslant 60$，二类，较好状态；

$60>D_{\mathrm{r}}\geqslant 40$，三类，较差状态；

$40>D_{\mathrm{r}}$，四类、五类，差的状态、危险状态。

而美国联邦公路局报告中关于 NBI (National Bridge Inventory) 的状况评分的定义，将美国公路桥梁缺陷分为 10 个等级，如表 7.5 所示。

表 7.5　NBI 状况评分

NBI 得分	9	8	7	6	5	4	3	2	1	0
状态描述	优越状态	甚好状态	良好状态	满意状态	尚好状态	不良状态	严重状态	临界状态	紧急状态	破坏状态

美国学者推荐 NBI 状况劣化率为 $0.1\sim0.22a^{-1}$，则无预防维修时从“优越状态”到“不良状态”则需要 23～50a 的时间。

根据《公路桥涵养护规范》(JTG H11—2004)，并参照国外标准以及有关文献，桥梁状况劣化模型参数取值为：

新桥初始技术状况指标：$V_0 = 88$；

目标状况指标：$V_T = 40$；

状况劣化率：$\alpha_V = 1.6a^{-1}$；

状况劣化开始时间：$t_{IV} = 10a$。

桥梁技术状况线性劣化模型如图 7.18 所示，无预防维修时的首次重大维修时间为：$t_{RV} = 40a$。

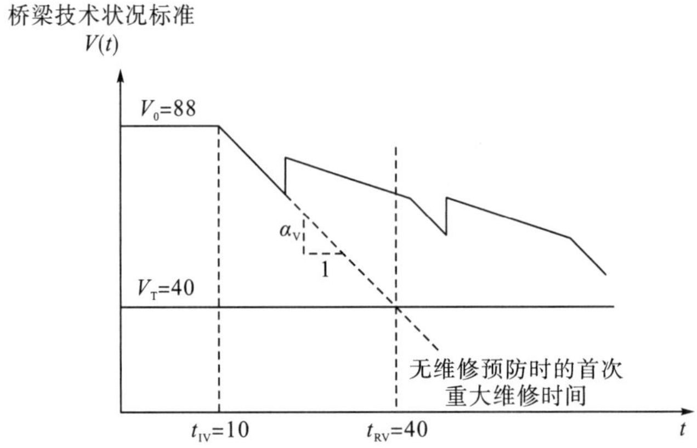

图 7.18　桥梁技术状况线性劣化模型

3. 维修措施效果参数取值

本次维修优化选取的维修开始时间对应于图 7.18 中的情形 1，即消极预防维修，维修开始时间在桥梁劣化开始时间之后。

下面以重涂防腐涂层措施 A 方案和硅烷浸渍防腐措施 B 方案为例，A、B 两个方案都是针对混凝土桥梁结构防腐蚀维修措施的。考虑桥梁设计基准期为 100 年，通过预防性维修，以使桥梁 100 年内防腐不需要重大维修为目的，其基本维修参数如表 7.6 所示。

表 7.6　A 方案和 B 方案基本维修参数

方案	重涂防腐涂层措施 A		硅烷浸渍防腐措施 B	
指标	可靠度 β	状况 V	可靠度 β	状况 V
陡升效果	$\gamma = 0.6$	$\gamma_v = 4.5$	$\gamma = 0.7$	$\gamma_v = 6.0$
有效期/a	12	10	11	10
线性延缓改善率 / a^{-1}	0.07	1.0	0.09	1.2
单次维修成本/万元	300		410	

7.2.2　基于单指标的维修优化

1. 维修优化方程

(1) 基于桥梁可靠度指标的维修优化方程：

$$\begin{cases} i \geqslant 15 \\ \beta(t) = \beta_\alpha(t) + \sum \beta_i(t) = 7 - 0.13 \times (t - 15) + \sum \beta_i(t) \geqslant \beta_T = 4.2 \\ \min: C_P = \sum_{i=1}^{n} \dfrac{C_i}{(1+r)^i} \end{cases} \tag{7.2}$$

(2) 基于桥梁状况指标的维修优化方程：

$$\begin{cases} i \geqslant 10 \\ V(t) = V_\alpha(t) + \sum V_i(t) = 88 - 1.6 \times (t - 10) + \sum V_i(t) \geqslant V_T = 40 \\ \min: C_P = \sum_{i=1}^{n} \dfrac{C_i}{(1+r)^i} \end{cases} \tag{7.3}$$

2. 求解结果

(1) 维修时机优化结果的求解采用 MATLAB 里的 GA 函数，措施 A 和措施 B 的基于可靠度指标的维修时机优化结果如表 7.7 所示。

表 7.7　基于可靠度指标维修时机优化求解结果

措施 A/年	29.5	41.7	53.7	66.1	78.4	90.6
措施 B/年	32.6	43.7	55.5	67.2	78.5	

如果选择措施 A，在设计基准期 100 年内共要进行 6 次维修，且维修后桥梁使用 100 年的可靠度指标为 $\beta_{100} = 4.4$；如果选择措施 B，在设计基准期 100 年内共进行 5 次维修，则维修后桥梁使用 100 年后可靠度指标为 $\beta_{100} = 4.5$。其可靠度指标变化如图 7.19 和图 7.20 所示。

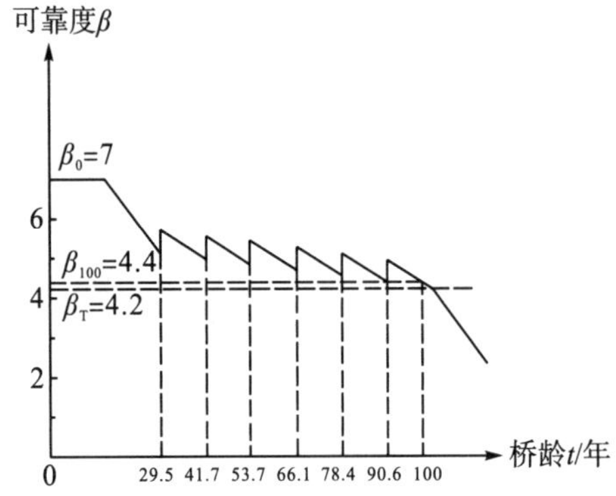

图 7.19 维修措施 A 的可靠度指标变化图

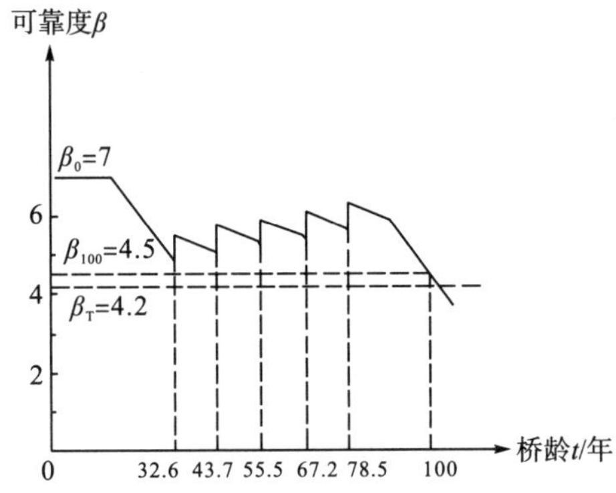

图 7.20 维修措施 B 的可靠度指标变化图

(2)措施 A 和措施 B 基于状况指标的维修时机优化结果如表 7.8 所示。

表 7.8 基于状况指标维修时机优化求解结果

措施 A/年	24.4	34.6	44.7	55.3	65.8	76	86.2
措施 B/年	32	42.3	52.7	63.3	74.2	89	

如果选择措施 A，在设计基准期 100 年内共要进行 7 次维修，且维修后桥梁使用 100 年后状况指标为$V_{100}=45.5$；如果选择措施 B，在设计基准期 100 年内共进行 5 次维修，且维修后桥梁使用 100 年后状况指标为$V_{100}=52$。其状况指标变化如图 7.21 和图 7.22 所示。

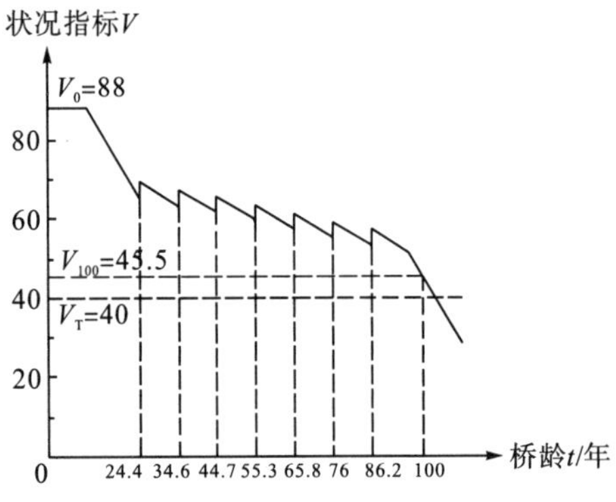

图 7.21 维修措施 A 下的状况指标变化图

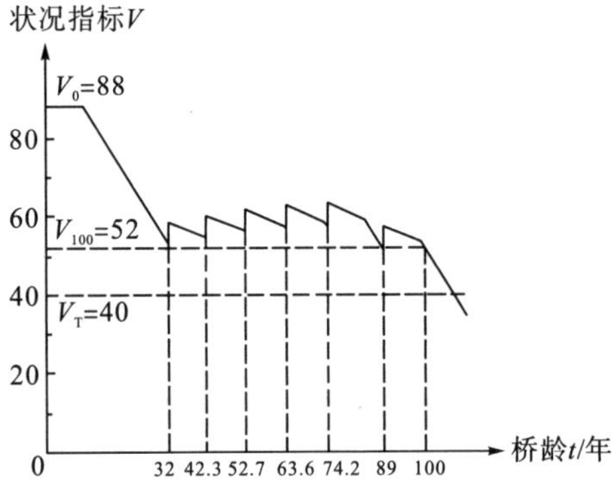

图 7.22 维修措施 B 下的状况指标变化图

(3)累计成本。上述 4 种维修优化的累计成本现值如图 7.23 和图 7.24 所示。

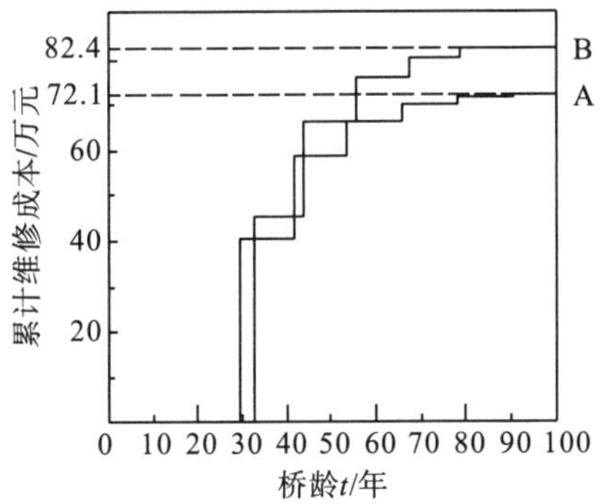

图 7.23　基于可靠度的累计维修成本现值

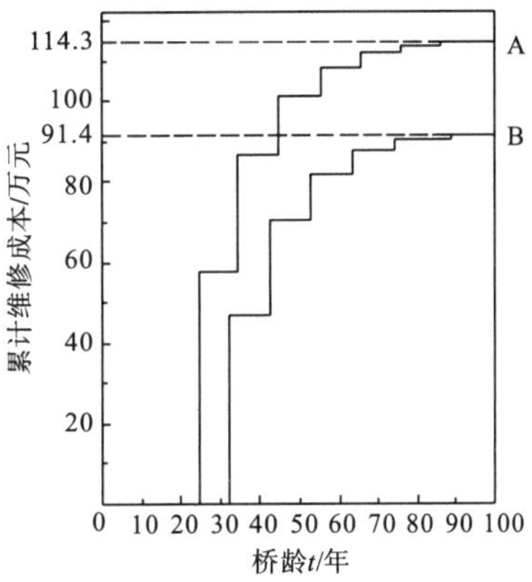

图 7.24　基于状况指标的累计维修成本现值

在桥梁服役 100 年的周期内，基于桥梁可靠度的维修优化，重涂防腐涂层措施 A 总共要花费 72.1 万元，硅烷浸渍防腐措施 B 要花费 82.4 万元，重涂防腐涂层措施 A 要比硅烷浸渍防腐措施 B 少花费 12.5%，但是维修次数重涂防腐涂层措施 A 多 1 次。而基于桥梁状况指标的维修优化，重涂防腐涂层措施 A 总共要花费 114.3 万元，硅烷浸渍防腐措施 B 要花费 91.4 万元，重涂防腐涂层措施 A 要比硅烷浸渍防腐措施 B 多花费 25.1%，而且维修次数重涂防腐涂层措施 A 要多 1 次。

重涂防腐涂层措施 A 更优于改善桥梁结构的可靠度，而硅烷浸渍防腐措施 B 更优于改善桥梁状况指标。无论是措施 A 还是措施 B，在基于桥梁状态指标的维修中，累计成本和维修次数都要高于基于可靠度指标的维修。

7.2.3　基于双指标的维修优化

在实际的维修过程中，既要考虑桥梁可靠度满足结构安全的需要，也要考虑桥梁状况指标满足使用的需要，即要建立基于双指标的维修优化模型。

1. 维修优化方程

$$
\begin{cases}
i \geqslant 15 \\
\beta(t) = \beta_{\alpha}(t) + \sum \beta_i(t) = 7 - 0.13 \times (t - 15) + \sum \beta_i(t) \geqslant \beta_{\mathrm{T}} = 4.2 \\
V(t) = V_{\alpha}(t) + \sum V_i(t) = 88 - 1.6 \times (t - 10) + \sum V_i(t) \geqslant V_{\mathrm{T}} = 40 \\
\min : C_{\mathrm{P}} = \sum_{i=1}^{n} \frac{C_i}{(1+r)^i}
\end{cases}
\tag{7.4}
$$

2. 求解结果

重涂防腐涂层措施 A 和硅烷浸渍防腐措施 B 基于双指标控制下的维修时机优化的求解结果如表 7.9 所示。

表 7.9 基于双指标维修时机优化求解结果

措施 A/年	19.3	31.3	43.3	55.3	67.3	79.3	91.4
措施 B/年	27	38.6	49.9	61	75.4	84.5	

其中，采用措施 A 在设计基准期内要进行 7 次维修，且桥梁使用 100 年后指标为 $\beta_{100}=5.8$，$V_{100}=44$；采用措施 B 在设计基准期内要进行 6 次维修，且桥梁使用 100 年后指标为 $\beta_{100}=6.1$，$V_{100}=51.7$。各指标变化如图 7.25～图 7.28 所示。

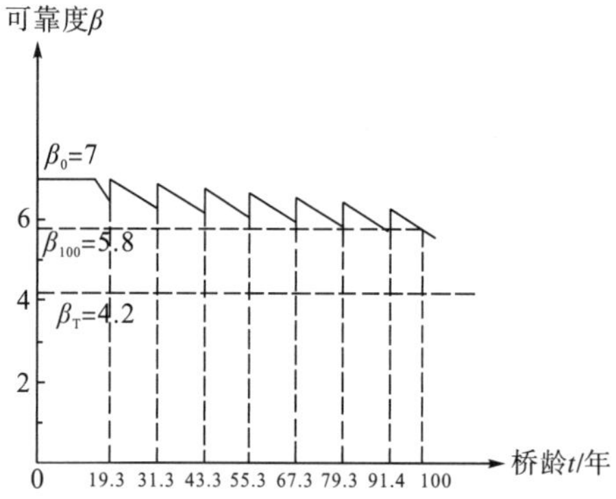

图 7.25 维修措施 A 的可靠度指标变化图

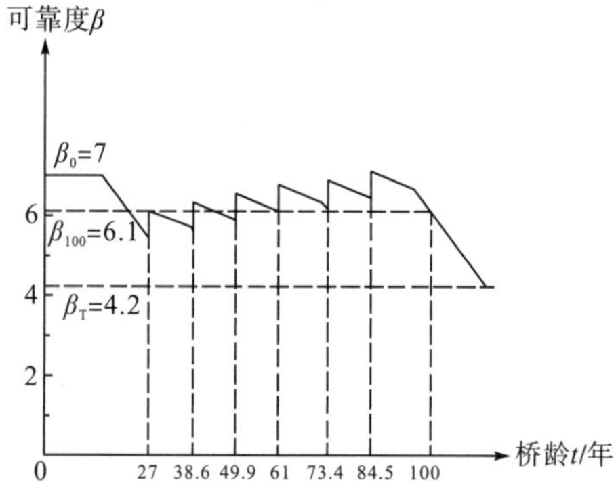

图 7.26 维修措施 B 的可靠度指标变化图

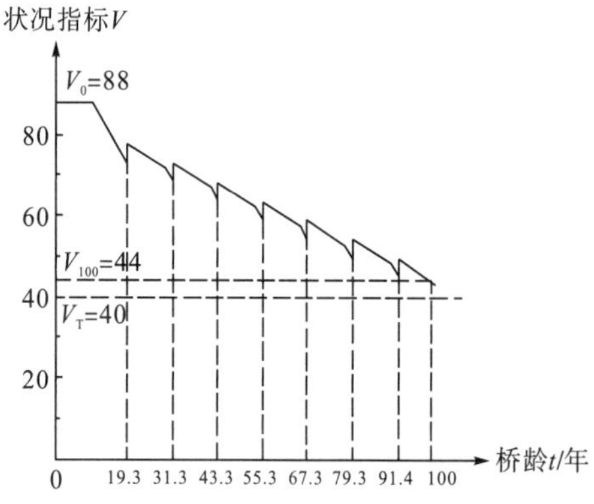

图 7.27 维修措施 A 的状况指标变化图

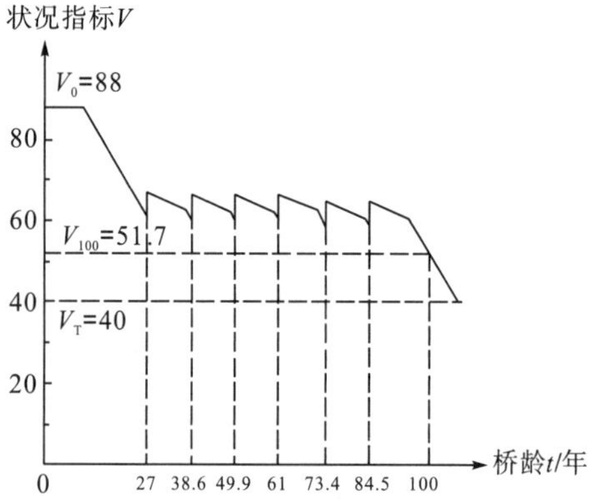

图 7.28 维修措施 B 的状况指标变化图

3. 累计成本

基于双指标控制下的维修措施 A 和维修措施 B 的累计成本现值如图 7.29 所示。

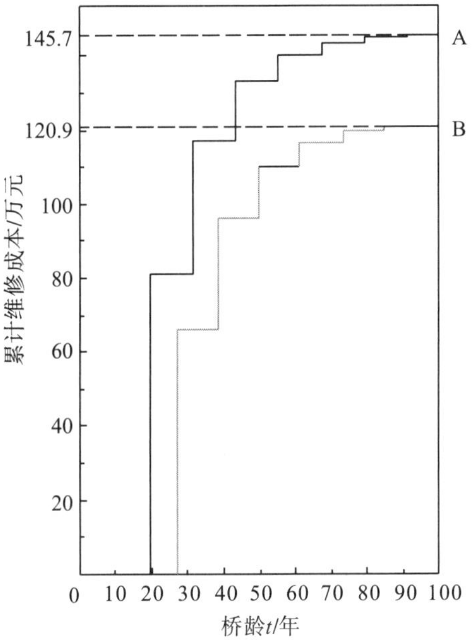

图 7.29　双指标下维修措施 A 和 B 的累计成本现值图

在桥梁服役 100 年的周期内，基于双指标的维修，采用重涂防腐涂层措施 A 的累计成本现值为 145.7 万元，而采用硅烷浸渍防腐措施 B 的累计成本现值为 120.9 万元，措施 A 要比措施 B 多花费 20.5%。而基于双指标的维修，明显比基于单指标的维修成本高。

7.2.4　组合维修优化

桥梁维修优化的目的是使桥梁在使用寿命内，在可靠度指标和桥梁状况指标满足要求的前提下，使维修费用达到最低。但是不同的维修措施，往往会有不同的维修效果，有的维修措施在于改善桥梁可靠度指标，而有的维修措施重点在于改善桥梁状况指标。因此，为了改善两个指标而采用一种维修措施往往会造成维修效果的浪费，这也是不经济的。为了避免这种情况的发生，可以采用组合优化，寻求多种维修措施的组合，通过取长补短，来使维修策略更优。

常用的组合维修优化有叠加型组合维修优化和连接型组合维修优化。叠加型组合维修优化是指多种维修措施在同一段时间内独立实施，其维修效果叠加。而连接型组合优化是指在实施维修措施 A 后，改为实施其他的维修措施。

下面以重涂防腐涂层措施 A 方案和硅烷浸渍防腐措施 B 方案为例，采用 A+B 型的维修策略，基于桥梁可靠度和桥梁状况指标的双指标控制，来说明连接型组合维修优化，忽略前一维修措施对后一维修措施效果的影响。

1. 求解结果

A+B 型组合维修优化基于双指标控制下的维修时机优化的求解结果见表 7.10。

表 7.10 A+B 型组合双指标维修时机优化求解结果

维修措施	A	B	A	B	A	B
实施时间/年	24.8	37.4	50.5	63.6	76	88.6

在设计基准期 100 年内共进行 6 次维修，维修后桥梁使用 100 年的可靠度指标为 $\beta_{100}=5.3$，状况指标为 $V_{100}=41.5$。各指标变化见图 7.30。

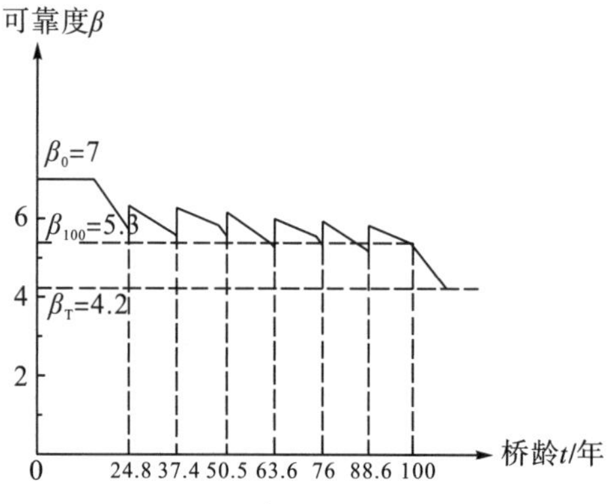

(a)可靠度变化

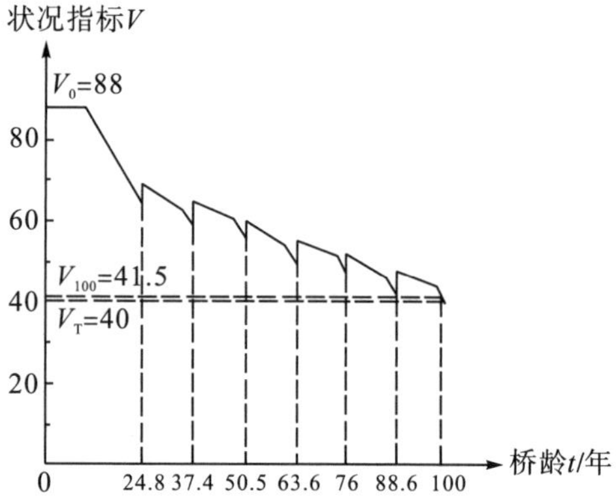

(b)状况指标变化

图 7.30 A+B 型组合维修策略的控制指标变化图

2. 累计成本

采用重涂防腐涂层措施 A+硅烷浸渍防腐措施 B 的连接型组合维修策略累计成本现值如图 7.31 所示。在设计基准期 100 年内，每一措施单独采用 3 次，其累计成本现值为 107.2 万元，比单独采用重涂防腐涂层措施 A 要低 26.4%，比单独采用硅烷浸渍防腐措施 B 要低 11.3%。由此可见，组合维修方案比单一的维修措施效果更好，也更加经济。

基于马尔可夫链与风险的维修优化，能够将各个方案的失效风险和维修成本具体量化，转换为现值资金，因此能更方便地比较各个维修方案的优缺点。这种方法是从概率的角度出发的，充分利用了马尔可夫链对桥梁构件状态值的预测，从构件失效到量化全桥的失效风险。因此，状态转移矩阵的确定是至关重要的。基于桥梁可靠度与状况指标的维修优化，是以桥梁的可靠度和状况指标为约束函数，以维修成本现值为目标函数。因此，这种方法的难点在于可靠度和状况指标的时变关系。两种方法都是通过对维修时机和维修措施的优化来寻找更加合理的方案。但是对于维修措施的效果定义不一样。前一种方法的维修效果在于改善构件所处状态值的概率，而后一种维修效果则在于提高构件或桥梁的性能指标(可靠度、桥梁状况)，以及延缓性能指标的劣化率。

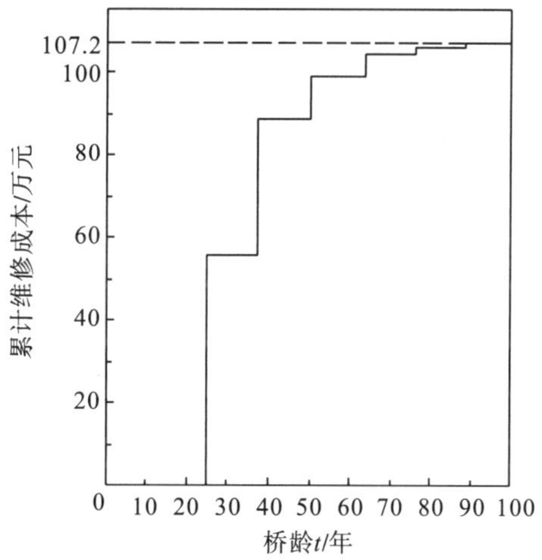

图 7.31　维修措施 A+B 组合维修策略的累计成本现值图

从单一构件到桥梁整体的可靠度和状况指标不容易确定，而单一构件失效带来的损失更容易量化。对于由许多构件组成的整个桥梁系统，如空心板梁桥或者 T 梁桥，基于马尔可夫链与风险的维修优化更加方便。基于桥梁可靠度与状况指标的维修优化则更加方便解决单个构件或者某一个特定方面的维修优化问题，如桥梁防腐问题。

在基于马尔可夫链与失效概率的维修优化运用中，分别对三种不同维修方案的失效损失现值期望值和维修成本现值期望值进行了计算，最后通过比较确定了更合理的方案。

在基于桥梁可靠度指标和状况指标的运用中，维修措施主要是重涂防腐涂层措施 A 方案和硅烷浸渍防腐措施 B 方案，分别建立了基于单指标、基于双指标的防腐维修优化模型，通过 MATLAB 里的 GA 函数求解。不同的维修措施，对于改善桥梁结构的可靠度指标和状况指标的侧重点是不一样的，因为每一种维修方法，都有自己的优势，也会有自己的不足。针对这点，最后建立了 A+B 的组合型维修优化模型，通过求解证明了组合型维修相比于采取单一的维修措施，更有优势。

从各个维修方案的累计维修成本现值变化曲线中发现，随着桥龄的增长，曲线变化幅值在逐渐减小，这主要是由于贴现率引起的。由于贴现率的影响，失效损失的现值期望值的最大值点有可能并不是失效概率最大的时候。在合理选择维修方案时，不能忽略资金的时间价值。在选择具体的维修措施时，可以尝试组合型维修措施，使各个维修措施功能互补，充分发挥每一种维修措施的优势。

7.3 基于预期年失效率和累计成本的维修策略优化案例

近年来，现存桥梁结构的耐久性问题日益突出，部分桥梁存在着使用期内经济性指标差、使用寿命短、使用性能差等诸多问题，这严重影响着桥梁的正常使用，给维修管理带来了巨大的经济负担，桥梁养护者要对工程的整个寿命周期负责到底，所以，如何在桥梁的设计年限内，使桥梁结构的维修成本最小、效益最大，合理地安排桥梁维修时间和时间间隔，降低桥梁的全寿命周期成本，仍然是桥梁维修管理的核心。在结构的全寿命周期中，最优的检测和维修计划可以减少结构的预期失效概率以及预期的检测和维修累计成本，基于体系的预期年失效率和累计成本的全寿命维修优化方法将应用在一座实桥中，通过对实桥的预期年失效率和累计成本进行分析，确定最优的检测和维修时间。

7.3.1 工程概况及有限元模型

某大桥为 4×40m 简支预应力 T 型梁桥，梁高 2.5m，桥面宽度为：净-8.0(行车道)+2×0.5(防撞栏杆)+0～0.3(曲线偏离值)=9.0～9.3m，设计荷载为公路-I 级。地震动峰值加速度系数为 0.15，设计洪水频率为：1/50。该桥立面图如图 7.32 所示。

主梁为混凝土结构，外加 9 道横隔梁，每 4.86m 设置一道横梁。上部结构 II-II 的剖面图如图 7.33 所示，有限元模型相关参数见表 7.11、表 7.12。

表 7.11 材料表

构件类型	弹性模量 $E/(10^{10}\text{Pa})$	剪切模量 $G/(10^{10}\text{Pa})$	密度 $\rho/(\text{kg/m}^3)$
主梁	3.45	—	2500
横隔梁	3.00	—	2500

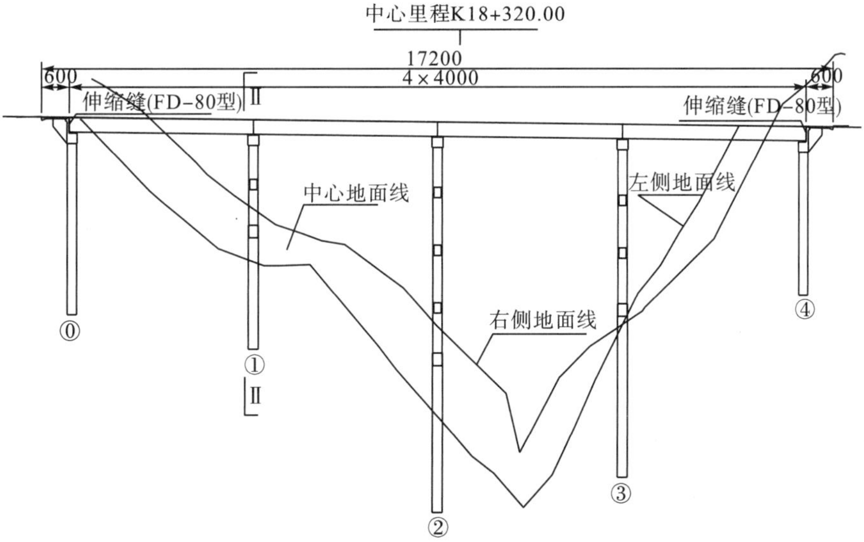

图 7.32　某大桥立面图(单位：cm)

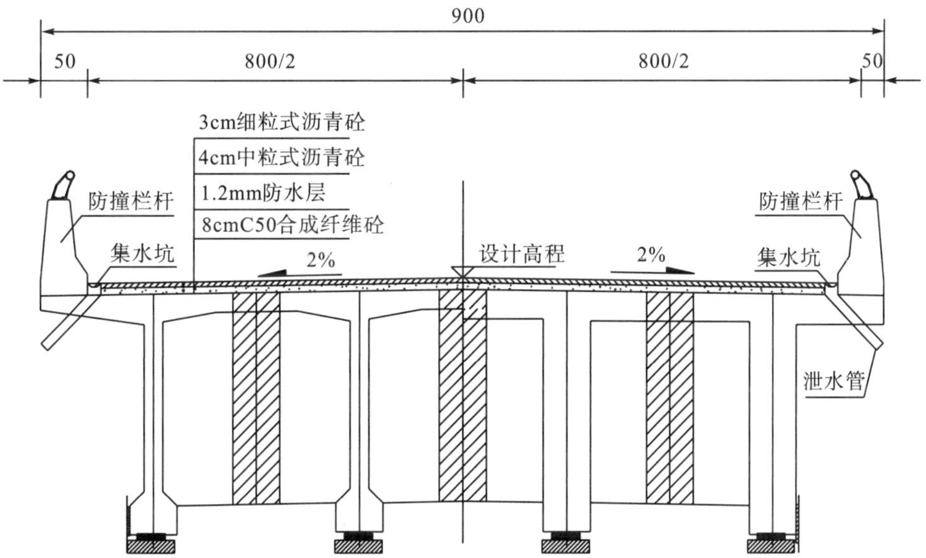

图 7.33　II-II 剖面图

表 7.12　横梁主梁截面几何参数

截面类型	面积/m^2	抗弯惯矩 I_{yy}/m^4	抗弯惯矩 I_{zz}/m^4	抗弯惯矩 I_{xx}/m^4
横隔梁	4×10^{-1}	1.33×10^{-1}	1.33×10^{-3}	5.0×10^{-3}
主梁跨中(中)	1.13	0.87	2.33×10^{-1}	2.57×10^{-2}

续表

截面类型	面积/m^2	抗弯惯矩 I_{yy}/m^4	抗弯惯矩 I_{zz}/m^4	抗弯惯矩 I_{xx}/m^4
主梁跨中(边)	1.12	0.86	2.28×10^{-1}	2.49×10^{-2}
主梁支点(边)	1.82	1.13	3.55×10^{-1}	1.165×10^{-1}
主梁支点(中)	1.84	1.15	3.49×10^{-1}	1.20×10^{-1}
主梁变截面点(边)	1.22	0.98	2.31×10^{-1}	3.72×10^{-2}
主梁变截面点(中)	1.23	0.99	2.36×10^{-1}	3.69×10^{-2}

该桥是 T 形混凝土桥梁，用等效梁格法建立的实际桥梁结构为 4 片纵梁和 9 片横梁，在 MIDAS 有限元软件中用变截面梁单元模拟主梁，并将实际桥梁的材料特性赋予主梁，横隔梁都采用梁单元模拟，全桥共有 208 个节点，300 个单元，有限元模型图如图 7.34 所示。

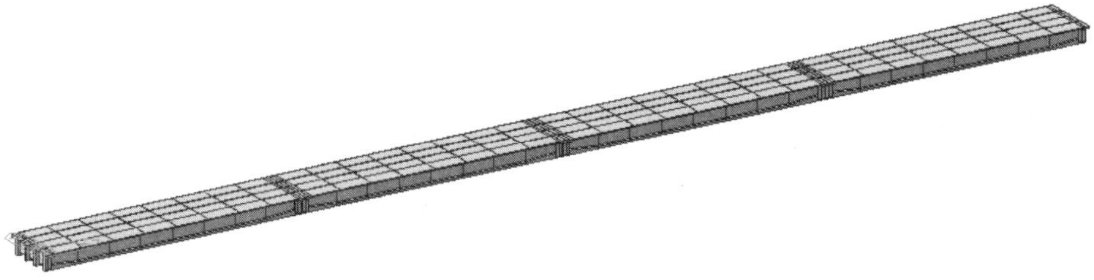

图 7.34 全桥有限元模型

7.3.2 年失效概率和年失效率的计算及分析

该桥上部结构由四片 T 梁和桥面板组成，四片 T 梁支撑着桥面板，上部结构失效由桥面板失效和 T 梁失效组成，故可将桥上部结构看作一个由桥面板和四片 T 梁组成的混联系统，那么作出由桥面板和 T 梁组成的混联系统模型如图 7.35 所示。

图 7.35(a)为该桥 II-II 对应的桥面板和 T 梁简图，(b)为桥面板和 T 梁组成的上部结构的混联模型，梁 1 和梁 4 为两片边梁，梁 2 和梁 3 为两片中梁。在这个混联系统中，如果桥面板失效则上部结构都失效，如果梁 1 和梁 2、梁 2 和梁 3、梁 3 和梁 4 两片相邻的梁失效则桥梁上部结构同样会失效，桥梁上部结构失效由桥面板失效或者两片相邻的 T 梁失效组成。

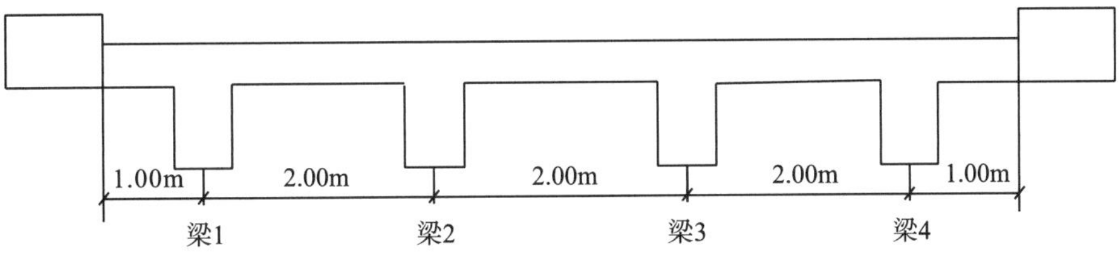

(a)上部结构的断面图

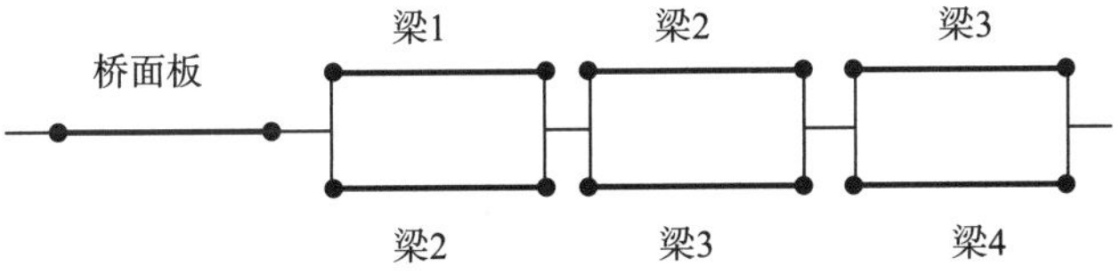

(b)简化的混联系统

图 7. 35　上部结构的混联系统模型

结构构件的失效概率是构件的功能函数出现小于零($Z<0$)的概率，计算分析桥面板和 T 梁组成的混联系统的失效概率和年失效率时，是计算桥面板和 T 梁的功能函数出现小于零的概率，为此，引入简支梁桥的桥面板功能函数：

$$g_{\text{deck}}=M_R-M_L=C_1A_df_{y,d}\lambda_d\gamma_d-C_2\frac{A_d^2f_{y,d}^2\gamma_d}{f_{c,d}}-C_3\lambda_{\text{trk}} \tag{7.5}$$

式中，A_d—— 桥面板内的钢筋随时间变化的面积；

$f_{y,d}$—— 桥面板内的钢筋屈服强度；

λ_d—— 桥面板内钢筋埋深的不确定性系数；

$f_{c,d}$—— 桥面板混凝土的压缩强度；

γ_d—— 模拟桥面板不确定性因素的系数；

λ_{trk}—— 卡车对桥面板产生的影响系数；

C_1,C_2,C_3—— 固定系数，分别取 4.323×10^{-1}，4.085×10^{-3}，5.287。

引入 T 梁的功能函数：

$$g_i=C_4\sqrt{f_{c,g}}\lambda_{d,i}\gamma_g+C_5A_{g,i}f_{y,g}\lambda_{d,i}\gamma_g-V_{\text{trk}}I_fD_f \tag{7.6}$$

式中，$A_{g,i}$—— 梁内的钢筋随时间变化的面积；

$f_{y,g}$—— 梁内的钢筋的屈服强度；

$f_{c,g}$—— 梁内的混凝土的压缩强度；

γ_g—— 模拟梁内不确定性因素的系数；

$\lambda_{d,i}$ —— 梁内钢筋埋深的不确定性系数；

V_{trk} —— 车辆荷载引起的分布荷载；

I_f —— 梁冲击系数；

D_f —— 分布系数；

C_4, C_5 —— 固定系数，分别取 30.925，5.093。

桥面板和 T 梁的钢筋面积随着时间的变化而产生变化，是因为钢筋发生了锈蚀，这是结构耐久性失效的主要体现。钢筋锈蚀是在各种外界因素，如混凝土碳化、氯离子侵蚀等条件下将钢筋在碱性环境下生成的钝化膜破坏，而使钢筋失去保护作用。钢筋锈蚀使得混凝土保护层沿钢筋纵向开裂，一旦产生裂缝，钢筋锈蚀的速度将加快，使得构件的可靠性进一步劣化。而该桥的桥面板和 T 梁内的钢筋锈蚀速度及钢筋锈蚀面积难以用实验数据来进行模拟，在这种情况下，先引用钢筋锈蚀的模型：

$$A(t) = \frac{\pi}{4} n_{\mathrm{bar}} d_{\mathrm{bar}}(t)^2 \tag{7.7}$$

$$d_{\mathrm{bar}}(t) = d_0 - 0.0203 i_{\mathrm{corr}}(t - T_{\mathrm{ini}}) \tag{7.8}$$

式中，n_{bar} —— 桥面板和梁内的钢筋数量；

d_{bar} —— t 时刻钢筋的直径；

d_0 —— 钢筋的原始直径；

i_{corr} —— 钢筋的锈蚀率；

T_{ini} —— 钢筋开始锈蚀的时间。

钢筋在 t 时刻的面积取决于锈蚀率和开始锈蚀的时间，而钢筋锈蚀率和开始锈蚀的时间是一个随机变量，依据各种外界条件的不同会发生各种变化。假设钢筋锈蚀率和开始锈蚀的时间服从一个分布，且为正态分布，有各自的期望和标准差，时间 t 为一个变量，那么钢筋在任意时刻的面积不服从分布，钢筋面积的期望和标准差会发生变化，而功能函数中的其他随机变量相互独立，且都服从正态分布，桥面板和 T 梁的功能函数中各随机变量的期望和标准差取值如表 7.13 所示。

表 7.13 功能函数中各随机变量的期望和标准差

变量	单位	μ	σ	变量	单位	μ	σ
$f_{y,d}$	MPa	309	34	$f_{y,g}$	MPa	309	34
$f_{c,d}$	MPa	19	3.4	$f_{c,g}$	MPa	19	3.4
λ_d	—	1	0.02	$\lambda_{d,i}$	—	1	0.02

续表

变量	单位	μ	σ	变量	单位	μ	σ
γ_d	—	1.02	0.06	γ_g	—	1.02	0.06
I_f	—	1.15	0.12	D_f	—	1.44	0.18
$i_{\text{deck}}, i_{\text{g, int}}$	mm / a	0.076	0.002	$i_{\text{g, ext}}$	mm / a	0.15	0.002
T_{ini}	年	9.96	4.75	λ_{trk}	—	0.60	0.20
V_{trk}	kN	74.86	19.14				

注：*i*-锈蚀率；deck-桥面板；g,int-内侧主梁；g,ext-外侧主梁。

桥面板、主梁钢筋用量如表 7.14 所示。

表 7.14　钢筋用量表

上部结构	编号	规格	数量
桥面板	1	20	160
边梁	2	16	90
	3	12	35
中梁	4	16	75
	5	12	45

该桥的桥面板和 T 梁的功能函数中随机变量较多，功能函数又相对比较复杂。目前计算结构可靠度的方法也比较多，常用的有一次二阶矩法、JC 法、帕罗黑莫(Paloheimo)法、蒙特卡罗法等。在该桥中，采用精确度较高的蒙特卡罗法。某个事件的概率可以从大量的试验中估算该事件发生的频率，那么可以先对影响其可靠度的随机变量进行一个大量的随机抽样，再把这些抽样值一组一组地代入到功能函数，确定结构失效与否，最后再从其中算得结构的失效概率。蒙特卡罗法则是依靠这样的思路来计算结构的失效概率的，使用蒙特卡罗法求失效概率的基本出发点就是：失效概率是结构失效的次数占总抽样数的频率。桥面板和 T 梁的功能函数中随机变量服从正态分布，可将其转为对数正态分布随机数，来进行求解。对数正态分布的均值和标准差分别为

$$m_X = \ln m_X - \frac{1}{2}\sigma_{\ln X}^2 = \ln\left(\frac{m_X}{\sqrt{1+V_X^2}}\right) \tag{7.9}$$

$$\sigma_X = \sigma_{\ln X} = [\ln(1+V_X^2)]^{\frac{1}{2}} \tag{7.10}$$

式中，m_X —— 随机变量的均值；

$\sigma_{\ln X}$—— 随机变量的标准差；

V_X—— 变异系数。

假定该桥的全寿命周期为 70 年，抽样数 N 为 10 万次，每组抽样变量分位值对应的桥面板和 T 梁的功能函数值为 g_{deck}，$g_i \leqslant 0$ 的次数为 L_{jj}，为求桥面板 T 梁的失效概率，将桥面板功能函数中的随机变量分布转化为对数正态分布，将桥面板内钢筋随时间变化的面积代入到桥面板的功能函数中去，用 MATLAB 求得桥面板的失效概率数据，其失效概率见图 7.36。

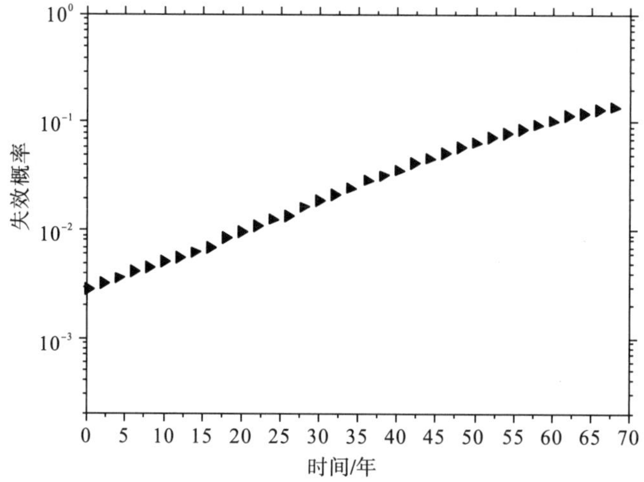

图 7.36　桥面板失效概率

整座桥的全寿命周期为 70 年，桥面板在没有任何维修的情况下，失效概率随着服役时间的增加而增加，在 70 年时达到最大。在这种情况下，如果要使失效概率降低或者维持在一个可以接受的水平，那么可采取不同的维修策略，来干预桥面板的失效概率，提高桥面板的可靠性。

为求得梁 1 和梁 4 的失效概率，对其同样抽样 10 万次，梁 1 和梁 4 内的钢筋直径有两种，在编制 MATLAB 命令时，应该假定两种钢筋面积随时间变化的函数，然后代入到梁功能函数中去，可得梁 1 和梁 4 的失效概率。按照同样的方法求出梁 2 和梁 3 的失效概率，作出该桥四片梁的失效概率，如图 7.37 所示。

从图 7.37(a)与(b)中可以看出梁 1、梁 4 和梁 2、梁 3 的失效概率在无维修的情况下，都随着时间的增加不断增长，表现为逐步上升的趋势，从数据上看，梁 1 和梁 4 在每一年的失效概率要比梁 2 和梁 3 稍小。(c)图中将桥面板和四片梁的失效概率进行比较，梁 2、梁 3 的失效概率最小，比较可靠，而桥面板失效概率相对来说较大，和梁相比，容易失效。桥面板和梁的失效概率在无维修的情况下都随着时间的增加呈现上升的趋势，为了对失效概率进行一定程度上的干预，应在桥的全寿命周期内采取维修策略，以阻止或者降低桥的失效概率，增加可靠性。

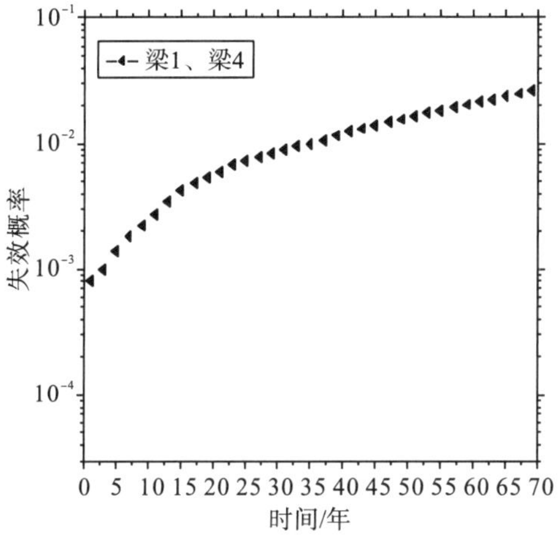

(a) 梁1与梁4的可靠度曲线

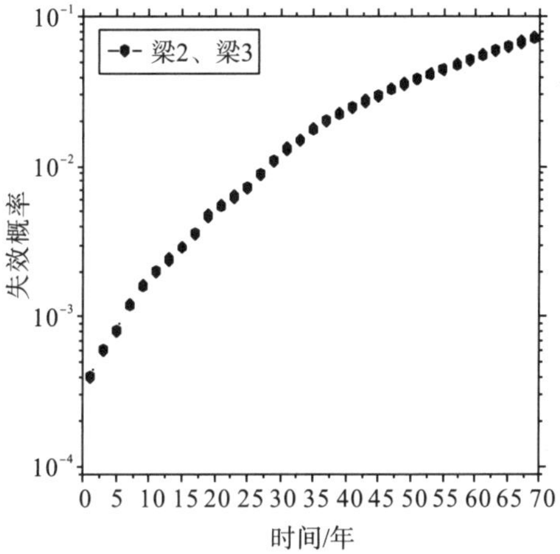

(b) 梁2与梁3的可靠度曲线

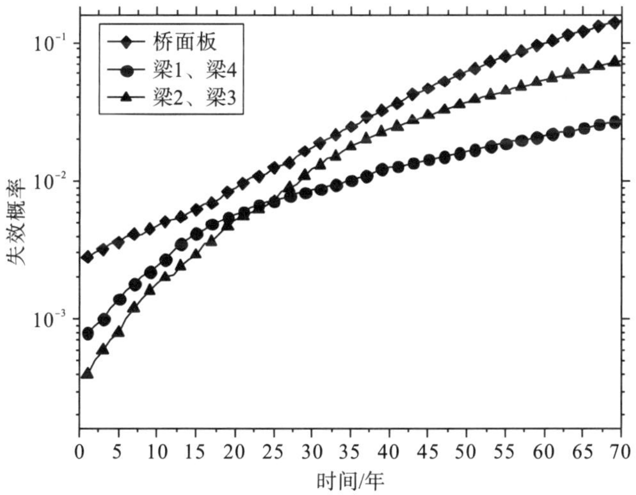

(c) 桥面板的可靠度曲线

图 7.37　各梁的失效概率

将该桥上部结构(混联系统)、桥面板、T 梁的失效概率进行比较，如图 7.38 所示，在图中可以发现，混联系统失效概率较大，且在 15 年后系统的失效概率几乎和桥面板的失效概率重合，说明了系统的失效概率在 15 年后主要由桥面板的失效概率决定，虽然本桥的上部结构系统是由桥面板、四片 T 梁组成的混联系统，但在一定时间内，对系统的可靠性起主导、控制作用的主要是桥面板，如果桥面板失效那么上部结构就失效。桥面板失效是主要的失效模式，桥面板的性能主要决定了上部结构的性能，桥面板的可靠度决定了系统的可靠度，所以在桥梁的全寿命周期中，如果要通过有效的维修策略来改变上部结构的可靠性，则可在桥面板上对其采取不同的维修策略，来提高桥面板的可靠性，从而提高上部结构的可靠性。在一个由多个构件组成的混联系统中，如果要通过有效的维修策略来提高系统的可靠性，那么可集中研究处在关键位置的构件，对其采取维修策略，提高其可靠性，从而提高系统的可靠性。

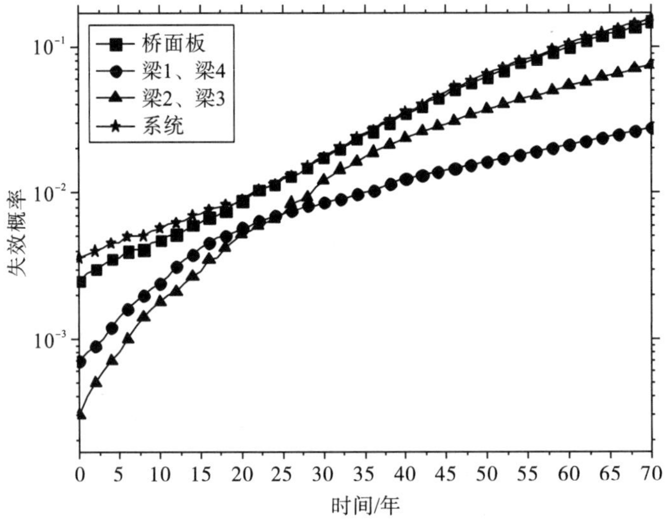

图 7.38 构件、系统失效概率

使用 MATLAB 分别计算了桥面板和 T 梁的失效概率，接下来将对桥面板和 T 梁的年失效率进行讨论。计算出桥面板、T 梁和系统的年失效率，分别做出各年失效率图，见图 7.39。图中可以看出，年失效率随着使用时间的增加而逐步增长，这考虑了在桥梁的全寿命周期中一些不确定因素对桥面板、梁的作用。为了对系统的年失效率进行干预，阻止结构的性能进一步退化，应该在桥梁的全寿命周期内采取一定的维修策略，以保证桥梁在使用期内的安全。

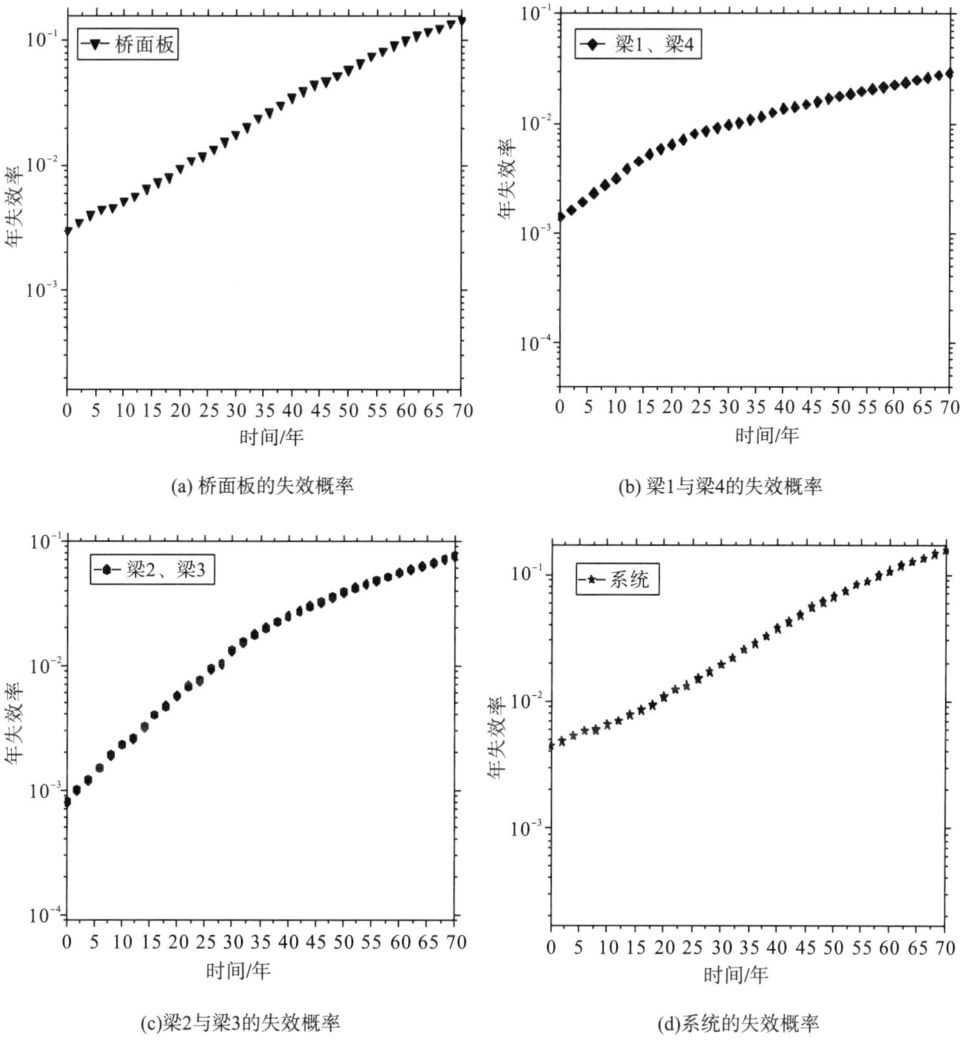

(a) 桥面板的失效概率　　(b) 梁1与梁4的失效概率

(c)梁2与梁3的失效概率　　(d)系统的失效概率

图 7.39　桥面板、梁、系统的年失效率

7.3.3　维修事件树和维修概率

在前面的章节中提到，维修按照效果可分为必要性维修、预防性维修、无维修，对桥面板、T 梁分别采取这三种维修策略。使用何种适当的维修策略，需根据对桥面板、T 梁的细部检查结果来定。对于桥面板来说，定义细部检查结果钢筋的面积为 $A_{\text{deck}}^{(\text{est})}$，如果钢筋的横截面面积在必要性维修和预防性维修极限值之间（$\delta_{\text{EM,deck}} < A_{\text{deck}}^{(\text{est})} \leqslant \delta_{\text{PM,deck}}$），则对桥面板采取预防性维修；如果钢筋的横截面面积小于等于必要性维修极限值时（$A_{\text{deck}}^{(\text{est})} \leqslant \delta_{\text{EM,deck}}$），则对桥面板采取必要性维修；如果钢

筋的横截面面积大于预防性维修的极限值时（$A_{deck}^{(est)} > \delta_{PM,deck}$），则可不采取任何维修。对于 T 梁，定义细部检查结果钢筋的面积为 $A_{gir}^{(est)}$，如果钢筋的横截面面积在必要性维修和预防性维修极限值之间（$\delta_{EM,gir} < A_{gir}^{(est)} \leqslant \delta_{PM,gir}$），则对桥面板采取预防性维修；如果钢筋的横截面面积小于等于必要性维修极限值时（$A_{gir}^{(est)} \leqslant \delta_{EM,gir}$），则对 T 梁采取必要性维修；如果钢筋的横截面面积大于预防性维修的极限值时（$A_{gir}^{(est)} > \delta_{PM,gir}$），则对 T 梁不采取维修。实施预防性维修能够使桥面板、T 梁在后续使用的阶段保持可靠性处于一个比较稳定的状态，必要性维修能够使桥面板、T 梁在实施后可靠性回到初始的一个水平。

必要性维修是保持桥梁结构安全所必需的维修工作。对桥面板和 T 梁分别进行必要性维修，其对桥的上部结构可靠性的影响，可以通过采取必要性维修后系统的失效概率的曲线来进行分析。接下来将对此进行分析，首先假定对桥面板和 T 梁在 35 年进行检测，检测后对桥面板和 T 梁分别进行必要性维修。系统的失效概率曲线如图 7.40 所示。

对桥面板进行必要性维修后，系统的失效概率发生了比较大的变化，可靠性能有了较大的提升，而对 T 梁采取必要性维修后，系统的失效概率变化比较小，也就是对 T 梁进行必要性维修没有提高整体的性能，这项维修措施花费了较高的成本，但是却没有取得很好的效果，所以这项维修措施在接下来考虑对系统采取的维修策略时，可忽略对 T 梁的必要性维修，不计入系统的维修事件树模型中。

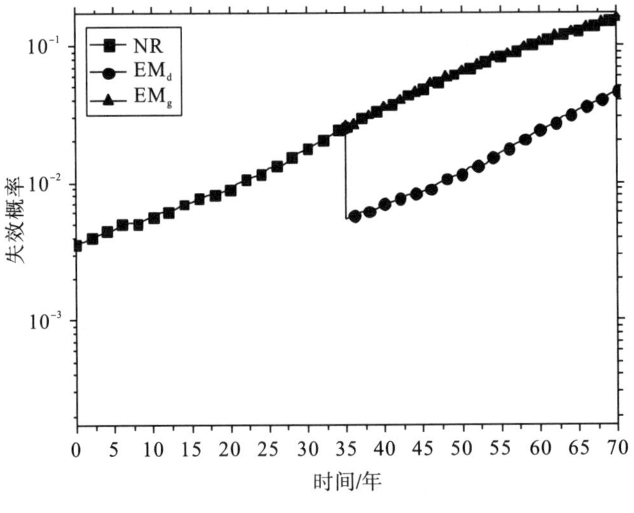

图 7.40 必要性维修系统失效概率

对该桥考虑两次检测，第一检测后，对桥面板有三种维修策略：必要性维修(EM_d)、预防性维修(PM_d)、无维修(NR_d)。对于 T 梁，只有两种维修策略：预防性维修(PM_g)、无维修(NR_g)。第一次检测后桥梁上部结构系统有 6 个维修分支，第二次检测后上部结构系统有 36 个维修分支，如图 7.41 所示。

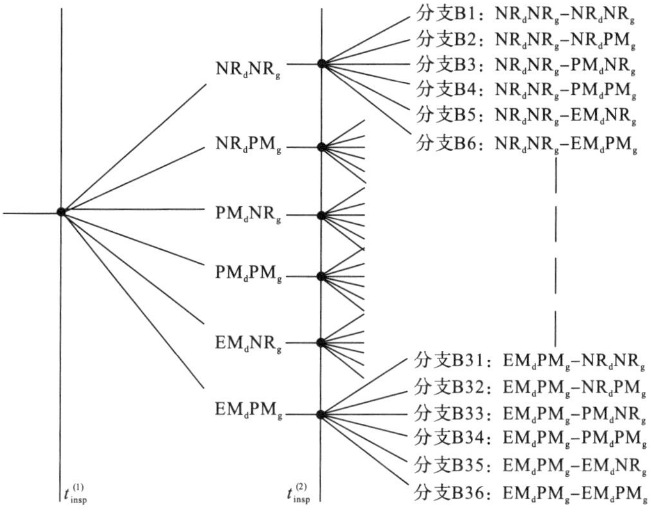

图 7.41　上部结构系统维修事件树分支

图 7.41 中由桥面板和 T 梁的维修策略组成了桥上部结构的维修策略事件树，该事件树可以清楚地反映出在全寿命周期内所采取的一系列维修策略，维修的工程师们可以根据桥面板和 T 梁内钢筋的面积来确定在什么时候对上部结构采取何种类型的维修策略。

上部结构系统的维修事件树中，每一个分支相对应都有一个维修概率。对于桥面板，拟定采取进行必要性维修和预防性维修极限值分别为

$$\delta_{\mathrm{EM,deck}} = 0.90u_A(0), \quad \delta_{\mathrm{PM,deck}} = 0.90u_A(0)$$

式中，$u_A(0)$ —— 桥面板钢筋的初始横截面面积；

$\delta_{\mathrm{EM,deck}}$ —— 桥面板进行必要性维修的极限值；

$\delta_{\mathrm{PM,deck}}$ —— 桥面板进行预防性维修的极限值。

对于 T 梁，拟定采取进行必要性维修和预防性维修极限值分别为

$$\delta_{\mathrm{EM,gir}} = 0.90u_A(0), \quad \delta_{\mathrm{PM,gir}} = 0.98u_A(0)$$

式中，$u_A(0)$ —— 梁内钢筋的初始横截面面积；

$\delta_{\mathrm{EM,gir}}$ —— 梁进行必要性维修的极限值；

$\delta_{\mathrm{PM,gir}}$ —— 梁进行预防性维修的极限值。

7.3.4 双目标全寿命维修优化分析

拟对桥进行两次检测，对桥面板进行必要性维修的成本为 150 万元，进行预防性维修的成本为 24 万元，对主梁进行预防性维修的成本为 45 万元。使用优化程序来确定两次检测和维修的具体时间，初始种群为 150 种，最大迭代次数取 200，变异概率为 0.05。以预期年失效率和累计成本作为目标函数，计算最优的检测和维修时间，求得关于 Pareto 最优曲面图，见图 7.42。

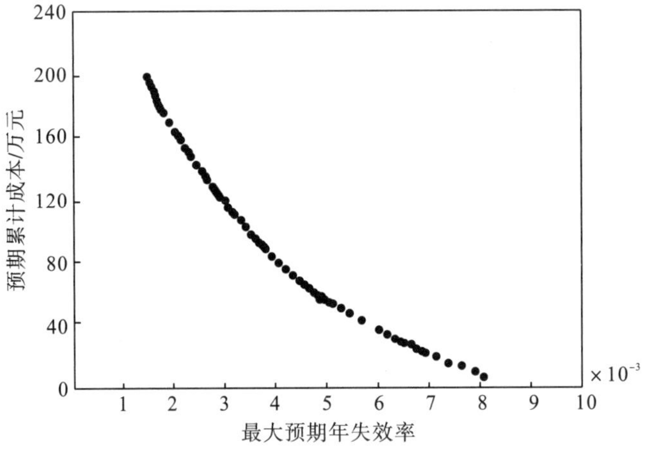

图 7.42 Pareto 最优解集

从上图可看出，同时满足上部结构系统的最大预期年失效率和累计成本的解有多个。为研究不同的最优解，在解集中分别取 4 个满意解，如下：

(t1，t2，f1(t)，f2(t))=(43，52，0.85e-3，1480304)

(t1，t2，f1(t)，f2(t))=(31，48，2.57e-3，935062)

(t1，t2，f1(t)，f2(t))=(20，34，4.62e-3，561319)

(t1，t2，f1(t)，f2(t))=(14，23，0.74e-3，824905)

四个满意解对应的参数如表 7.15 所示。

表 7.15 最优解参数

最优解	$t_{\text{insp}}^{(1)}$ /年	$t_{\text{insp}}^{(2)}$ /年	$\max\{E[h_{\text{sys}}(t)]\}$ /年$^{-1}$	$E[C_{\text{tot}}]$ /万元
A1	43	52	0.85e-3	148
A2	31	48	2.57e-3	93
A3	20	34	4.62e-3	56
A4	14	23	0.74e-3	82

求出四种最优维修的年失效率及对应的累计成本，如图 7.43 所示。

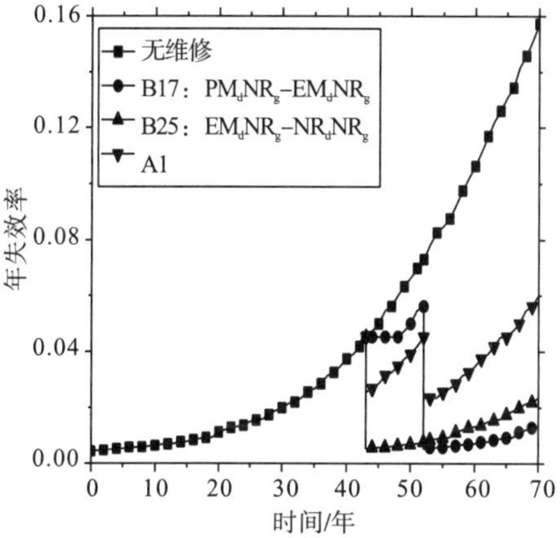

(a) A1解的失效概率

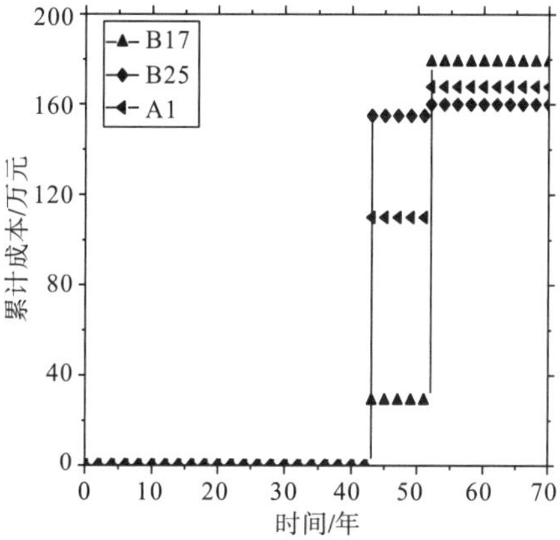

(b) A1解的累计成本

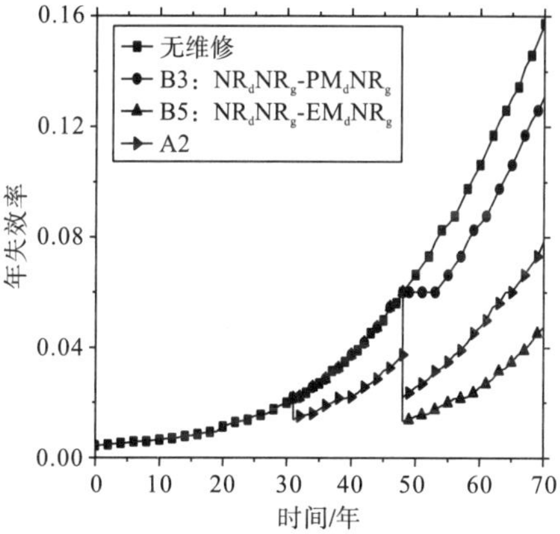

(c) A2解的失效概率

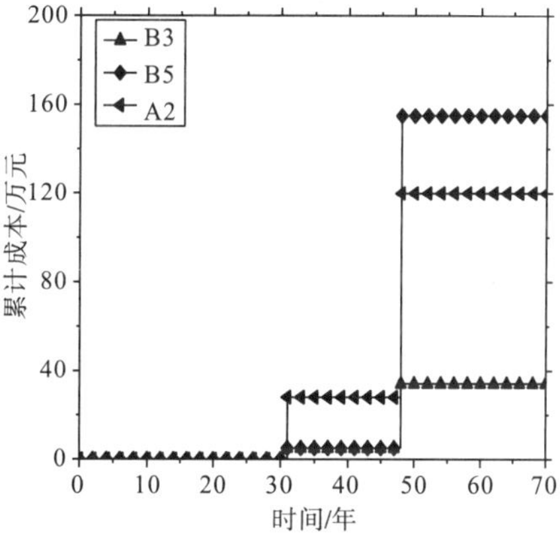

(d) A2解的累计成本

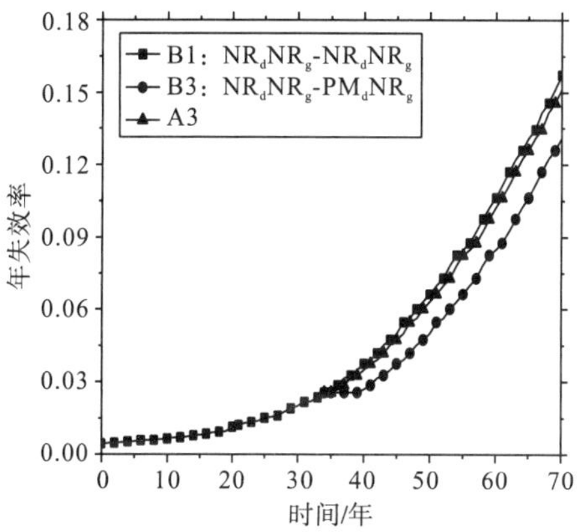

(e) A3解的失效概率

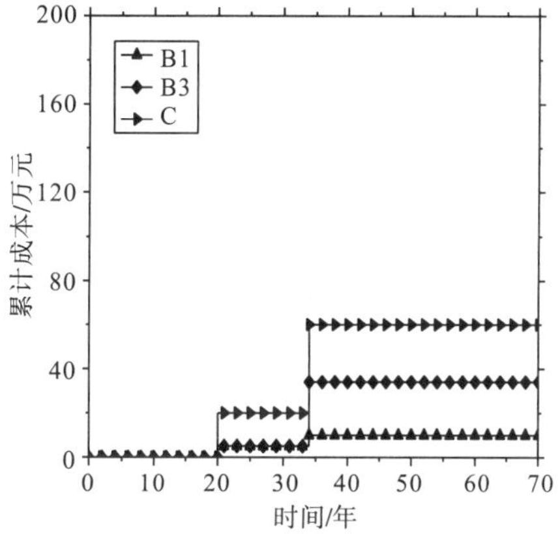

(f) A3解的累计成本

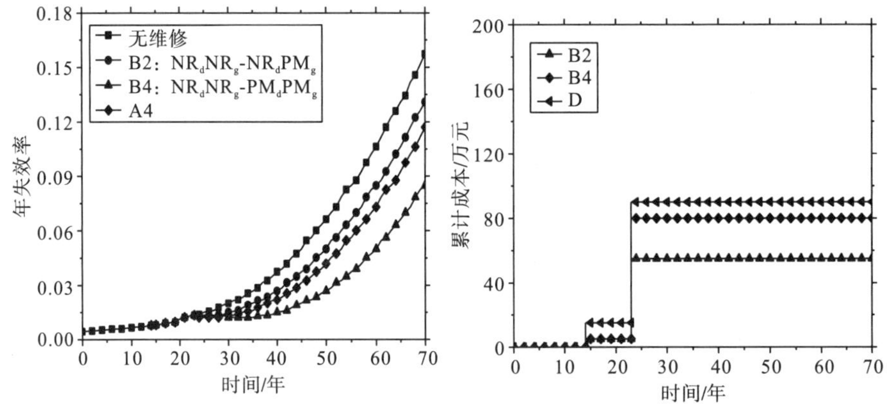

(g) A4解的失效概率　　(h) A4解的累计成本

图 7.43　最优解的年失效率和累计成本

图 7.43 中为四种最优解相对应的年失效率和累计成本，在四种不同的最优解中，分别取系统的各个维修分支来进行对比分析。图 7.43(a)最优解 A1 中第一次对系统检测的时间在 43 年，最优解 A1 的年失效率发生了变化。分支 B17 表示第一次检测后，对桥面板采取预防性维修，由前面的分析可知，上部结构的失效率主要由桥面板决定，所以对桥面板采取预防性维修后，系统的年失效率在 5 年内维持在一个相对稳定的状态。分支 B25 表示第一次检测对桥面板采用必要性维修，那么系统的年失效率由于对桥面板采取了必要性维修，可靠性能有了很大的提升。分支 B25 第二次检测时间在 52 年，对桥面板采取必要性维修，系统的年失效率比第一次检测时变化更大。最优解 A1 两次检测时年失效率都发生了变化。(b)表示最优解和分支 B17、B25 产生的累计成本，A1 的累计成本在两个分支的累计成本之间。(c)中分支 B3 表示第二次检测时对桥面板进行预防性维修，分支 B5 表示第二次检测时对桥面板进行必要性维修，系统的年失效率发生了较大的变化，桥面板的年失效率在 5 年内基本维持不变，最优解 A2 在 31、48 年时年失效率有所下降，第二次检测时年失效率在两个分支的年失效率之间。(d)为两个分支和 A2 所产生的累计成本。(e)取分支 B1、B3 和最优解 A3 来进行对比分析，B1 为在检测后对系统不采取任何维修，不产生任何维修成本，只有相应的检测成本；B3 第二次检测后，对桥面板实施预防性维修；A3 的年失效率在第二次检测维修后没有发生较大的变化。(f)中为 B1、B3 分支和最优解 C 的成本，从图中可以看出分支和最优解所产生的成本较小。(g)中取分支 B2、B4 和最优解 A4 来进行对比分析，B2 为第二次检测时对主梁进行预防性维修；B4 表示第二次检测时对桥面板和主梁进行预防性维修，在 23 年检测后系统的年失效率维持不变；A4 的年失效率在两个分支的年失效率之间。(h)为 B2、B4、

D 的累计成本。

在四种最优检测和维修中，对系统进行不同的维修，年失效率会发生不同的变化。最优的检测和维修时间多集中在系统的后半段全寿命周期中，到系统后半段的全寿命周期中，进行检测和维修后，系统的年失效率变化较大，而在系统的前半段全寿命周期中，年失效率发生的变化较小。无维修、预防性维修往往产生的累计成本较小，而必要性维修所产生的累计成本较大，累计成本往往制约着维修者采取何种维修策略。

本节将基于预期年失效率和累计成本的混凝土桥梁维修策略优化方法应用到工程案例中，引用了混凝土简支梁的桥面板和主梁的功能函数。该功能函数考虑了影响桥面板和主梁性能的不确定性因素，由于功能函数中包含的随机变量较多，使用目前在可靠度计算领域中精确度较高的蒙特卡罗法计算桥面板和主梁的失效概率。编写了计算桥面板和主梁的年失效概率和年失效率的 MATLAB 程序命令，并简单地对桥面板、主梁以及所组成的系统的年失效率曲线图进行了论述，以桥的最大预期年失效率和累计成本最低作为目标函数，运用 MATLAB 优化工具箱对桥梁的检测和维修时间进行计算，对 Pareto 中的四种最优维修解的年失效率和累计成本进行了分析。

对实桥的全寿命周期中的维修策略进行了分支、细化，并作出了桥梁维修分支的事件树模型，计算了维修分支发生的概率，在此基础上通过程序优化计算桥梁的检测和维修时间，分析了四种最优维修。对系统性能影响较大的维修策略的最宜时期往往分布在全寿命周期中的后半段部分，在系统的全寿命周期中的后半段部分，通过维修能够显著地改善结构的可靠性。对系统的关键构件进行必要性维修至关重要，低成本的维修策略通常与无维修、预防性维修息息相关，实施必要性维修通常需要较高的预期累计成本，但是对改善系统的性能却是最有效的。

7.4　基于可靠度的钢筋混凝土梁桥养护优化示例

7.4.1　工程概况及有限元模型

某桥分为左、右两幅，左幅为旧桥，右幅为新桥，以左幅桥为例。左幅桥为 3×15m 的钢筋混凝土简支 T 梁，桥梁全长 51m。桥面布置 2.3m（人行道）+13.2m（行车道）+2.3m（人行道），桥梁全宽 17.8m，其中左幅桥宽 9.1m。左幅下部为重力圆端型实体墩，重力式桥台。设计荷载：汽—— 15 级；挂—— 80；人群 3.5kN/m^2；设计洪水频率：1/50。该桥立面如图 7.44 所示。该左幅桥主梁为混凝土结构，外加 9 道横隔梁，分别设于简支梁的两端和跨中。跨中断面见图 7.45。

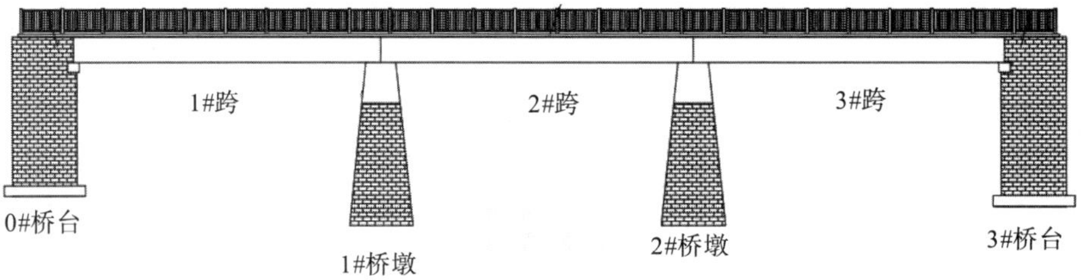

图 7.44　左幅桥立面图

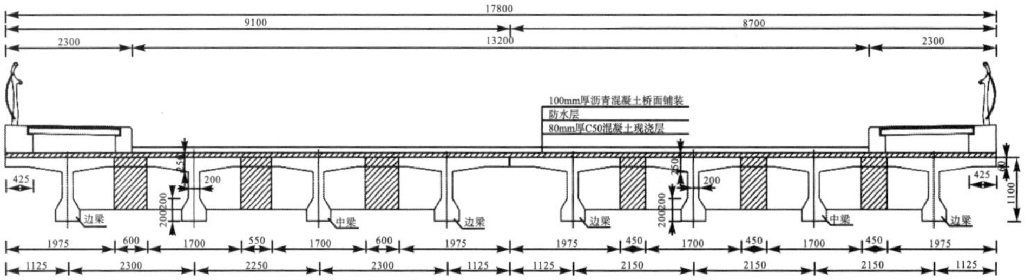

图 7.45　跨中横断面图

由于左右幅桥完全一样，因此对右幅桥用单梁法建模，全桥 4 片纵梁，9 片横梁，全桥共 186 个节点，339 个单元，如图 7.46 所示。

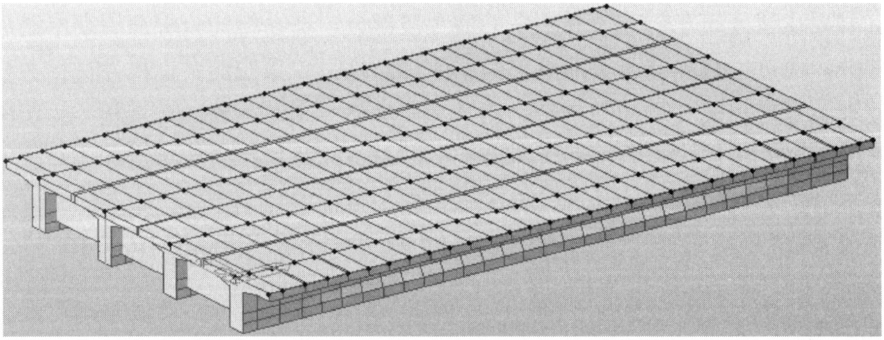

图 7.46　全桥有限元模型

7.4.2　可靠度的计算

结构构件的失效概率是指构件的功能函数小于 0 的概率，因此，采用如下的简支梁桥的桥面板功能函数：

$$g_{\text{ban}}(t)=M_R-M_S=C_1A_df_{y,d}\lambda_d\gamma_d-C_2\frac{A_d^2f_{y,d}^2\gamma_d}{f_{c,d}}-C_3\lambda_{\text{rrk}} \tag{7.11}$$

式中，A_d—— 桥面板内的钢筋随时间变化的面积；

$f_{y,d}$—— 桥面板内的钢筋的屈服强度；

λ_d—— 桥面板内钢筋埋深的不确定系数；

γ_d—— 模拟桥面板不确定性因素的系数；

$f_{c,d}$—— 桥面板混凝土的压缩强度；

λ_{rrk}—— 卡车对桥面板产生的影响系数；

C_1,C_2,C_3—— 固定系数，分别取 4.323×10^{-1}，4.085×10^{-3}，5.287。

引入 T 梁的功能函数：

$$g_{\text{liang}}=C_4\sqrt{f_{c,g}}\lambda_{d,g}\gamma_g+C_5A_gf_{y,g}\lambda_{d,g}\gamma_g-V_{\text{rrk}}I_fD_f \tag{7.12}$$

式中，A_g—— 梁内的钢筋随时间变化的面积；

$f_{y,g}$—— 梁内钢筋的屈服强度；

$f_{c,g}$—— 梁内混凝土的压缩强度；

γ_g—— 模拟梁内不确定性因素的系数；

$\lambda_{d,g}$—— 梁内钢筋埋深的不确定系数；

V_{rrk}—— 卡车引起的分布荷载；

I_f—— 梁冲击系数；

D_f—— 分布系数；

C_4,C_5—— 固定系数，取 30.925，5.093。

式中各随机变量的取值参考文献。桥面板和主梁钢筋用量如表 7.16 所示。

表 7.16　桥面板和主梁钢筋用量

上部结构	编号	规格	数量
桥面板	1	12	1240
一片 T 梁	2	25	8
	3	12	302

运用蒙特卡罗法结合 MATLAB 软件对各个随机变量随机化，然后进行 100 000 次的抽样，以此来求得桥面板和 T 梁的失效概率和可靠度，如图 7.47 和图 7.48 所示。

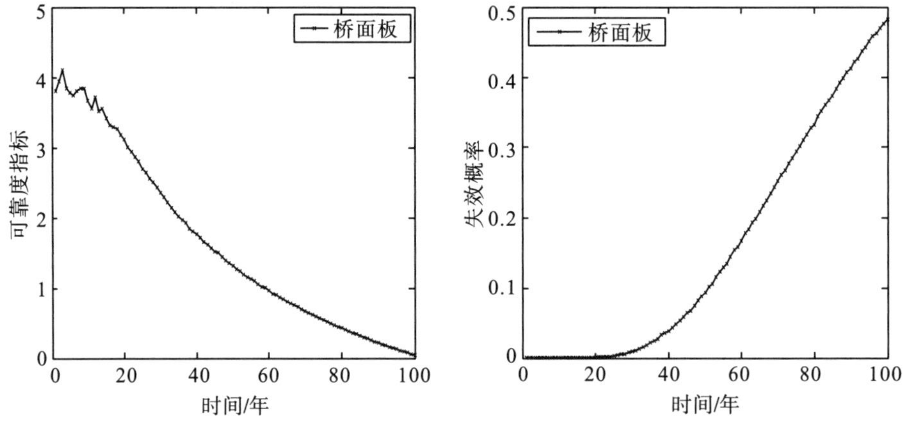

(a)可靠度指标　(b)失效概率

图 7.47　桥面板的可靠度指标和失效概率

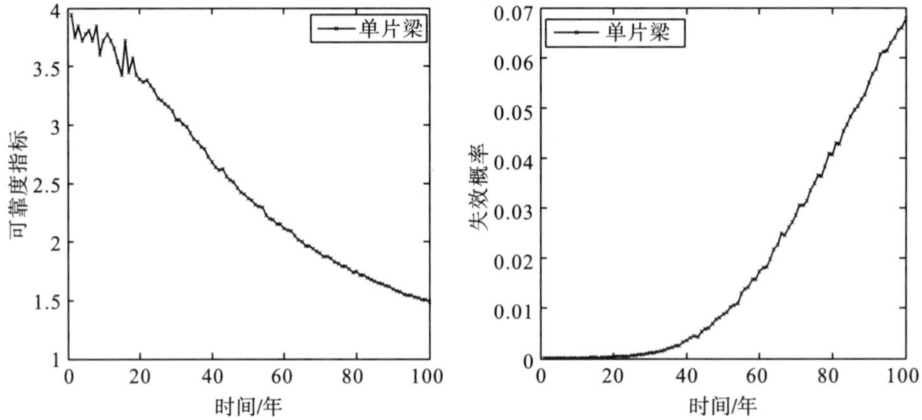

(a)可靠度指标　(b)失效概率

图 7.48　单片梁的可靠度指标和失效概率

该桥上部结构由桥面板和四片 T 梁组成，那么对于系统模型可以见图 7.49。

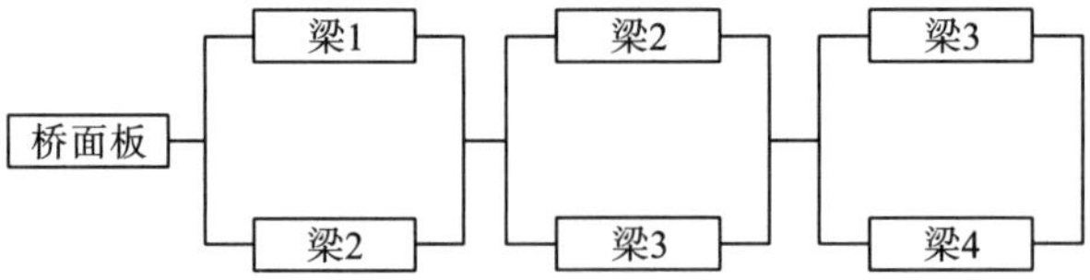

图 7.49　该桥的系统模型

桥面板和 T 梁组成了混联模型，当桥面板失效时则桥梁上部结构失效，当 4 片 T 梁任意相邻的两片梁失效时则上部结构也失效。根据桥梁系统的可靠度计算方法可求得该桥梁的系统可靠度和失效概率，见图 7.50。

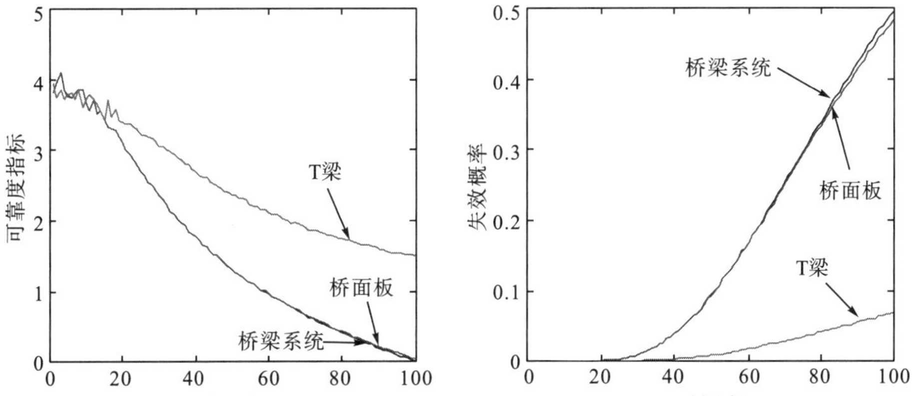

(a) 可靠度指标　(b) 失效概率

图 7.50　系统的可靠度指标和失效概率

系统的可靠度指标综合了桥面板和 T 梁的可靠度指标，但是由于板的失效概率在 20 年后增加较快，因而 20 年过后系统的失效概率主要是由桥面板控制的，虽然上部结构的可靠度是由板和梁共同控制的，但在 20 年后起主导作用的是板，所以在全寿命周期中，如要通过有效的维修策略来改变上部结构的可靠性，就可以对桥面板采取不同的维修策略来提高板的可靠性，从而提高整个系统的可靠性。

7.4.3　基于预期失效概率的优化

1. 桥面板和 T 梁优化

对该桥的桥面板和 T 梁考虑两次检测维修，检测后，对桥面板有三种维修即：必要性维修 EB 、预防性维修 PB 、无维修 NB ，对 T 梁也有三种维修即：必要性维修 EL 、预防性维修 PL 、无维修 NL 。第一次检测后有 3 个维修分支，第 2 次检测后有 9 个分支，如图 7.51 所示。

在桥面板的维修事件树中，每一个分支都对应有一个维修概率，这里假定桥面板必要性维修的极限值和预防性维修的极限值如下：

$$\Delta_{EMB}=0.90A(0)\,,\quad \Delta_{PMB}=0.98A(0)$$

式中，Δ_{EMB} —— 桥面板进行必要性维修的极限值；

Δ_{PMB} —— 桥面板进行预防性维修的极限值；

$A(0)$ —— 桥面板钢筋的初始横截面面积。

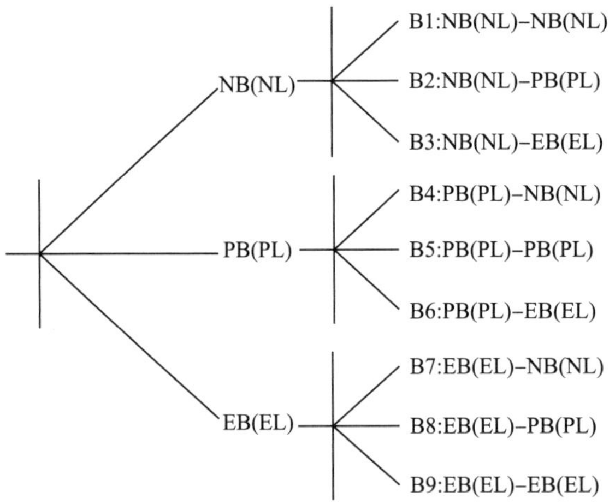

图 7.51 桥面板(T 梁)维修分支

对于 T 梁，其必要性维修的极限值和预防性维修的极限值如下：

$$\Delta_{\mathrm{EML}} = 0.90B(0)\text{，}\quad \Delta_{\mathrm{PML}} = 0.98B(0)$$

式中，Δ_{EML} —— T 梁进行必要性维修的极限值；

Δ_{PML} —— T 梁进行预防性维修的极限值；

$B(0)$ —— T 梁钢筋的初始横截面面积。

对于该桥的优化问题，拟定检测费用为 0.8 万元，桥面板一次预防性维修的费用为 8 万元，桥面板一次必要性维修的费用为 150 万元，T 梁一次预防性维修的费用为 15 万元，T 梁一次必要性维修的费用为 200 万元。使用 MATLAB 优化工具箱中多目标遗传优化算法，取初始种群为 100 种，最大迭代次数为 200，变异概率为 0.05。以最大预期失效概率和预期总成本作为目标函数，求出桥面板和 T 梁最优的检测和维修时间，其 Pareto 最优曲面图见图 7.52 和图 7.53。

从图中可以看出，桥面板和 T 梁的最大预期失效概率和预期总成本的解有多个，取其中的 4 个满意解如表 7.17 和表 7.18 所示。

表 7.17 桥面板的优化满意解

序号	第一次检测维修时间/年	第二次检测维修时间/年	最大预期失效概率	预期总费用/万元
1	36	64	0.027514	283
2	21	54	0.072014	210
3	24	57	0.062315	232
4	34	61	0.040542	275

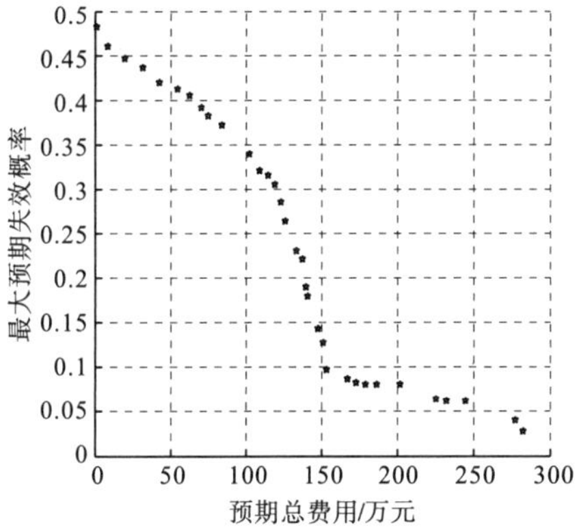

图 7.52　桥面板 Pareto 最优曲面

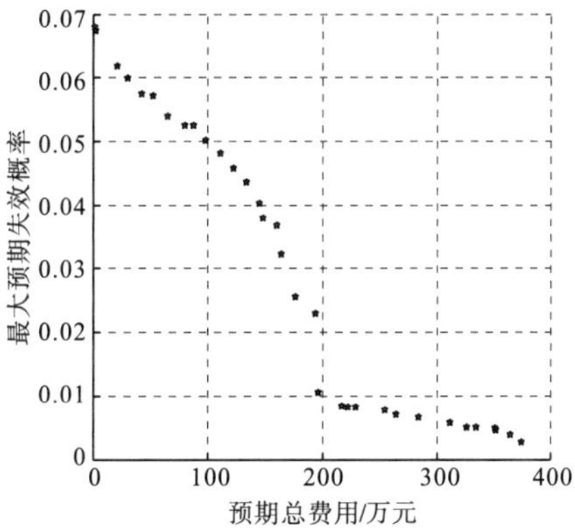

图 7.53　T 梁 Pareto 最优曲面

表 7.18　T 梁的优化满意解

序号	第一次检测维修时间/年	第二次检测维修时间/年	最大预期失效概率	预期总费用/万元
1	37	64	0.002758	375
2	23	56	0.00662	294
3	28	57	0.005013	334
4	33	64	0.004194	362

2. 系统优化

前面已经分别优化了桥面板和 T 梁，并得出了最优的检测和维修时间，下面对桥面板和 T 梁组成的系统进行优化，依然拟定进行两次检测，那么第一次检测后有 9 个维修分支，第二次检测后有 81 个维修分支，如图 7.54 所示。

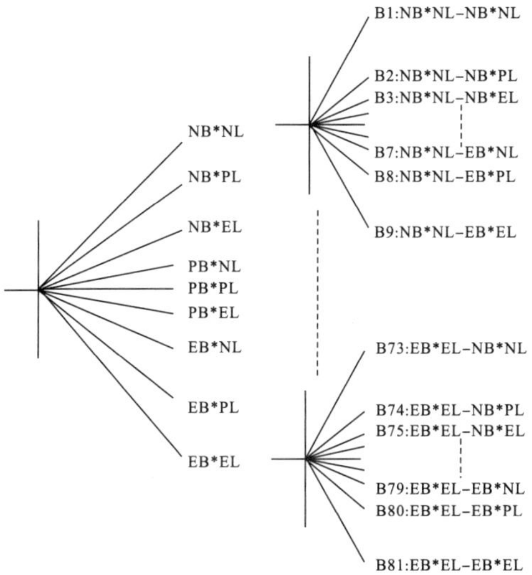

图 7.54　该桥的系统维修分支示意图

对于该桥养护的优化问题，拟定检测费用为 0.8 万元，桥面板一次预防性维修的费用为 8 万元，桥面板一次必要性维修的费用为 150 万元，T 梁一次预防性维修的费用为 15 万元，T 梁一次必要性维修的费用为 200 万元。使用 MATLAB 优化工具箱中多目标遗传优化算法，取初始种群为 100 种，最大迭代次数为 200，变异概率为 0.05。以最大预期失效概率和预期总成本作为目标函数，求出系统最优的检测和维修时间，其 Pareto 最优曲面图如图 7.55 所示。

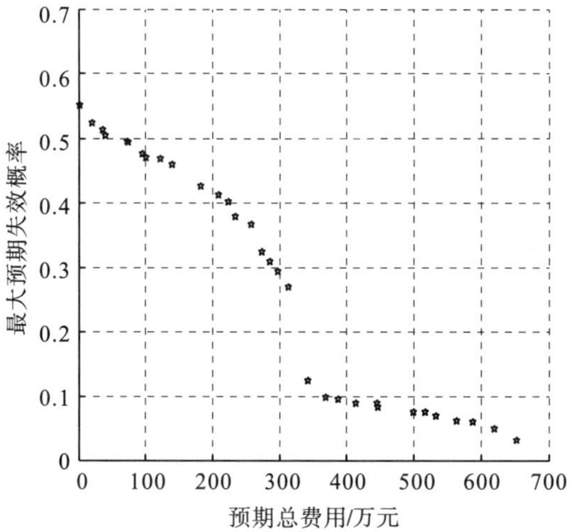

图 7.55 该桥的系统 Pareto 最优曲面

从图中取出 4 个满意解如表 7.19 所示。

表 7.19 系统优化的满意解

序号	第一次检测维修时间/年	第二次检测维修时间/年	最大预期失效概率	预期总费用/万元
A	32	63	0.049179	620
B	25	56	0.068336	534
C	10	33	0.294482	293
D	12	36	0.268345	314

作出四个最优解的预期失效概率和累计成本图如图 7.56 所示。

从图 7.56 的(a)和(b)中可以看出，在第一次和第二次检测维修后系统的失效概率都得到了较大的改善，由前面可知当进行必要性维修时可有效地提高结构构件的可靠性，而预防性维修则能使结构构件的性能维持 5 年不变，那么可以推断图(a)和图(b)中在两次检测后都进行了一定程度的必要性维修才使得系统的可靠性得到了很大的改善，而图(c)和图(d)中第一次检测维修后对系统的失效概率影响不大，可以推断其偏向采用不维修或者预防性维修。从图(e)中可以清楚地看出，A 的累计费用大于 B 的累计费用大于 D 的累计费用大于 C 的累计费用，而从图(a)、(b)、(c)、(d)中不难得出 A 的最大预期失效概率小于 B 的最大预期失效概率小于 D 的最大预期失效概率小于 C 的最大预期失效概率，说明若是想要很好地改善系统的可靠性可优先采用必要性维修，当然费用也会相应提高。在四个最优检测和维修中，第一次和第二次最优的检测和维修时间靠系统寿命期前的预期失效概率的变化较小，最大预期失效概率较大，预期总费用较低；第一次和第二次最优的检测和维修时间靠系统寿命期后的预期失效概率的变化较大，最大预期失效概率较小，预期总费用较高。

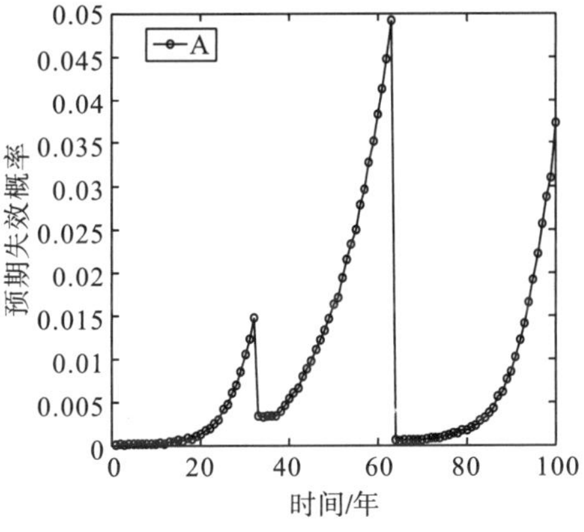

(a)

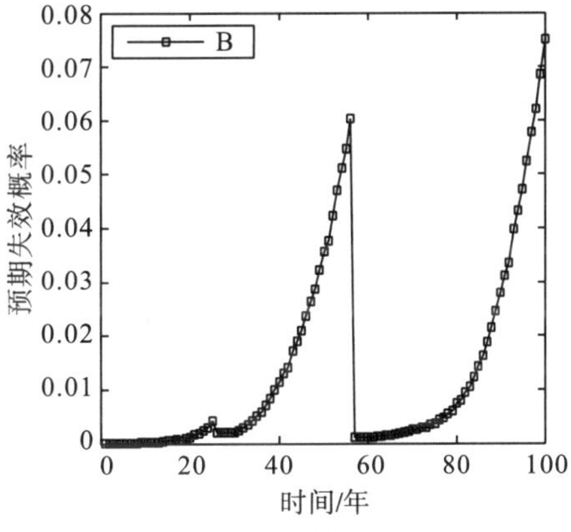

(b)

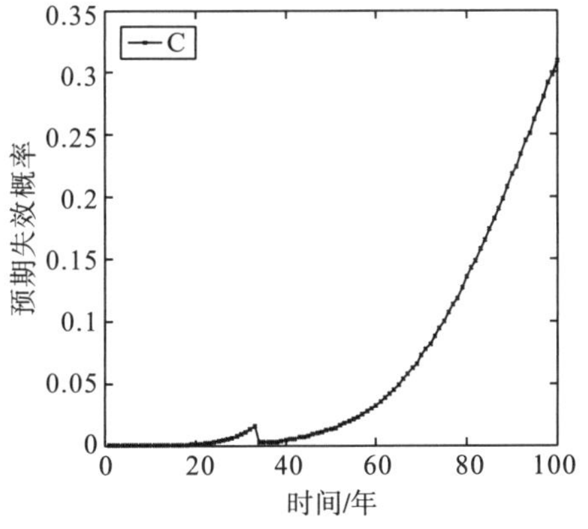

(c)

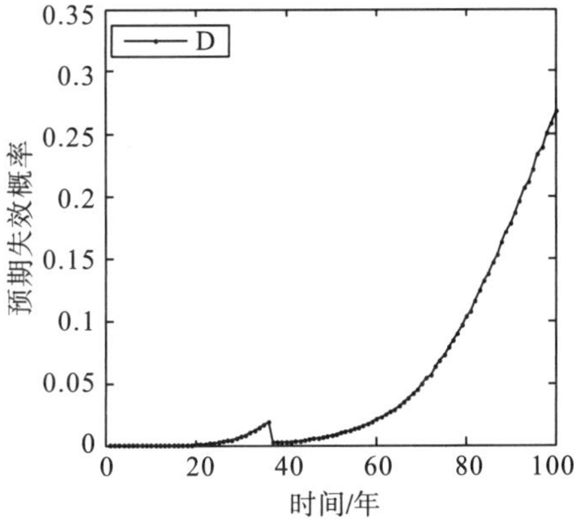

(d)

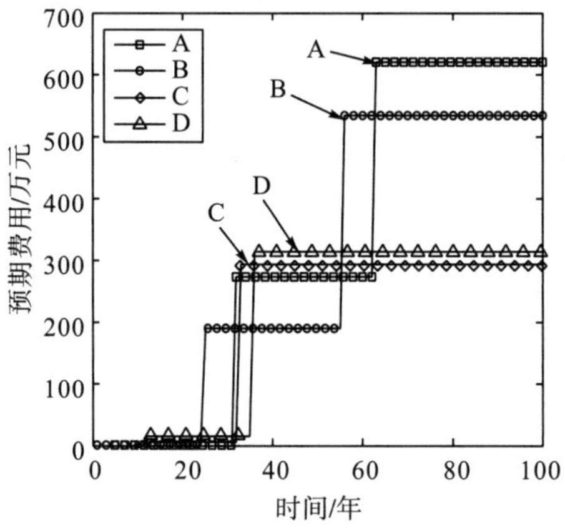

(e)

图 7.56 系统最优解的预期失效概率和累计费用

7.4.4 基于预期总风险的优化

对于以预期总风险为优化目标函数的该桥的优化问题，使用 MATLAB 优化工具箱中多目标遗传优化算法，取初始种群为 100 种，最大迭代次数为 200，变异概率为 0.05。求出系统最优的检测和维修时间，其 Pareto 最优曲面图如图 7.57 所示。

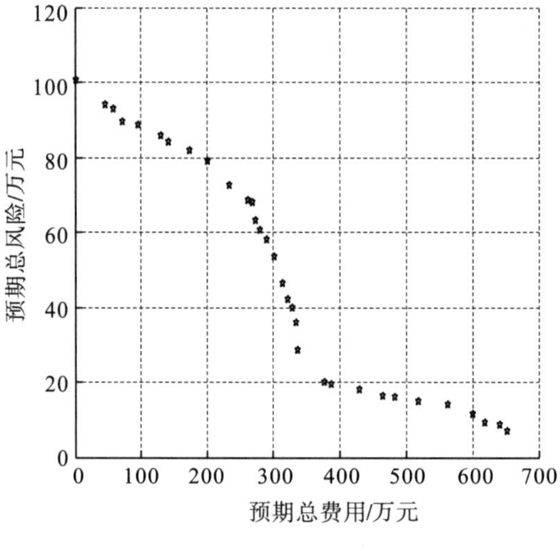

图 7.57 该桥的系统 Pareto 最优曲面

从图 7.57 中取出 4 个满意解见表 7.20。

表 7.20　该桥系统优化的满意解

序号	第一次检测维修时间/年	第二次检测维修时间/年	预期总风险/万元	预期总费用/万元
A	32	61	9.25	619
B	24	57	14.88	534
C	10	42	39.73	329
D	9	36	53.44	303

比较基于预期失效概率和基于预期总风险的四个满意解可以发现，在两次检测维修下，两种不同的优化得到的最优检测维修时间是不同的。当第一次的检测维修时间相同时，基于预期总风险优化的第二次检测时间要比基于预期失效概率优化的第二次检测维修时间早，并且此时基于预期总风险优化的预期总维修费用要少一些。当第二次的检测维修时间相同时，基于预期总风险优化的第一次检测时间要比基于预期失效概率优化的第一次检测维修时间早，并且此时基于预期总风险优化的预期总维修费用要少一些。取两种优化下的预期总费用相同时，基于预期总风险优化的两次最优检测维修时间均比基于预期失效概率优化的最优检测维修时间早。

将基于概率的钢筋混凝土维修优化策略运用到工程实例当中，在对桥面板、T 梁及桥梁系统的可靠度计算中考虑了多个不确定因素的影响，运用 MATLAB 软件，采用蒙特卡罗法计算桥面板、梁及桥梁系统的可靠度指标以及失效概率。利用 MATLAB 优化工具箱中的优化函数分别采用基于预期失效概率优化和基于预期总风险优化计算了桥面板、T 梁以及桥梁系统在两次检测维修下的最优检测和维修时间，给出了 Pareto 优化曲面图，并列举了其中的四个满意解，通过分析四个满意解得出必要性维修能较大地提高系统的可靠性，无维修和预防性维修对可靠性影响较小，第一次和第二次最优的检测和维修时间靠系统寿命期前的失效概率的变化较小，最大预期失效概率较大，预期总费用较低；第一次和第二次最优的检测和维修时间靠系统寿命期后的失效概率的变化较大，最大预期失效概率较小，预期总费用较高。通过比较两次维修下基于预期失效概率优化和基于预期总风险优化的四个满意解得出，在两次检测维修下，两种不同的优化得到的最优检测维修时间是不同的。当第一次的检测维修时间相同时，基于预期总风险优化的第二次检测时间要比基于预期失效概率优化的第二次检测维修时间早，并且此时基于预期总风险优化的预期总维修费用要少一些。当第二次的检测维修时间相同时，基于预期总风险优化的第一次检测维修时间要比基于预期失效概率优化的第一次检测维修时间早，并且此时基于预期总风险优化的预期总维修费用要少一些。取两种优化下的最优解中的预期总费用相同时，基于预期总风险优化的两次最优检测维修时间均比基于预期失效概率优化的最优检测维修时间早。

7.5 石龙门大桥养护优化示例

混凝土桥梁的耐久性问题都比较突出，尤其服役时间久的桥梁中出现了一部分问题，服役年限久的桥梁所受到的碳化程度、氯离子侵蚀程度也是相当高的，所以也会引起高度的重视。本节主要对一座简支T梁进行分析，首先，提出不检测只维修的策略，引用碳化对钢筋混凝土的影响来具体分析维修的最优策略。其次是带检测的维修，引用锈蚀钢筋引起的桥梁构件失效，来分析钢筋混凝土抗力退化，引起整个构件失效的维修策略，并最终确定最优的维修时机。

7.5.1 工程概况

石龙门大桥是一座主梁翼缘板刚性连接的五梁装配式钢筋混凝土简支梁桥，该桥建成于1994年，结构采用C25混凝土，计算跨径19.5m，桥面净空7.0m，沥青混凝土桥面铺装层平均厚度5cm，混凝土的保护层厚度为30mm，受拉区配制8Φ32+2Φ20的II级钢筋，汽车荷载采用横向两车道，上部作用荷载按规范中规定的一般运行密度下附加组合考虑，恒载服从正态分布，活载服从平稳二项随机过程，其分布为极值I型极大值分布，参数为 $\alpha=\dfrac{1}{0.084S_{QK}}$， $\mu=0.2508S_{QK}$，并且服从设计阶段的各项假定，主梁横断面和单片梁截面如图7.58和图7.59所示。

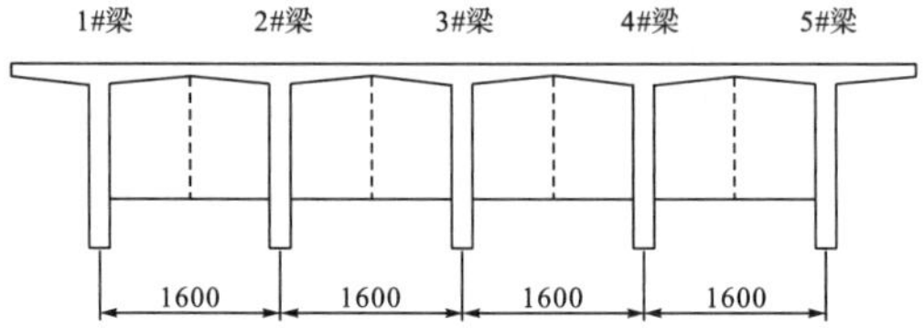

图7.58 桥梁横断面(单位：mm)

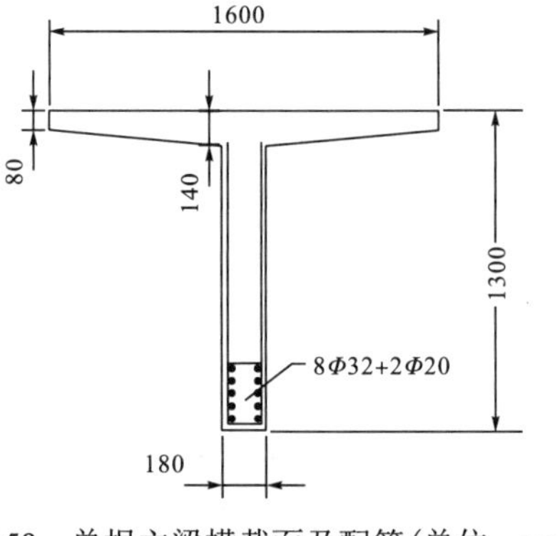

图7.59 单根主梁横截面及配筋(单位：mm)

7.5.2　不检测只维修策略

本次主要以石龙门大桥的单片 T 梁为例，来计算单片 T 梁的失效概率，进而提出维修策略。

调查桥址处的气候资料可以获得环境相对湿度 RH 和温度 T 的分布情况，综合各种因素的影响后，确定碳化深度模型中的各系数，见表 7.21。

表 7.21　碳化深度模型各系数取值

参数	K_j	K_{CO_2}	K_p	K_s	T	RH	m_c
取值	1.0	1.15	1	1.0	20	80%	1.2

注：K_j 为角部修正系数；K_{CO_2} 为二氧化碳浓度影响系数；K_p 为浇筑面修正系数；K_s 为工作应力影响系数；m_c 为混凝土立方体抗压强度平均值与标准值之比。

在可靠度计算时，主要考虑计算模式不定性随机变量 K_{mc}、单片 T 梁的混凝土保护层厚度 c、混凝土立方体抗压强度 f_{cu} 的统计特征，各影响因素的分布特征和相关参数如表 7.22 所示。

表 7.22　碳化深度模型各系数的统计分布

影响因素	统计分布	均值	标准差	变异系数
保护层厚度/mm	正态分布	30	9	0.3
混凝土抗压强度/(N/mm^2)	正态分布	16.7	2.34	0.14
计算模式不定性随机变量	正态分布	0.996	0.355	0.356

由于桥址周围有少量的工厂，环境中存在着的氯离子导致混凝土结构退化。通过调查当地环境和混凝土中氯离子对混凝土的侵蚀情况，氯离子的扩散系数 D、氯离子的临界浓度 C_{cr} 以及混凝土的表面氯离子浓度 C_s 服从正态分布。氯离子侵蚀模型中参数的统计特征如表 7.23 所示，X 为碳化深度。

表 7.23　氯离子侵蚀模型中参数的统计特征

影响因素	统计分布	均值	方差	变异系数
$D/(mm^2/a)$	正态分布	25	2.5	0.1
$C_{cr}/(kg/m^3)$	正态分布	0.3	0.05	0.167
$C_s/(kg/m^3)$	正态分布	0.35	0.0205	0.0585
X/mm	正态分布	30	9	0.3

考虑碳化和氯离子侵蚀导致的腐蚀，维修标准(即最小的允许失效概率)采用单调递增的曲线。假设在进行维修前，碳化深度和氯离子浓度的检测是正确的，考虑以下两种维修策略：

维修策略Ⅰ：一旦混凝土的碳化或者氯离子侵蚀失效概率 P_f 达到目标值，就立即更换被碳化的混凝土，这意味着结构回到新结构的初始状态。

维修策略Ⅱ：每隔 15 年采用涂层技术以减少碳化速率或者氯离子侵蚀速率。在本节的分析中，每次涂层的效果按增加保护层厚度 20%考虑。

采用蒙特卡罗法模拟碳化失效概率和氯离子侵蚀失效概率。不进行任何维修措施时，结构将在 20 年的时候达到最小允许失效概率，而不是设计时期望的 80 年。因此从这个角度来说，维修是必需的。通过采用蒙特卡罗模拟法，用 MATLAB 编写计算碳化和氯离子侵蚀的失效概率。

在没有维修的情况下通过蒙特卡罗法模拟计算氯离子侵蚀的失效概率。混凝土没有在维修的情况下通过蒙特卡罗法模拟计算碳化失效的退化曲线和可靠指标曲线见图 7.60 和图 7.61。氯离子侵蚀对混凝土构件的退化影响不够显著，没有碳化对混凝土构件的影响大，主要是针对碳化对混凝土的退化影响。

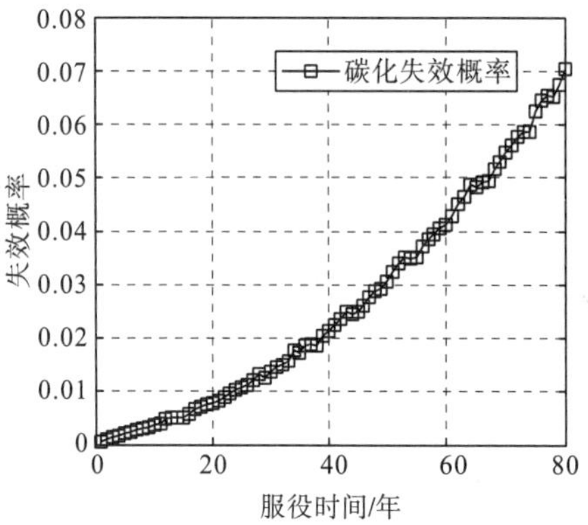

图 7.60　碳化失效的变化曲线

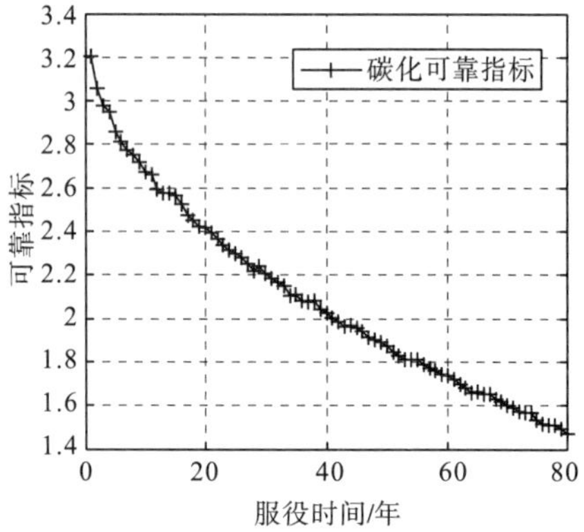

图 7.61　碳化可靠指标的变化曲线

通过图 7.60 和图 7.61 的分析，碳化失效的概率大约在 20 年左右就会达到失效概率的目标值，所以在服役年限要进行必要的维修措施。对于采取维修策略Ⅰ的结构失效曲线，结构在寿命期内需要采取维修措施 3 次(在第 20 年、第 40 年和 60 年的时候)，才能保证结构失效曲线低于最小允许失效概率。对于采取维修策略Ⅱ，需要采取 5 次维修策略(在第 15 年、第 30 年、第 45 年、第 60 年和第 75 年的时候)才能使得结构的性能在寿命期内满足要求。

下面就是通过计算得到的维修费用，图 7.62 是单次维修费用，图 7.63 是累计维修费用。

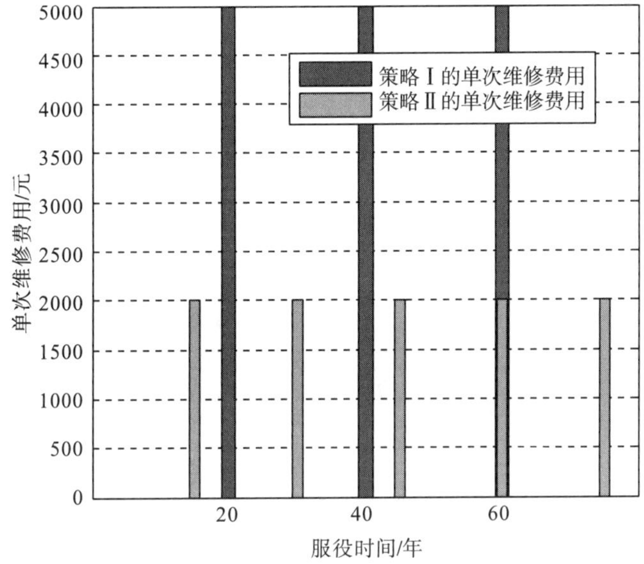

图 7.62　单次维修费用

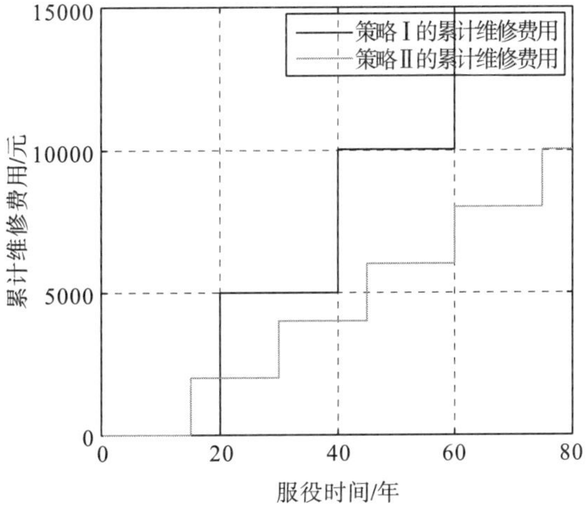

图 7.63　累计维修费用

通过图 7.62 和图 7.63 的比较，策略 II 所用的维修总费用要低于策略 I 的维修总费用，因此维修策略 II 是最优的维修方法。

7.5.3 桥梁构件检测的可靠度分析

本次检测利用回弹仪对混凝土的抗压强度进行了检测，检测样本的参数如表 7.24 所示。

表 7.24 混凝土抗压强度的统计参数

样本数	检测的抗压强度/MPa	样本标准差	变异系数
100	26.1	2.01	0.077

对钢筋的锈蚀深度进行了检测，检测的结果如表 7.25 所示。

表 7.25 钢筋锈蚀深度的统计参数

样本数	检测的锈蚀深度/mm	样本标准差	变异系数
100	0.08	0.03	0.375

1. 桥梁构件有关参数的计算

(1) 因采用的是焊接钢筋骨架，所以设 $\alpha_s = 30\text{mm} + 0.07h = 30 + 0.07 \times 1300 = 121\text{mm}$。则截面的有效高度 $h_0 = 1300\text{mm} - 121\text{mm} = 1179\text{mm}$。

(2) 钢筋的面积 $A_s = 6434\text{mm}^2 + 628\text{mm}^2 = 7062\text{mm}^2$。

(3) 钢筋开始锈蚀的时间。根据现场的检测与查阅相关资料，混凝土碳化预测模型中各参数的取值如表 7.26 所示。

表 7.26 碳化预测模型各参数取值

参数	K_{mc}	K_j	K_{co_2}	K_p	K_s	T	RH	f_{cu}
取值	1.0	1.0	1.15	1.0	1.0	20	80%	16.7

当钢筋开始锈蚀的时候，碳化深度等于混凝土保护层的厚度，即 $X(t) = 30\text{mm}$，把表 7.26 中的各参数代入到混凝土保护层的厚度公式，则有

$$2.56K_{mc}K_jK_{co_2}K_pK_s\sqrt[4]{T}(1-\text{RH})\text{RH}\left(\frac{57.94}{f_{cu}}m_c - 0.76\right)\sqrt{t} = 30 \tag{7.13}$$

代入参数，计算上式，可以求出钢筋开始锈蚀的时间为 $t = 78.3$ 年，通过计算可以看到碳化在服役的时间内不会出现钢筋锈蚀。

2. 抗力时变模型更新

结构的抗力设计时的均值与方差可以求得，结构抗力能够由样本值中获得。结构的抗力随机过程是单因子的平稳随机过程，则计算抗力可以采用式(7.14)：

$$R(t)=R(0)\exp(-k_R t^2) \tag{7.14}$$

式中，$R(0)$—— 初始时刻的抗力；

k_R—— 抗力衰减函数的一个单因子，它是一个随机变量。

因在检测中，发现 1 号 T 梁的病害较严重，所以这次的计算针对的是 1 号梁。混凝土的初始抗压强度 f_{c0} 和钢筋初始屈服强度 f_{y0} 的分布见表 7.27。

表 7.27　抗力中参数的分布

随机变量	f_{c0} / (N/ mm^2)	f_{y0} / (N/ mm^2)
均值	16.7	336.325
方差	3	33.6325
分布类型	正态分布	对数分布

1) 混凝土抗压强度时变模型更新

混凝土抗压强度的衰减函数的系数为

$$\varphi_c(t)=1.0-8.0\times10^{-7}t^3 \tag{7.15}$$

根据混凝土抗压强度的更新对此函数的系数进行更新。对实测的混凝土当前时刻抗压强度样本值进行统计分析，得到衰减函数系数的参数。通过贝叶斯公式，进一步得到衰减函数系数的后验分布参数。代入衰减函数系数的后验分布参数，得到更新后混凝土抗压强度在设计基准期中的衰减系数为

$$\varphi_{c,\mathrm{up}}(t)=1.0-9.5\times10^{-7}t^3 \tag{7.16}$$

2) 钢筋屈服强度时变模型更新

钢筋屈服强度的衰减函数的系数为

$$\varphi_y(t)=1.0-2.2\times10^{-6}t^3 \tag{7.17}$$

根据钢筋屈服强度的更新对此函数的系数进行更新。对实测的钢筋当前时刻抗压强度样本值进行统计分析，得到衰减函数系数的参数。通过贝叶斯公式，进一步得到衰减函数系数的后验分布参数。代入衰减函数系数的后验分布参数，得到更新后混凝土抗压强度在设计基准期中的衰减系数为

$$\varphi_{y,\mathrm{up}}(t)=1.0-3.5\times10^{-6}t^3 \tag{7.18}$$

3）钢筋锈蚀面积的更新

在更新前钢筋的面积取值为 $A_s = 7062\text{mm}^2$。

由于在实际的检测中发现了有部分钢筋出现锈蚀情况，所以钢筋锈蚀的开始时间为 $t = 20$ 年，实际检测中钢筋锈蚀深度的平均值为 0.08mm，标准差为 0.03mm，代入到钢筋锈蚀深度统计参数计算公式中。

$$\begin{cases} \mu_{\text{hs}}(t) = \mu_{\text{hs}}(20) \cdot \mathrm{e}^{0.0004(t-20)^2} \\ \sigma_{\text{hs}}(t) = \sigma_{\text{hs}}(20) \cdot [1 + 0.025(t-10)] \end{cases} \tag{7.19}$$

通过上式，可以求出钢筋锈蚀深度的统计参数，将求出更新过后的钢筋面积的统计参数，结果如表 7.28 所示。

表 7.28 更新后的钢筋截面面积的统计参数

后继服役时间/年	10	20	30	40	50	60
更新后均值/ mm^2	7001.27	6999.15	6990.61	6975.14	6946.89	6897.46
更新后方差/ mm^2	12.71	20.47	28.95	39.54	51.55	65.68

通过计算更新后钢筋截面的统计参数，运用 MATLAB 做出更新后钢筋截面均值与方差的变化曲线，结果如图 7.64 和图 7.65 所示。

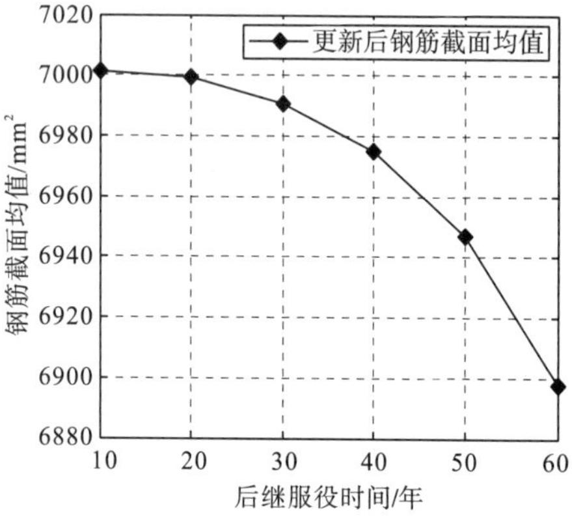

图 7.64 更新后钢筋截面积均值变化曲线

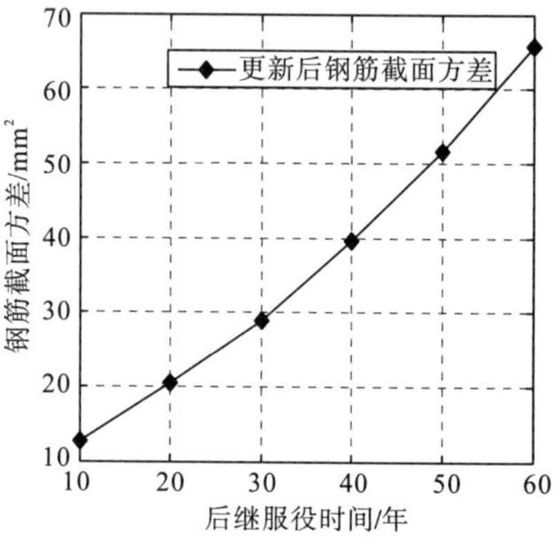

图 7.65 更新后钢筋截面积方差变化曲线

通过图 7.64 和图 7.65 分析可得，随着后继服役时间的增加，钢筋的截面积逐渐减小，并且减小的速度逐渐加快，钢筋截面的离散程度也随着后继服役时间的增加而增加，说明环境对钢筋的锈蚀影响较大。

4) 抗力的均值和方差的计算

更新前抗力的公式为

$$R(t_i)=K_pK_sA_sf_{y0}\varphi_y(t_i)\left[h_0-\frac{A_sf_{y0}\varphi_y(t_i)}{2bf_{c0}\varphi_c(t_i)}\right] \tag{7.20}$$

用离散综合法计算更新前抗力的均值和方差，见表 7.29。

表 7.29　更新前抗力的均值与方差

抗力 $R(t_i)$	10	20	30	40	50	60
更新前均值/(kN·m)	2675.5	2670.2	2630.5	2522.8	2312.4	1963.8
更新前方差/(kN·m)	276.31	273.21	265.85	249.02	225.94	200.01

通过计算可以用 MATLAB 做出更新前抗力均值和方差的变化曲线，结果如图 7.66 和图 7.67 所示。

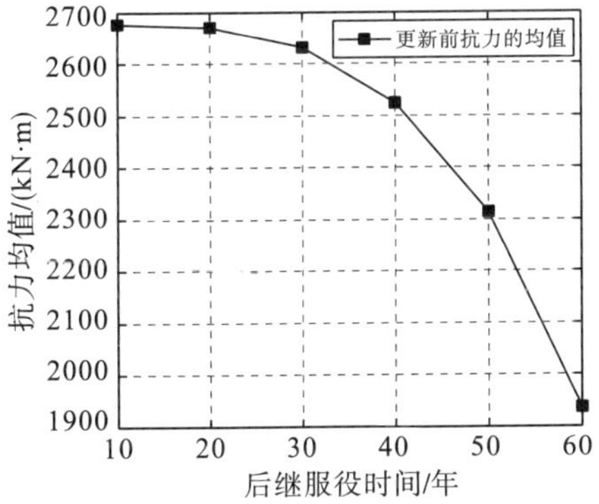

图 7.66　更新前抗力的均值变化曲线

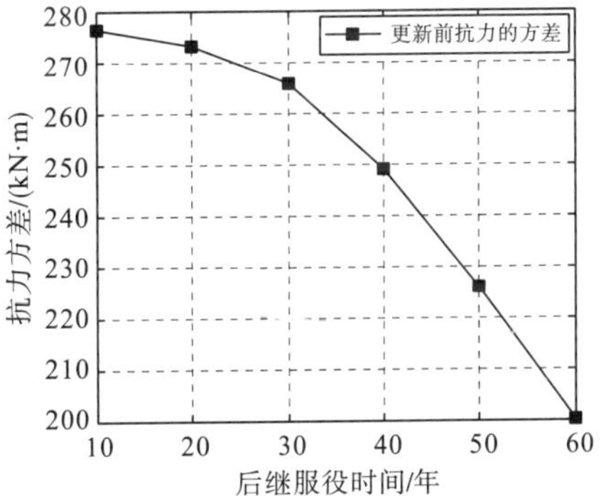

图 7.67　更新前抗力的方差变化曲线

更新后的抗力的公式为

$$R(t_i)=K_pK_sA_s(t)f_{y0}\varphi_{y,\mathrm{up}}(t_i)\left[h_0-\frac{A_s(t)f_{y0}\varphi_{y,\mathrm{up}}(t_i)}{2bf_{c0}\varphi_{c,\mathrm{up}}(t_i)}\right] \tag{7.21}$$

用离散综合法计算更新后的抗力均值和方差，见表 7.30。

表 7.30　更新后抗力的均值与方差

抗力 $R(t_i)$	10	20	30	40	50	60
更新后均值/(kN·m)	2601.8	2593.1	2536.9	2376.7	2081.1	1631.1
更新后方差/(kN·m)	268.7659	263.1996	252.1678	231.4906	202.4910	169.3082

通过计算可以用 MATLAB 作出更新后抗力均值和方差的变化曲线，结果如图 7.68 和图 7.69 所示。

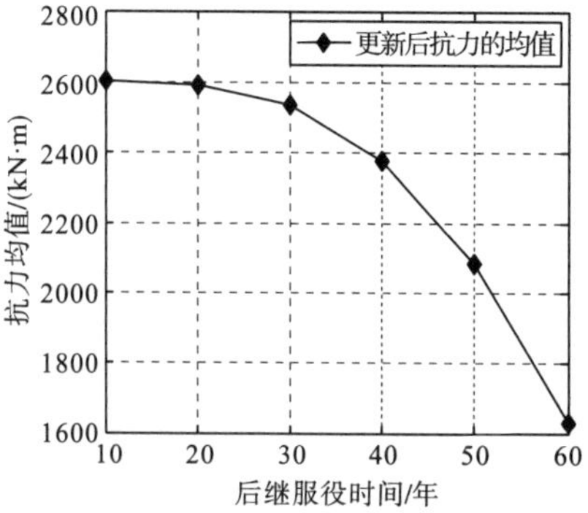

图 7.68　更新后抗力的均值变化曲线

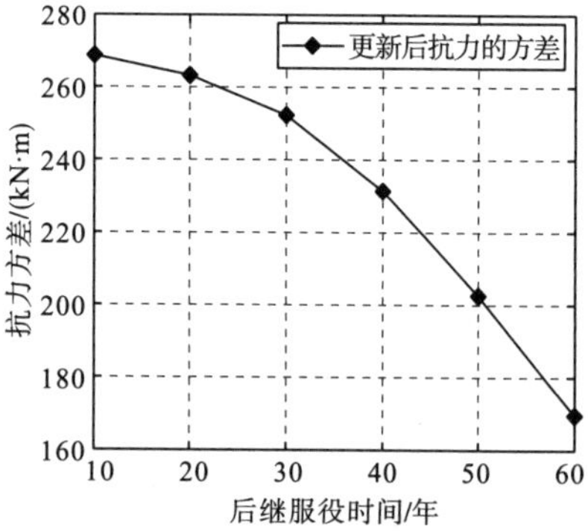

图 7.69　更新后抗力的方差变化曲线

通过对图 7.68、图 7.69 的分析，随着后继服役时间的增加，抗力逐渐减小，并且减小的速度逐渐加快，而且通过检测更新后，抗力的均值比更新前要小，并且由于考虑检测资料减小了抗力的不确定性，它的标准差也同样减小了，抗力的衰减程度要比预测的还要严重。

3. 荷载效应的分布参数及统计参数

荷载效应的计算主要考虑恒载和活载(汽车荷载)这两种作用。根据《公路工程结构可靠性设计统一标准》(JTG 2120—2020)，设计基准期内恒载服从正态分布，汽车荷载效应最大值服从极值 I 型分布，且参数为 $\alpha=1/(0.084S_{QK})$，$\mu=0.2508S_{QK}$。

1)恒载统计参数

设恒载标准值为 S_{GK}，活载标准值为 S_{QK}，比值 $\rho=1$，$S_{QK}=S_{GK}=1101.2$。

恒载的均值为

$$\mu_{S_G}=1.0148S_{GK}=1.0148\times1101.2=1117.5 \tag{7.22}$$

恒载的方差为

$$\sigma_{S_G}=0.04374S_{GK}=0.04374\times1101.2=48.17 \tag{7.23}$$

2)活载统计参数

$$F_{S_{QT}}(x)=\exp\{-\exp[-\alpha_T(x-\mu_T)]\}$$
$$\alpha=1/(0.084S_{QK})=0.0108$$

$$\mu = 0.2508 S_{QK} = 276.181$$

$$\mu_{S_Q} = \mu + \frac{0.57722}{\alpha}$$

$$\sigma_{S_Q} = \frac{\pi}{\sqrt{6}} \frac{1}{\alpha} = 121.132$$

$$\sigma_{S_{QT}} = \sigma_{S_Q} = 121.132$$

$$\mu_{S_{QT}} = \mu_{S_Q} + \frac{\ln T}{\alpha}$$

通过上面式子的计算，可以得到活载的统计参数，计算结果见表 7.31。

表 7.31　活载的均值与方差

服役基准期/年	10	20	30	40	50	60
活载均值/（kN·m）	547.7931	613.2470	651.5351	678.7009	699.7723	708.7333
活载方差/（kN·m）	121.132	121.132	121.132	121.132	121.132	121.132

通过计算可以用 MATLAB 做出活载的均值与方差的变化曲线，结果如图 7.70 所示。

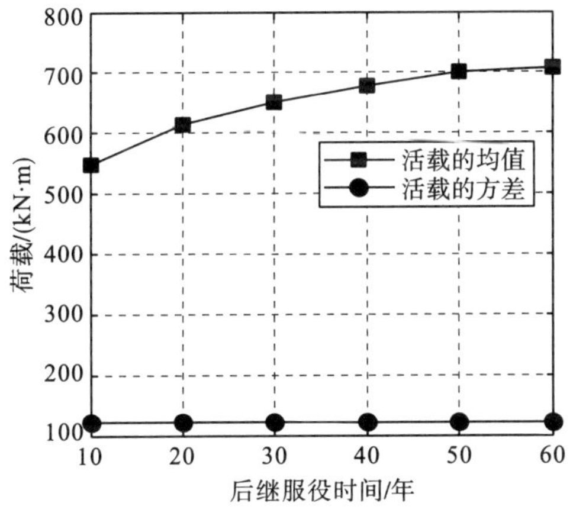

图 7.70　活载均值与方差的变化曲线

从图 7.70 可见，随着后继服役时间的增加，活载的均值逐渐增加，而增加的幅度逐渐减小，活载的方差随着时间的增加而保持不变，说明活载随着后继服役时间的增加，它的离散程度保持不变。

4. 可靠度的计算与分析

1) 更新前的可靠度的计算

运用蒙特卡罗法计算可靠度的原理，进而利用 MATLAB 计算出更新前可靠指标和失效概率，计算结果见表 7.32。

表 7.32 桥梁构件更新前的时变可靠指标与失效概率

后继服役期/年		10	20	30	40	50	60
更新前	可靠指标	5.199338	4.810969	4.519452	4.205939	3.850244	3.724117
	失效概率	1.0e-7	7.51e-7	3.1e-6	1.3e-5	5.9e-5	9.8e-5

2) 更新后的可靠度的计算

运用蒙特卡罗法计算可靠度的原理，进而利用 MATLAB 计算出更新后可靠指标和失效概率，计算结果见表 7.33。

表 7.33 桥梁构件更新后的时变可靠指标与失效概率

后继服役期/年		10	20	30	40	50	60
更新后	可靠指标	4.87285	4.487689	4.205939	3.756945	3.359796	3.163284
	失效概率	5.5e-7	3.6e-6	1.3e-5	8.6e-5	3.9e-4	7.8e-4

3) 更新前与更新后的可靠度的分析

根据《公路工程结构可靠度设计统一标准》(GB/T 50283—1999) 第 3.3.3 条，公路工程结构设计应以规定的目标可靠指标为依据。目标可靠指标按照“校准法”并结合工程经验和经济优化原则判断确定。公路结构的目标可靠指标如表 7.34 所示。

表 7.34 公路桥梁结构的目标可靠指标

构件破坏类型	结构安全等级		
	一级	二级	三级
延性破坏	4.7	4.2	3.7
脆性破坏	5.2	4.7	4.2

可靠度 β 与目标可靠度 β_T 的关系以及相应构件的状态情况如下：

(1) 当 $\beta \geqslant \beta_T$ 时，该结构此时处于较完好状态，说明结构还能继续完成既定的使用功能。

(2) 当 $0.85\beta_T \leqslant \beta < \beta_T$ 时，该结构此时处于轻度损坏状态，即说明结构已经出

现损坏现象，但损坏程度不能够影响到结构的使用功能。

(3) 当 $\beta < 0.85\beta_{\mathrm{T}}$ 时，该结构此时处于严重损坏状态，说明结构已处于危险状态，如不及时采取措施，结构可能完全破坏，危及结构安全。

更新前的可靠指标与失效概率的变化曲线见图 7.71 与图 7.72。

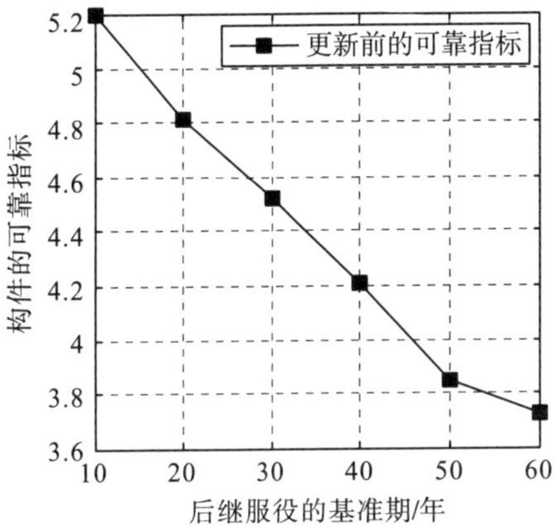

图 7.71　更新前的可靠指标

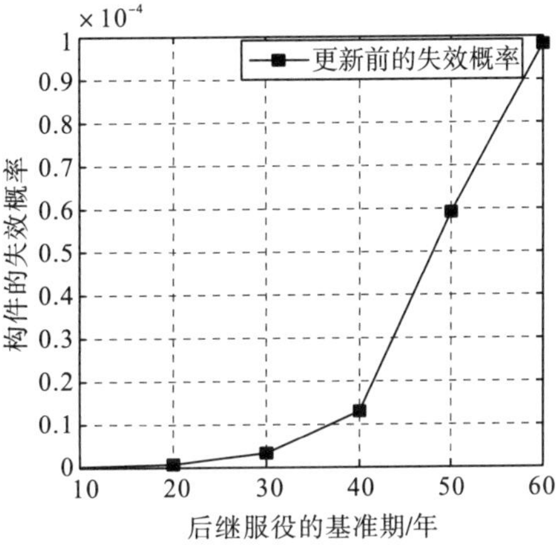

图 7.72　更新前的失效概率

更新后的可靠指标与失效概率的变化曲线见图 7.73 与图 7.74。

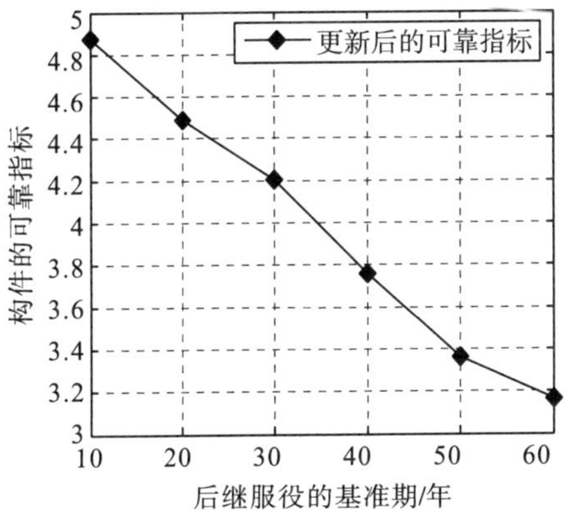

图 7.73　更新后的可靠指标

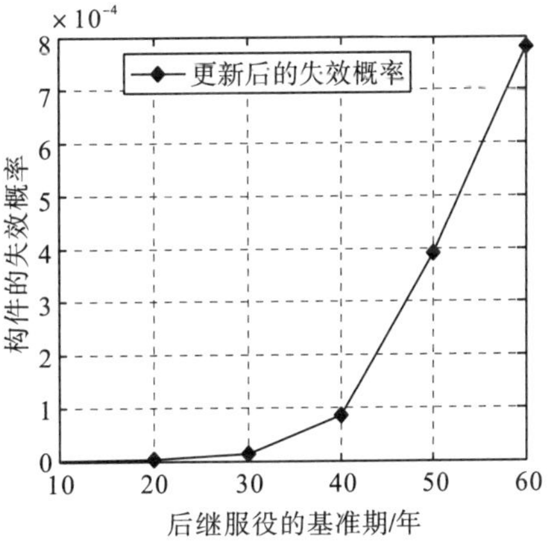

图 7.74　更新后的失效概率

更新前的可靠指标、更新后的可靠指标与目标可靠度的关系，见图 7.75。

构件通过检测后的失效概率要大于检测以前的概率，并且检测后的服役时间要短于检测前的服役时间，通过对图的分析，检测后桥梁构件的使用寿命大概为 44 年。

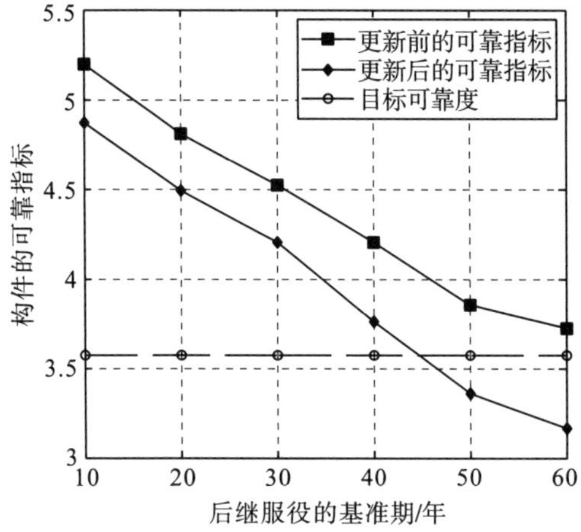

图 7.75 更新前后可靠指标的关系

7.5.4 桥梁构件检测的维修策略分析

1. 基于检测的桥梁构件的决策分析

对桥梁构件的检测与维修考虑运用费用模型进行分析(此处取年利率$r=0.05$)：

$$\begin{cases}\eta_{0.5}=0.01\\ C_{\mathrm{I}}=10000(1-\eta_{\min})^{20}\\ C_{\mathrm{R}}=50000\left[\dfrac{M_0-M_r(t)}{M_0}\right]^2\\ C_{\mathrm{F}}=10000\end{cases} \tag{7.24}$$

计算得到后期的检测费用的期望值，其结果如图 7.76 所示。计算得到后期的维修费用的期望值，其结果如图 7.77 所示。

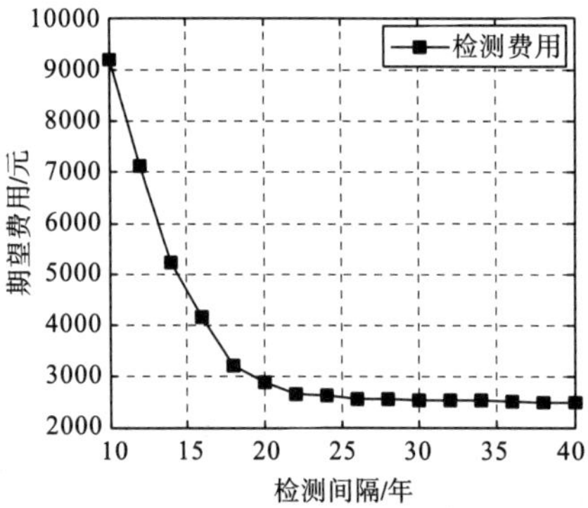

图 7.76 检测费用的期望值

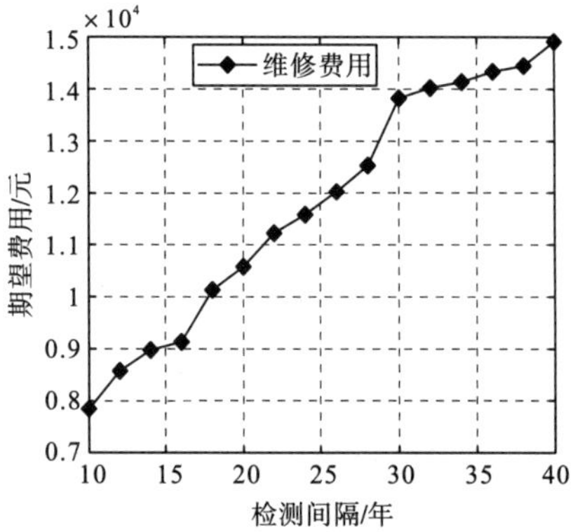

图 7.77 维修费用的期望值

计算得到后期的失效损失费用的期望值，其结果如图 7.78 所示。通过对后期的检测费用的期望值、维修费用的期望值和失效费用的期望值的计算，进而可以得到总费用，其结果如图 7.79 所示。

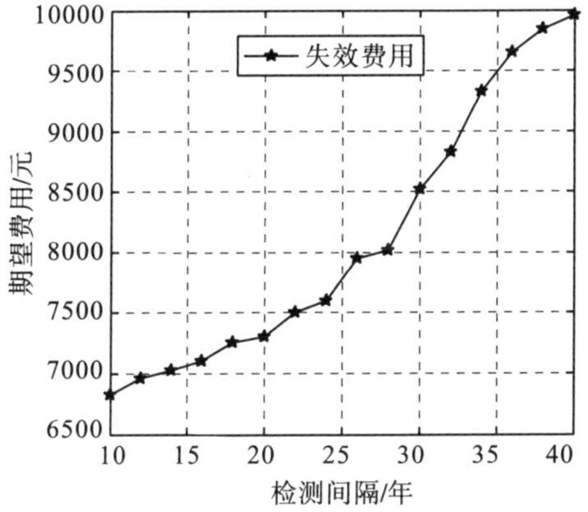

图 7.78　失效费用的期望值

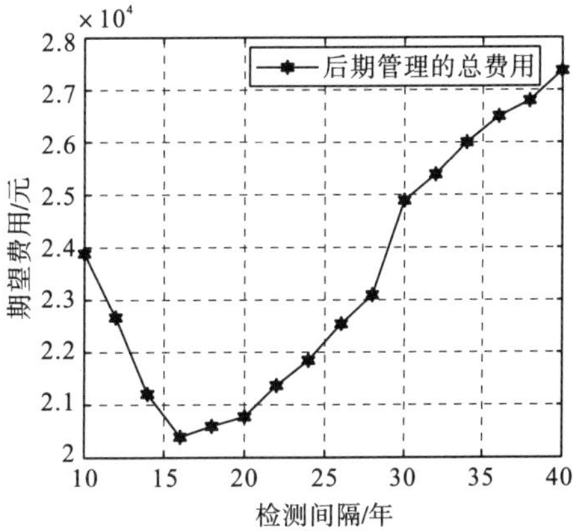

图 7.79　总费用的期望值

从图中可以分析，维修间隔是 16 年时，总费用的值最小，所以最优的检测维修间隔为 16 年。

2. 最优维修时机的确定

同样的取维修次数为 5 次，最终利用 MATLAB 的 GA 函数计算最优维修时机，如表 7.35 所示。

$$
\begin{cases}
\min : C_{\mathrm{P}} = \sum_{i=1}^{n} \dfrac{C_i}{(1+r)^i} \\
\beta(t) = \beta_\alpha(t) + \sum \beta_i(t) = 7.5 - 0.13 \times (t-15) + \sum \beta_i(t) \geqslant \beta_{\mathrm{T}} = 4.2 \\
i \geqslant 15
\end{cases}
\tag{7.25}
$$

表 7.35　最优维修时机的计算结果

最优维修时机	t_1	t_2	t_3	t_4	t_5
单位/年	22.1	38.5	55.6	71.3	80

本节以一座简支梁桥为例，分析了两种不同的维修策略。第一种策略是不检测只维修的策略，对碳化和氯离子侵蚀造成的桥梁构件的失效，通过计算得出了在规定的时间内给混凝土涂防腐层的维修措施要优于更换混凝土构件的措施。第

二种策略是带检测的维修策略，对于混凝土钢筋引起的失效，从现场获得检测信息，来更新抗力中的时变因子，从而重新预测构件的使用寿命，通过预测寿命，来分析桥梁后期的管理费用，确定检测维修的最优间隔，最后运用遗传算法和GA函数对维修费用进行计算，最终确定最优维修时机。

参考文献

曹明兰，2007．桥梁维修全寿命经济分析与优化的理论框架研究[D]．哈尔滨：哈尔滨工业大学

陈君，2016. 基于预期年失效率和累计成本的混凝土桥梁维修策略优化分析[D]. 重庆：重庆交通大学

陈稳，2017. 基于不同失效准则的混凝土桥梁构件的最优维修时机研究[D]. 重庆：重庆交通大学

陈曦，2015. 马尔可夫链：模型、算法与应用[M]. 北京：清华大学出版社

江伟，2016. 钢筋混凝土梁桥维修优化研究[D]. 重庆：重庆交通大学

李沙，2016. 基于概率的钢筋混凝土桥梁最优维修方案研究[D]. 重庆：重庆交通大学

刘玉彬，王光远，1996. 以动态模糊随机可靠度为参数的在役结构维修策略[J]. 哈尔滨建筑大学学报，2(29)：1-7

牛荻涛，2003．混凝土结构耐久性与寿命预测[M]．北京：科学出版社

曾小刚，肖盛燮，2003．模糊综合评判法在旧桥加固方案优选中的应用[J]．重庆交通学院学报，22(4)：1-3

Cesare M A，Santamarina C，Turkstra C，1992．Modeling bridge deterioration with Markov chains[J]．Journal of Transportation Engineering，118(6)：820-833

Okasha N M, Frangopol D M, 2010. Redundancy of structural systems with and without maintenance：an approach based on lifetime functions[J]. Reliability Engineering and System Safety，95(5)：520-533

Orcesi A D，Frangopol D M，2011. Use of lifetime functions in the optimization of non destructive inspection strategies for bridge[J]. Journal of Structural Engineering，137 (4)：531-539

Sheils E，O'Connor A，Schoefs F，et al.，2012. Investigation of the effect of the quality of inspection techniques on the optimal inspection interval for structures[J]. Struct. Infrastruct. Eng.，8(6)：557-568

Yang S I，Frangopol D M，2006. The use of lifetime functions in the optimization of interventions on existing bridges considering maintenance and failure costs[J]．Reliability Engineering and System Safety，91：698-705

Yang S I，Frangopol D M，Neves L C，2006. Optimum maintenance strategy for deteriorating bridge structures based on lifetime functions[J]. Engineering Structures，28 (6)：196-206